জাত - পাতের বিনাশ

ড. বি. আর. আম্বেদকর

ডায়মণ্ড বুক্স

www.diamondbooks.in

প্রকাশক : **ডায়মন্ড পকেট বুকস (পি) এলটিডি.**
: X-30 ওখলা ইন্ডস্ট্রিয়ল এরিয়া, ফেজ - II
নই দিল্লি - 110020
ফোন : 011 - 40712200
ই - মেল : wecare@diamondbooks.in
ওয়েবসাইট : www.diamondbooks.in
এডিশন : 2025

জাত - পাতের বিনাশ
Jat-Pant Ka Vinash (Bangla)
by *Dr. B.R. Ambedkar*

দ্বিতীয় সংস্করণ

ভূমিকা

লাহোরের ''জাত-পন্ত তোড়ক'' মণ্ডলের জন্য প্রস্তুত করা আমার বক্তৃতা হিন্দু জনতার খুব ভালো লেগেছিল, এক আশ্চর্যজনক উষ্ণতা দেখা গিয়েছিল। তাদের কথা মাথায় রেখেই ভাষণটি লেখা হয়। মাত্র দুই মাসের মধ্যে ইংরেজি সংস্করণের দেড় হাজার কপি বিক্রি হয়েছে। এটি গুজরাটি এবং তামিল ভাষাতেও অনুবাদ করা হয়েছে। মারাঠি, হিন্দি, পাঞ্জাবি এবং মালায়ালাম ভাষায় অনুবাদ করা হচ্ছে। ইংরেজি সংস্করণের বিশাল চাহিদা মেটাতে, এর দ্বিতীয় সংস্করণ মুদ্রণ করা খুবই গুরুত্বপূর্ণ।

যদিও আমাকে বক্তৃতার ধরণ পরিবর্তন করে এটিকে একটি সুন্দর দলিল হিসাবে পুনর্লিখনের পরামর্শ দেওয়া হয়েছে, তবুও ইতিহাস সম্পর্কে আমার জ্ঞান এবং আমার আবেদনের প্রভাবের কারণে আমি বক্তৃতার আসল রূপটি ধরে রেখেছি। আমি এই দ্বিতীয় সংস্করণে দুটি পরিশিষ্ট যুক্ত করেছি। প্রথম পরিশিষ্টে আমি গান্ধীজির দুটি প্রবন্ধ রেখেছি, যা তাঁর ইংরেজি সংবাদপত্র 'হরিজন'-এ আমার বক্তৃতার উপর প্রকাশিত তাঁর মন্তব্য এবং ''জাতি-পন্ত তোড়ক'' মণ্ডলের সদস্য মা. সন্তরামকে লেখা চিঠিতে তাঁর বক্তব্য। দ্বিতীয় পরিশিষ্টে আমার চিন্তাভাবনা রয়েছে যা আমি প্রথম পরিশিষ্টে প্রকাশিত গান্ধীজির প্রবন্ধগুলির প্রতিক্রিয়া হিসাবে প্রস্তুত করেছি।

গান্ধীজি ছাড়াও আরও অনেকে আমার বক্তৃতায় প্রকাশিত মতামতের সমালোচনা করেছেন, কিন্তু আমার মনে হয় যে এই অন্যান্য বিরোধী মন্তব্যগুলি বিবেচনা করার পরিবর্তে আমার নিজেকে কেবল গান্ধীজির মধ্যে সীমাবদ্ধ রাখা উচিত এবং কেবল তাঁর উত্তর দেওয়া উচিত। অবশ্য আমি তা করিনি কারণ তিনি যা বলেছেন তা এতটাই গুরুত্বপূর্ণ যে সেই গুলির সাড়া দেওয়া জরুরি, বরং অনেক হিন্দুরা তাকে একজন দেবদূত বা অবতারের মতো মনে করে, এত মহান যে তার কথাগুলিকে একটি দৈববাণী বা ব্রহ্মবাক্য হিসাবে বিবেচনা করা হয় এবং যখন তিনি মুখ খোলেন তখন আশা করা যায় যে এখন বিতর্ক বন্ধ হয়ে যাবে এবং

কেউ আর কথা বলবে না। কিন্তু বিশ্ব সেই বিদ্রোহীদের অত্যন্ত সম্মান করে এবং তাদের প্রতি কৃতজ্ঞ, যাদের সাহস আছে এবং এই ধরনের নেতা বা ধর্মাচার্যদের সামনে যুক্তি দিয়ে কথা বলার জন্য জোর দেয়। যাদের মহান বলা হয় তারা এমন নন যে তারা কোনও ভুল বা ত্রুটি (অভ্রান্ত) করতে পারেন না।

প্রতিটি প্রগতিশীল সমাজে এই ধরনের বিদ্রোহীদের যে কৃতিত্ব বা সম্মান পাওয়া উচিত, তা নিয়ে আমার কোনও অসুবিধা নেই। যদি আমি হিন্দুদের বুঝতে পারি এবং আমার মনে হয় যে তারাই ভারতের জন্য অসুস্থ মানুষ এবং তাদের অসুস্থতা অন্যান্য ভারতীয়দের স্বাস্থ্য, সুখ এবং অগ্রগতির জন্য হুমকি স্বরূপ হতে পারে, তাহলে এটা আমাকে অনেক তৃপ্তি দেবে।

– ডঃ ভীমরাও আম্বেদকর

তৃতীয় সংস্করণ

ভূমিকা

এই প্রবন্ধের দ্বিতীয় সংস্করণ ১৯৩৭ সালে বই আকারে প্রকাশিত হয় এবং খুব অল্প সময়ের মধ্যেই এটি বিক্রি হয়ে যায়। এই বইটির নতুন সংস্করণের চাহিদা অনেক দিন ধরেই ছিল। আমি এই বইটিকে একটি নতুন রূপ দিতে চেয়েছিলাম এবং এতে আমার আরেকটি প্রবন্ধ, 'ভারতে জাতি, তাদের গঠন, উৎপত্তি এবং বিকাশ' অন্তর্ভুক্ত করতে চেয়েছিলাম, যা 'ইন্ডিয়ান অ্যান্টিকোয়ারি' জার্নালের মে, ১৯১৭ সংখ্যায় প্রকাশিত হয়েছিল। কিন্তু আমি সময় পাইনি এবং এখন তা করার সম্ভাবনাও খুব কম। আমি তা করতে না পেরে কিছুটা হতাশ হয়েছি। যেহেতু মানুষ ক্রমাগত এটি দাবি করছে, তাই এই তৃতীয় সংস্করণের ক্ষেত্রে একই আকারে দ্বিতীয় সংস্করণটি পুনর্মুদ্রণ করে আমাকে সন্তুষ্ট থাকতে হবে। আমার লেখাটি এত জনপ্রিয় হয়েছে জেনে আমি খুবই খুশি। আমি আশা করি এটি যে উদ্দেশে লেখা হয়েছিল তা পূরণ করবে।

২২, পৃথ্বীরাজ রোড, নয়াদিল্লি, ১ ডিসেম্বর, ১৯৪৪

–বি.আর. আম্বেদকর

মুখবন্ধ

চিঠিপত্র ১২ ডিসেম্বর ১৯৩৫ সালে, ‘জাত-পন্ত তোড়ক মণ্ডল’-এর সম্পাদক, মা. সন্তরামের কাছ থেকে এই চিঠিটি পেয়েছি।

‘আমার প্রিয় ড. সাহেব,

৫ ডিসেম্বরের পাওয়া আপনার চিঠির জন্য অনেক ধন্যবাদ। আপনার অনুমতি ছাড়াই আমি এটি সংবাদপত্রে প্রকাশের জন্য দিয়েছি বলে আমি দুঃখিত। আসলে, এটি প্রচারে কোনও ক্ষতি আছে বলে আমার মনে হয় না। আপনি একজন মহান চিন্তাবিদ এবং আমার দৃঢ় অভিমত যে আপনার মতো জাতপাতের বিষয়টি কেউ এত গভীরভাবে অধ্যয়ন করেনি। আমি এবং আমাদের দল সবসময় আপনার ধারণা থেকে প্রচুর উপকৃত হয়েছি। আমি প্রায়শই মাসিক পত্রিকা ‘ক্রান্তি’র মাধ্যমে এই ধারণাগুলি প্রচার করেছি এবং অনেক সম্মেলনে এগুলির উপর বক্তৃতাও দিয়েছি। এখন আমি আপনার নতুন সূত্রের ব্যাখ্যা শুনতে খুবই আগ্রহী যে “যতক্ষণ না ধর্মীয় অনুভূতি এবং বিশ্বাসের মূল ধ্বংস করা হয়, ততক্ষণ পর্যন্ত জাতিভেদ নির্মূল করা সম্ভব নয়।” দয়া করে খুব শীঘ্রই এটি বিস্তারিতভাবে ব্যাখ্যা করার চেষ্টা করুন যাতে আমরা এই ধারণাটি গ্রহণ করতে পারি এবং সংবাদমাধ্যম বা অন্যান্য মাধ্যমের মাধ্যমে এটি প্রচার করতে পারি। আমি এখনও এই সূত্রের অর্থ পুরোপুরি বুঝতে পারিনি।

আমাদের বোর্ডের কার্যনির্বাহী কমিটি খুবই আগ্রহী এবং আপনাকে আমাদের বার্ষিক সম্মেলনের সভাপতি হওয়ার জন্য অনুরোধ করছে। আপনার সুবিধার কথা মাথায় রেখে, আমরা আমাদের সম্মেলনের তারিখ পরিবর্তন করতেও প্রস্তুত। পাঞ্জাবের স্বাধীনচেতা হরিজন চিন্তাবিদরা আপনার সাথে দেখা করতে এবং তাদের উদ্দেশ্য নিয়ে আলোচনা করতে খুবই আগ্রহী। অতএব, যদি আপনি আমাদের অনুরোধ গ্রহণ করেন এবং লাহোরে আসেন এবং আমাদের সম্মেলনের সভাপতিত্ব করেন, তাহলে এর দ্বিমুখী উদ্দেশ্য সাধন হবে। আমরা আমাদের স্বাধীনচেতা

হরিজন নেতাদেরও আমন্ত্রণ জানাব এবং আপনি তাদের সাথে আপনার মতামত বিনিময়ের সুযোগ পাবেন। বোর্ড তার সহকারী সচিব, মাননীয়কে অনুমোদন দিয়েছে। ইন্দ্র সিং বড়দিনের সময় বোম্বেতে আপনার সাথে দেখা করবেন এবং আপনার সাথে পুরো পরিস্থিতি নিয়ে আলোচনা করবেন যাতে আপনি আমাদের অনুরোধ গ্রহণ করতে রাজি হন।

আপনার শুভাকাঙ্ক্ষী

–সন্তরাম বি. এ.

আমাকে বলা হয়েছিল যে 'জাত-পন্ত তোড়ক মণ্ডল' হল উচ্চ বর্ণের হিন্দু সমাজ সংস্কারকদের একটি সংগঠন, যাদের একমাত্র লক্ষ্য হল উচ্চ বর্ণের হিন্দুদের মধ্যে বর্ণ বৈষম্য দূর করা। সাধারণত, আমি উচ্চবর্ণের হিন্দুদের দ্বারা পরিচালিত কোনও আন্দোলনে অংশগ্রহণ করি না। সমাজ সংস্কারের প্রতি তাদের দৃষ্টিভঙ্গি এবং মনোভাব আমার থেকে এতটাই আলাদা যে তার সাথে কাজ করা আমার পক্ষে খুব কঠিন। বাস্তবটা হল, আমাদের মধ্যে বিশাল মতপার্থক্যের কারণে তাদের সাথে কাজ করা আমার পক্ষে অনুকূল নয়। তাই যখন মন্ডল প্রথম আমাকে অনুরোধ করেছিল, আমি সম্মেলনের সভাপতি হতে অস্বীকৃতি জানাই। কিন্তু মণ্ডল আমার অস্বীকৃতি গ্রহণ করেনি এবং আমাকে সভাপতি হওয়ার আমন্ত্রণ গ্রহণ করতে রাজি করানোর জন্য তাদের একজন সদস্যকে বোম্বে পাঠায়। অবশেষে, আমি সভাপতিত্ব করতে রাজি হলাম। মন্ডলের সদর দপ্তর ছিল লাহোরে, যেখানে সম্মেলনটি বড়দিনের সময় অনুষ্ঠিত হওয়ার কথা ছিল কিন্তু পরে তা ১৯৩৬ সালের মে মাসের মাঝামাঝি পর্যন্ত স্থগিত করা হয়। বোর্ডের অভ্যর্থনা কমিটি এখন এই সম্মেলনটি সম্পূর্ণরূপে বাতিল করেছে। আমার সভাপতির ভাষণ প্রকাশিত হওয়ার অনেক পরে আমি সম্মেলন বাতিলের খবর পেয়েছি। সভাপতি হিসাবে এই ভাষণটি পড়ার সুযোগ পাইনি বলে এই ভাষণের কপিগুলি এখনও আমার কাছে আছে। এই কারণে জনসাধারণ বর্ণ বৈষম্য প্রথা থেকে উদ্ভূত সমস্যা সম্পর্কে আমার মতামত জানার সুযোগ পায়নি। অতএব, জনসাধারণকে আমার ধারণা সম্পর্কে সচেতন করার জন্য এবং মুদ্রিত কপি ব্যবহারে উৎসাহিত করার জন্য, আমি ভাষণের এই কপিগুলি সর্বসম্মুখে নিয়ে যাওয়ার সিদ্ধান্ত নিয়েছি এবং পরবর্তী পৃষ্ঠাগুলিতে এই ভাষণটি তার মূল আকারে দেওয়া হয়েছে।

সম্মেলনের সভাপতি হিসাবে আমার নিয়োগ বাতিল করার কারণ কী ছিল, তা জানতে হয়তো জনগণ আগ্রহী হবে। প্রাথমিকভাবে ভাষণটির মুদ্রণ নিয়েও বিতর্ক উঠেছিল। আমি চেয়েছিলাম এই ভাষণটি বোম্বেতে ছাপা হোক, আর মণ্ডল চেয়েছিল টাকা সাশ্রয়ের কথা মাথায় রেখে লাহোরে ছাপা হোক, কিন্তু আমি তাতে রাজি হইনি। আমি এটি বোম্বেতেই প্রকাশের জন্য জোর দিয়েছিলাম। আমার পরামর্শে একমত হওয়ার পরিবর্তে আমাকে বোর্ডের বেশ কয়েকজন সদস্যের স্বাক্ষরিত একটি চিঠি পাঠানো হয়। আমি সেই চিঠির এই অংশটি উপস্থাপন করছি।

মাননীয় ডাক্তার,

২৭ মার্চ, ১৯৩৬

আপনার লেখা মা. সন্তরামকে পাঠানো একটি চিঠি ২৪শে মার্চ আমাদের চোখে পড়েছে। এটা পড়ে আমরা একটু হতাশ। হয়তো আপনি এখানে যে পরিস্থিতির উদ্ভব হয়েছে সে সম্পর্কে পুরোপুরি অবগত নন। পাঞ্জাবের সমস্ত হিন্দু আপনাকে এই প্রদেশে আমন্ত্রণ জানানোর সম্পূর্ণ বিরোধিতা করেছে। এর জন্য, 'জাত-পন্ত তোড়ক' মণ্ডলের প্রচুর সমালোচনা হচ্ছে এবং সর্বত্র নিন্দা করা হচ্ছে। হিন্দু মহাসভার প্রাক্তন প্রধান ভাই পরমানন্দ এমএলএ, প্রাক্তন সভাপতি, হিন্দু মহাসভা, মহাত্মা হংসরাজ, স্থানীয় স্বায়ত্ব মন্ত্রী ডক্টর গোকুল চাঁদ নারাং, রাজা নরেন্দ্র নাথ এমএলএসি সহ প্রায় সমস্ত হিন্দু নেতারা অন্তর্ভুক্ত এবং এই কারণে তারা সকলেই বিভাগ থেকে পৃথক হয়ে গিয়েছে। এই সমস্ত প্রতিবাদ এবং সমালোচনা সত্ত্বেও, জাতপাত ভাঙার গোষ্ঠীর পরিচালকরা, যাদের মধ্যে মাননীয় সন্তরাম প্রধান, প্রতিটি পরিস্থিতির মুখোমুখি হতে দৃঢ়প্রতিজ্ঞ এবং যাই ঘটুক না কেন, তারা আপনাকে সভাপতি করার ধারণাটি কখনই ত্যাগ করবেন না। এখনও পর্যন্ত মণ্ডলকে অনেক অপমান করা হয়েছে।

এই পরিস্থিতিতে বোর্ডের সাথে সহযোগিতা করা আপনার কর্তব্য হয়ে দাঁড়ায়। একদিকে, হিন্দুরা মণ্ডলের জন্য এত সমস্যা তৈরি করে তাদের সমস্যায় ফেলছে, অন্যদিকে যদি আপনিও মণ্ডলের সমস্যা বাড়িয়ে দেন, তাহলে তাদের জন্য এটা হবে বিরাট দুর্ভাগ্যের বিষয়। আমরা আশা করি আপনি এই বিষয়টি সাবধানতার সাথে বিবেচনা করবেন এবং আমাদের সকলের স্বার্থে সিদ্ধান্ত নেবেন।

আপনার চিঠি আমাকে এক বিরাট দ্বিধায় ফেলে দিয়েছে। বক্তৃতা ছাপাতে কয়েকটা টাকার জন্য মণ্ডল কেন আমাকে অসন্তুষ্ট করছে তা আমি বুঝতে পারছিলাম না। এছাড়াও, আমি এটাও আশা করিনি যে স্যার গোকুলচাঁদ নারাং-এর

মতো একজন ব্যক্তি আমার সভাপতি হিসাবে নিয়োগের প্রতিবাদে বোর্ড থেকে পদত্যাগ করবেন, কারণ স্যার গোকুলচাঁদ নারাং-এর কাছ থেকে আমি যে চিঠিটি পেয়েছি তা নিম্নরূপ:

৫, মন্টগোমারি রোড, লাহোর ৭ ফেব্রুয়ারি ১৯৩৬

প্রিয় ডঃ আম্বেদকর,

"জাত-পন্ত তোড়ক মণ্ডলের" কর্মীদের কাছ থেকে জানতে পেরে আমি খুবই আনন্দিত যে, ইস্টার ছুটির সময় লাহোরে অনুষ্ঠিত মণ্ডলের বার্ষিক সম্মেলনে আপনি সভাপতি পদ অলংকৃত করার জন্য সম্মত হয়েছেন। লাহোর সফরের সময় যদি আপনি আমার বাড়িতে থেকে আমার আতিথেয়তা গ্রহণ করেন, তাহলে আমার জন্য খুবই আনন্দের বিষয় হবে, বাকিটা যখন আমরা দেখা করব তখন আলোচনা করা যাবে।

আপনার শুভাকাঙ্ক্ষী

- গোকুল চাঁদ নারাং

সত্য যাই হোক না কেন, আমি তাদের চাপের কাছে নতি স্বীকার করিনি। কিন্তু যখন মণ্ডল দেখলো যে আমি আমার বক্তৃতা বোম্বেতেই প্রকাশের জন্য জোর দিচ্ছি, তখন আমার পরামর্শে রাজি না হয়ে মাননীয় মন্ত্রীকে মণ্ডলের পক্ষ থেকে আপনার সাথে ব্যক্তিগত আলোচনা করার জন্য একটি টেলিগ্রাম পাঠানো হয়। হরভগবানকে বোম্বে পাঠানো হচ্ছে। মা হরভগবান ৯ই এপ্রিল যখন বোম্বে এসে আমার সাথে দেখা করলেন, তখন আমি দেখলাম যে তিনি এই বিষয়ে কিছু বলতে চাইছেন না। সত্যটা হল, ভাষণটি মুদ্রণ করার সাথে তার কোনও সম্পর্ক ছিল না, তা বোম্বেতে ছাপা হোক বা লাহোরে। এই কারণেই সে আমাদের কথোপকথনে এটি উল্লেখও করেনি। তার একমাত্র উদ্বেগ ছিল বক্তৃতায় আমি কী (বিষয়বস্তু) লিখেছি। আসলে তিনি বক্তৃতায় প্রকাশিত ধারণাগুলি জানতে চেয়েছিলেন। তারপর আমি নিশ্চিত হয়ে গেলাম যে লাহোরে ভাষণটি প্রকাশের পিছনে বোর্ডের মূল উদ্দেশ্য অর্থ সাশ্রয় করা নয় বরং ভাষণে লেখা বিষয়গুলি সম্পর্কে তথ্য অর্জন করা। আমি তাকে বক্তৃতার একটি কপি দিলাম। বক্তৃতার কিছু অংশ পড়ার পর তাকে খুশি মনে হয়নি, এরপর তিনি লাহোরে ফিরে যান। লাহোর থেকে তিনি আমাকে নিম্নলিখিত চিঠিটি পাঠিয়েছিলেন -

লাহোর, ১৪ এপ্রিল, ১৯৩৬

প্রিয় ড: সাহেব,

১২ এপ্রিল আমি বোম্বে থেকে লাহোরে ফিরে এসেছি, কিন্তু তারপর থেকে আমি অসুস্থ কারণ ট্রেনে টানা ৫-৬ রাত ঠিক মতো ঘুমাতে পারিনি। এখানে আসার পর আমি জানতে পারলাম যে আপনি অমৃতসরে এসেছেন। আমি যদি সুস্থ থাকতাম, তাহলে অবশ্যই সেখানে গিয়ে আপনার সাথে দেখা করতাম। আমি মাননীয়কে অনুরোধ করেছি, আপনার বক্তৃতা অনুবাদ করার জন্য। আমি তা সন্তরামজিকে দিয়েছি এবং তাঁর এটা খুব পছন্দ হয়েছে। কিন্তু তিনি ২৫ তারিখের আগে এটি প্রকাশের জন্য অনুবাদ করতে পারবেন বলে মনে হচ্ছে না। যাই হোক না কেন, এটি ব্যাপকভাবে প্রচারিত হবে, ভাষণটি অত্যন্ত প্রশংসিত হবে এবং আমরা নিশ্চিত যে এটি হিন্দুদের তাদের ঘুম থেকে জাগিয়ে তুলতে সাহায্য করবে।

আমাদের কিছু বন্ধু, বোম্বেতে দেখা করার সময় আপনার বক্তৃতার যে অংশটির প্রতি আমি আপনার দৃষ্টি আকর্ষণ করেছিলাম, সেই অংশটি পড়ার পর, উদ্বেগ এবং কিছুটা সন্দেহ প্রকাশ করেছে। আমরা যারা চাই যে এই সম্মেলনটি কোনও বিতর্ক বা কোনও অপ্রীতিকর ঘটনা ছাড়াই শেষ হোক। তারা চায় যে অন্তত এই সময়ে 'বেদ' শব্দটি কিছু সময়ের জন্য বাদ দেওয়া হোক। এখন, আমি এই বিষয়টি আপনার বিবেচনার উপর ছেড়ে দিচ্ছি। কিন্তু আমি আশা করি আপনি আপনার বক্তৃতার শেষ অংশে, উপসংহারের অনুচ্ছেদে স্পষ্ট করে বলবেন যে বক্তৃতায় প্রকাশিত মতামতগুলি আপনার নিজস্ব মতামত এবং বোর্ড এর জন্য দায়ী নয়। আমি আশা করি আপনি এতে আপত্তি করবেন না এবং আমাদের ভাষণের এক হাজার কপি পাঠাবেন। এই কপিগুলির খরচ আমরা আপনাকে ফেরত দেব। এটি করার জন্য আমি আজ আপনাকে একটি টেলিগ্রামও পাঠিয়েছি। আমি এই চিঠির সাথে ১০০ টাকার একটি চেক পাঠাচ্ছি। দয়া করে আমাকে এর প্রাপ্তি সম্পর্কে জানান এবং পরে বিলটিও পাঠান।

আমি অভ্যর্থনা কমিটির একটি সভার আয়োজন করেছি এবং শীঘ্রই তাদের সিদ্ধান্ত সম্পর্কে আপনাকে অবহিত করব। বোম্বেতে আপনি আমার প্রতি যে ভালোবাসা ও দয়া দেখিয়েছিলেন এবং নিজের বক্তৃতা প্রস্তুত করতে যে প্রচণ্ড কষ্ট করেছ, তা আমার কাছে খুবই আনন্দের। এজন্য আমার আন্তরিক ধন্যবাদ গ্রহণ করুন। আপনার কৃতজ্ঞতার জন্য আমরা সকলেই ঋণী থাকব।

আপনার

-হরভগবান

বিশেষ - *অনুগ্রহ করে ভাষণটি মুদ্রিত হওয়ার সাথে সাথে যাত্রীবাহী ট্রেনে করে পাঠাবেন, যাতে সেই কপিগুলি প্রকাশের জন্য সংবাদপত্রে পাঠানো যায়।*

মা হরভগবানের চিঠির পর, আমি আমার বক্তৃতার স্ক্রিপ্টটির এক হাজার কপি ছাপানোর অর্ডার মুদ্রককে দিয়েছিলাম৷ আট দিন পর আমি হরভগবানের কাছ থেকে আরেকটি চিঠি পাই যা নিম্নে দেওয়া হচ্ছে-

লাহোর, ২২ এপ্রিল, ১৯৩৬

প্রিয় ডঃ আম্বেদকর,

আমি আপনার টেলিগ্রাম এবং চিঠি পেয়েছি, দয়া করে এর জন্য আমাদের ধন্যবাদ গ্রহণ করুন৷ আপনার ইচ্ছা অনুযায়ী আমরা আবার আমাদের সম্মেলন স্থগিত করেছি, কিন্তু আমাদের মনে হয় যে এটি ২৫ এবং ২৬ তারিখে অনুষ্ঠিত হলে ভালো হবে কারণ পাঞ্জাবে গরম দিন দিন বৃদ্ধি পাচ্ছে৷ মে মাসের মাঝামাঝি থেকে খুব গরম পড়তে শুরু করবে, যার ফলে দিনের বেলায় সম্মেলন আয়োজন আরামদায়ক এবং মনোরম হবে না৷ তবুও, যদি সম্মেলনটি মে মাসের মাঝামাঝি সময়ে অনুষ্ঠিত হয়, তাহলে আমরা আপনার সুবিধা এবং আরামের জন্য যথা সম্ভব ব্যবস্থা করার চেষ্টা করব৷

তবুও, একটি বিষয়ের প্রতি আমি আপনার দৃষ্টি আকর্ষণ করতে বাধ্য হচ্ছি৷ আপনার নিশ্চয় মনে থাকবে, আমি আপনার ধর্মান্তরের বিষয়ে আমার সহকর্মীদের উত্থাপিত আশঙ্কার কথা আপনাকে জানিয়ে ছিলাম৷ সেই সময় আপনি আমাকে বলেছিলেন যে এই বিষয়টি বোর্ডের কাজের আওতার বাইরে, এতে কোনও সন্দেহ নেই এবং বোর্ডের প্ল্যাটফর্ম থেকে এই বিষয়ে আপনার কিছু বলার নেই৷ যখন আপনি আমাকে আপনার বক্তৃতার পাণ্ডুলিপি দিয়েছিলেন, তখন আপনি আমাকে আশ্বস্ত করেছিলেন যে এটিই আপনার বক্তৃতার মূল অংশ এবং আপনি এতে শেষের মাত্র দুটি বা তিনটি অনুচ্ছেদ যোগ করতে চান৷ কিন্তু আপনার বক্তৃতার দ্বিতীয় সংস্করণ পেয়ে আমরা অবাক হয়েছি কারণ এর ফলে বক্তৃতাটি এত দীর্ঘ হয়ে যাবে যে খুব কম লোকই এটি সম্পূর্ণরূপে পড়তে পারবে৷ এছাড়াও, আপনি আপনার বক্তৃতায় বারবার বলেছেন যে আপনি হিন্দু সমাজ ত্যাগ করার সিদ্ধান্ত নিয়েছেন এবং হিন্দু হিসাবে এটিই আপনার শেষ ভাষণ৷

আপনি অপ্রয়োজনীয়ভাবে বেদ এবং হিন্দুদের অন্যান্য ধর্মীয় গ্রন্থের নীতি ও যুক্তিসঙ্গততার উপর আক্রমণ করেছেন এবং হিন্দুধর্মের কারিগরি দিকগুলি নিয়ে বিস্তর লেখালেখি করেছেন যার সাথে বর্ণ বৈষম্য সমস্যার কোনও সম্পর্ক নেই, এমনকি কিছু অংশ অপ্রাসঙ্গিক এবং মূল বিষয়বস্তু থেকেও দূরে সরে গিয়েছে৷ আপনি যদি আপনার বক্তৃতাটি আমাকে দেওয়া অংশের মধ্যেই সীমাবদ্ধ রাখতেন

এবং যদি এটি বর্ধিত করার প্রয়োজন হয়, তাহলে ব্রাহ্মণ্যবাদ ইত্যাদির উপর আপনি যে পরিমাণে লিখেছেন, শুধু সেইটুকুই রাখতেন, তাহলে আমরা খুব খুশি হতাম। শেষ অংশটি, যা হিন্দুধর্মের সম্পূর্ণ ধ্বংসের কথা বলে এবং হিন্দু পবিত্র গ্রন্থের নীতি ও রীতির উপর সন্দেহ প্রকাশ করে এবং হিন্দু সমাজ ত্যাগ করার ক্ষেত্রে আপনার ইচ্ছার ইঙ্গিতও দেয়, এই মুহূর্তে আমার কাছে প্রাসঙ্গিক বলে মনে হচ্ছে না।

অতএব, সম্মেলনের দায়িত্বপ্রাপ্তদের পক্ষ থেকে, আমি বিনীতভাবে অনুরোধ করছি যে, আমি উপরে যে বক্তৃতাটির উল্লেখ করেছি, তার অংশগুলি সরিয়ে ফেলুন এবং বক্তৃতাটি যেমন ছিল তেমনই রেখে দিন, অথবা ব্রাহ্মণ্যবাদের উপর আরও কয়েকটি অনুচ্ছেদ যোগ করুন। অপ্রয়োজনীয়ভাবে উস্কানিমূলক বা হৃদয় বিদারক বক্তৃতা দেওয়াকে আমরা বুদ্ধিমানের কাজ মনে করি না। আমাদের মধ্যে অনেকেই আপনার অনুভূতিকে সমর্থন করে এবং হিন্দুধর্মকে একটি নতুন রূপ দেওয়ার জন্য আপনার নেতৃত্বে কাজ করতে প্রস্তুত। যদি আপনি আপনার মতাদর্শের লোকদের একত্রিত করার সিদ্ধান্ত নিয়ে থাকেন, তাহলে আমি আপনাকে আশ্বস্ত করছি যে পাঞ্জাব থেকে অনেক সংখ্যক মানুষ আপনার সংস্কারবাদী কর্মী বাহিনীতে যোগ দিত।

আসলে আমরা ভেবেছিলাম যে আপনি জাতিভেদের কুফল দূর করতে আমাদের নেতৃত্ব দেবেন, কারণ আপনি এই বিষয়টি ব্যাপকভাবে অধ্যয়ন করেছেন। আমরা এটাও বুঝতে পেরেছিলাম যে এই বিশাল প্রচেষ্টার মাধ্যমে আপনি বিপ্লব এনে এবং নিজেকে সংগ্রামের কেন্দ্রবিন্দুতে পরিণত করে আমাদের শক্তি বৃদ্ধি করবেন, কিন্তু আপনার বারবার করা ঘোষণাটি পুনরাবৃত্তি করলে, এটি তার শক্তি হারাবে এবং একটি অগোছালো শব্দে পরিণত হবে। এই পরিস্থিতিতে, আমি আপনাকে পুরো বিষয়টি পুনর্বিবেচনা করার জন্য অনুরোধ করছি এবং আপনার বক্তব্যকে বিশেষভাবে কার্যকর করে তুলুন এই বলে যে, যদি হিন্দু সমাজ আন্তরিকভাবে বর্ণ বৈষম্য প্রথা নির্মূল করার জন্য সঠিক পথে কাজ করতে চায়, এমনকি যদি তাদের এর জন্য নিজেদের আত্মীয়স্বজন এবং ধর্মীয় বিশ্বাস ত্যাগ করতে হয়, তাহলে আমি এটির নেতৃত্ব দিতে পেরে খুশি হব। যদি আপনি এটা করেন, তাহলে আমি নিশ্চিত যে এই সংগ্রামে আপনি পাঞ্জাব থেকে পূর্ণ সমর্থন পাবেন।

এই কঠিন সময়ে আপনি যদি আমাদের সাহায্য করতে পারেন তাহলে আমি অত্যন্ত কৃতজ্ঞ থাকব কারণ আমরা ইতিমধ্যেই অনেক কিছু ব্যয় করেছি এবং

চাপের মধ্যে আছি এবং চলার পথে বিভ্রান্তির সৃষ্টি হয়েছে। আপনি দয়া করে ফিরতি ডাকযোগে আমাদের জানান যে আপনি আপনার বক্তব্য সীমিত রাখতে সম্মত হয়েছেন। যদি আপনি এখনও আপনার বক্তৃতাটি তার মূল আকারে মুদ্রিত করার জন্য জোর দেন, তাহলে আমরা দুঃখিত যে আমাদের পক্ষে সম্মেলনটি আয়োজন করা সম্ভব হবে না এবং উপযুক্তও হবে না। এমন পরিস্থিতিতে, আমরা এই সম্মেলন অনির্দিষ্টকালের জন্য স্থগিত রাখাই উপযুক্ত বলে মনে করব। এটি করার জন্য, অর্থাৎ বারবার সম্মেলন স্থগিত এবং পুনঃনির্ধারণ করার প্রস্তাব দেওয়ার ফলে, আমাদের উপর জনসাধারণের আস্থা হ্রাস পাবে।

পরিশেষে আমরা অবশ্যই বলতে চাই যে এটি বর্ণ বৈষম্য প্রথার উপর এত চমৎকার এবং উন্নতমানের একটি প্রবন্ধ যে এটি আজ পর্যন্ত লেখা অন্য যেকোনও প্রবন্ধের চেয়ে ভালো। আমরা নিশ্চিতভাবে বলতে পারি যে এই প্রবন্ধটি একটি মূল্যবান ঐতিহ্য হিসাবে প্রমাণিত হবে এবং এটি আমাদের হৃদয়ে আপনার প্রতি শ্রদ্ধা অনেক বাড়িয়ে দিয়েছে। এই নিবন্ধটি তৈরি করতে আপনি যে কঠোর পরিশ্রম করেছেন তার জন্য আমরা চিরকাল কৃতজ্ঞ থাকব।

আপনার উদারতার জন্য অনেক ধন্যবাদ এবং শুভকামনা সহ,

আপনার শুভাকাঙ্ক্ষী।

-হরভগবান

মাননীয় হরভগবানকে, এই চিঠির জবাবে আমি এই উত্তরটি পাঠিয়েছি -

২৭ এপ্রিল, ১৯৩৬

প্রিয় মাননীয় হরভগবান,

আপনার ২২শে এপ্রিলের চিঠিটি পেয়েছি। আমি এটা জেনে দুঃখিত যে, যদি আমি আমার বক্তৃতাটি তার প্রকৃত আকারে প্রকাশ করার জন্য জোর দিই, তাহলে ''জাত-পন্ত তোড়ক'' মণ্ডলের অভ্যর্থনা কমিটি সম্মেলনটি অনির্দিষ্টকালের জন্য স্থগিত রাখতে পছন্দ করবে। এর উত্তরে আমি আপনাকে জানাতে চাই যে আমি কোন রকম ঘুরিয়ে কথা বলা পছন্দ করি না। যদি বোর্ড আমার বক্তব্যকে তার মতামত অনুসারে সম্পাদনা করার জন্য জোর দেয়, তাহলে আমিও কোন রকম আপোষ না করেই নিজের মতামত জানাচ্ছি এবং সম্মেলনটি বাতিল করতে চাই। আমার সিদ্ধান্ত আপনার পছন্দ নাও হতে পারে, কিন্তু সম্মেলনে সভাপতিত্ব করার সম্মানের জন্য আমি একজন বক্তার বক্তৃতা প্রস্তুত করার স্বাধীনতা ত্যাগ করতে পারি না। কেবল মণ্ডলকে সন্তুষ্ট করার জন্য, সম্মেলনের প্রতি প্রতিটি সভাপতির কর্তব্য ত্যাগ করতে হবে তার কোনও মানে নেই, কারণ এর সভাপতি হিসাবে তাকে সেই পথ দেখানো প্রয়োজন যা তিনি সঠিক এবং যথাযথ বলে মনে করেন। এখানে প্রশ্নটি নীতির এবং আমি মনে করি এই বিষয়ে আমার কোনও আপস করা উচিত নয়।

অভ্যর্থনা কমিটির গৃহীত সিদ্ধান্তের যথাযথতা নিয়ে আমি কোনও রকম বিতর্কে জড়াতে চাই না। যেহেতু আপনি কিছু কারণ দেখিয়েছেন যাতে করে আমাকে দোষী বলে মনে হচ্ছে, তাই আমার জন্য সেই অভিযোগগুলির উত্তর দেওয়া জরুরি হয়ে পড়েছে। প্রথমত, আমি এই অনুভূতি দূর করতে চাই যে কমিটি যে অংশে আপত্তি জানিয়েছে, সেখানে আমার দ্বারা প্রকাশিত মতামত বোর্ডের কাছে নতুন ছিল এবং আশ্চর্যজনক ছিল। আমি আশা করি মা. সন্তরাম আমার কাছে সাক্ষ্য দেবেন যে, তার একটি চিঠির উত্তরে আমি বলেছিলাম যে, বর্ণ বৈষম্য প্রথা নির্মূল করার আসল উপায় কেবল বিভিন্ন বর্ণের মধ্যে বিবাহ এবং আহার নয়, বরং সেই ধর্মীয় ধারণাগুলিকে ধ্বংস করে দেওয়া যার উপর বর্ণ

বৈষম্য প্রথার ভিত্তি স্থাপন করা হয়েছিল এবং এই প্রশ্নের উত্তরে মাননীয় সন্তরাম আমাকে বিস্তারিতভাবে ব্যাখ্যা করতে বললেন কারণ ধারণাটি তার কাছে নতুন মনে হয়েছিল।

মা. সন্তরামের এই অনুরোধের প্রেক্ষিতে, আমি ভাবলাম যে তাকে লেখা আমার চিঠিতে এক লাইনে আমি কী লিখেছিলাম তা আমার বক্তৃতায় বিস্তারিতভাবে স্পষ্ট করা উচিত। তাই আপনি বলতে পারেন না যে আমি যে ধারণাগুলি প্রকাশ করেছি তা নতুন এবং যাই হোক না কেন, এই ধারণাগুলি মা সন্তরামের জন্য নতুন নয়, যিনি আপনার দলের প্রধান স্তম্ভ এবং পথপ্রদর্শক। কিন্তু আমি আরও বলতে চাই যে আমি আমার বক্তৃতার এই অংশটি কেবল এই কারণেই লিখেছি না যে আমি এটি করতে চেয়েছিলাম, বরং আমার যৌক্তিক চিন্তাভাবনাগুলি সম্পূর্ণ করার জন্য এটি প্রয়োজনীয় ছিল। আপনার কমিটি আপত্তির অংশটিকে 'অপ্রাসঙ্গিক এবং অযৌক্তিক' বলে বর্ণনা করেছে শুনে আমি অবাক হয়েছি। আমি বলতে চাই যে আমি একজন আইনজীবী এবং প্রাসঙ্গিকতার নিয়ম সম্পর্কে আমার জ্ঞান আপনার কমিটির যেকোনও সদস্যের চেয়ে কম নয়। আমি দৃঢ়ভাবে বলছি যে, যে অংশটির উপর আপত্তি জানানো হয়েছে তা কেবল সবচেয়ে প্রাসঙ্গিকই নয়, বরং অপরিহার্য এবং গুরুত্বপূর্ণও। বক্তৃতার এই অংশে, আমি বর্ণ বৈষম্য প্রথার অবসানের সর্বোত্তম পদ্ধতি নিয়ে আলোচনা করেছি। আপনি হয়তো বলবেন যে জাতপাত দূর করার সর্বোত্তম উপায় সম্পর্কে আমি যে সিদ্ধান্তে পৌঁছেছি তা অবাক করার মতো এবং বেদনাদায়ক। আপনি এটাও বলতে পারেন যে আমার উপসংহার ভুল, কিন্তু আপনি এটা বলতে পারেন না যে বর্ণ বৈষম্য প্রথা কী ভাবে বিলুপ্ত করা যেতে পারে সে সম্পর্কে জাতিভেদের উপর বক্তৃতা দেওয়ার ক্ষেত্রে আমার মতামত প্রকাশ করার স্বাধীনতা নেই।

আপনার দ্বিতীয় অভিযোগ হল বক্তৃতাটি খুব দীর্ঘ হওয়া। আমি বক্তৃতায় এই অভিযোগ স্বীকার করেছি কিন্তু এর জন্য আসলে কে দায়ী? হয়তো আপনি এই ইস্যুতে একটু দেরিতে যোগ দিয়েছেন, তাই আপনি হয়তো জানেন না যে আমি নিজেই নিজের সুবিধার্থে একটি ছোট বক্তৃতা লেখার কথা ভেবেছিলাম, কারণ এত বিস্তারিত প্রবন্ধ লেখার প্রস্তুতির জন্য আমার কাছে সময় বা শারীরিক শক্তি ছিল না। মণ্ডলই আমাকে এই বিষয়টি বিস্তারিতভাবে জানাতে অনুরোধ করেছিল এবং মণ্ডলই আমাকে বর্ণ বৈষম্য প্রথা সম্পর্কিত প্রশ্নের একটি তালিকা পাঠিয়েছিল এবং আমার বক্তৃতায় সেগুলির উত্তর দিতে বলেছিল। কারণ মণ্ডল এবং তার বিরোধীদের মধ্যে বিতর্কের সময় প্রায়শই এই প্রশ্নগুলি উত্থাপিত হত এবং মণ্ডল

সেগুলির উত্তর দিতে অক্ষম ছিল। অতএব, মণ্ডলের ইচ্ছানুযায়ী এই বিষয়ের উপর বক্তৃতা এত দীর্ঘ হয়ে গিয়েছে। আমি যা বলেছি তা মনে রাখবেন, আপনি একমত হবেন যে বক্তৃতা দীর্ঘায়িত করা আমার দোষ নয়।

আমি আশা করিনি যে হিন্দু ধর্মের গোঁড়া বিশ্বাস ধ্বংস করার কথা বলার কারণেই আপনার দল এত হৈচৈ করবে। আমি বিশ্বাস করি যে কেবল বোকারাই কথা বলতে ভয় পায়, কিন্তু মানুষের মনে যেন কোনও ভুল বোঝাবুঝি না থাকে, এই চিন্তাভাবনা মাথায় রেখে, আমি ধর্ম এবং ধর্মের ধ্বংস বলতে কী বোঝাতে চাইছি তা বিস্তারিতভাবে ব্যাখ্যা করার জন্য অনেক প্রচেষ্টা করেছি। আমার আত্মবিশ্বাস, আমার বক্তৃতা পড়ার পর কেউ আমার সম্পর্কে কোনও ভুল ধারণা পোষণ করবে না। আপনার বক্তৃতায় "ধর্মের ধ্বংস" ইত্যাদি শব্দের ব্যাখ্যা নিয়ে এবং শুধু এই শব্দগুলির জন্য আপনার দল এত ভয় পেয়ে যাওয়ার কারণে, আপনার দল আমার চোখে নিজের সম্মান হারিয়েছে। যারা নিজেদের সমাজ সংস্কারক বলে দাবি করে কিন্তু তাদের সম্পর্কে শুনতে বা পড়তে অস্বীকার করে, এই ধরনের যুক্তিসঙ্গত সিদ্ধান্ত বাস্তবায়ন করা তো দূরের কথা, এবং তাদের ভয় পায়, তাদের জন্য কী ভাবে কেউ শ্রদ্ধা বা প্রশংসা করতে পারে?

আপনি আমার সাথে একমত হবেন যে বক্তৃতা প্রস্তুত করার ক্ষেত্রে আমি কখনই কোনও সময়সীমা মেনে নিইনি এবং বক্তৃতায় কী লেখা উচিত এবং কী লেখা উচিত নয় এই নিয়ে আমার এবং বোর্ডের মধ্যে কখনও কোনও আলোচনা হয়নি। আমি সবসময়ই এই দৃষ্টিভঙ্গি পোষণ করে আসছি যে, বক্তৃতাটা যখন আমার, তখন সেই বিষয়ে আমার মতামত প্রকাশ করার সম্পূর্ণ স্বাধীনতা আছে। সত্যি কথা হল, ৯ এপ্রিল আপনি বোম্বে আসার আগে পর্যন্ত, মণ্ডল জানত না যে আমি কী ধরণের বক্তৃতা প্রস্তুত করছি। যখন আপনি বোম্বে এসেছিলেন, আমি আমার নিজের ইচ্ছায় আপনাকে বলেছিলাম যে অস্পৃশ্য জাতিগুলির ধর্মান্তর সম্পর্কে আমার মতামত প্রকাশ করার জন্য আপনার প্ল্যাটফর্ম ব্যবহার করার আমার কোনও ইচ্ছা নেই। আমি বিশ্বাস করি যে এই ভাষণটি প্রস্তুত করার ক্ষেত্রে আমি বিশ্বস্ততার সাথে আমার কথা রেখেছি। আপনার নিজের মতো করে বলা ছোট্ট একটা কথা ছাড়া, যেমন 'আমি দুঃখিত আমি এখানে থাকব না' - ইত্যাদি। আমি আমার বক্তৃতায় এই বিষয়ে আর কিছু বলতে চাইনি। যখন আমি দেখিছি যে আপনি এতটা সাধারণ এবং অপ্রত্যক্ষ বিষয় নিয়ে আপত্তি করছেন, তখন আমি জিজ্ঞাসা করতে বাধ্য হচ্ছি যে, আপনি কি ভেবেছিলেন যে আপনার সম্মেলনের সভাপতি হওয়ার সিদ্ধান্ত গ্রহণ করে আমি অস্পৃশ্য শ্রেণীর অন্যান্য

ধর্মে ধর্মান্তরিতকরণ সম্পর্কে আমার মতামত কিছু সময়ের জন্য বা চিরতরে ত্যাগ করব? যদি আপনি তাই ভেবে থাকেন, তাহলে আমি আপনাকে বলতে চাই যে আপনার এই ভুলের জন্য আমি কোনভাবেই দায়ী নই। আপনাদের মধ্যে কেউ যদি আমাকে ইঙ্গিত দিতেন যে, সভাপতি করে আপনারা যে সম্মান দিচ্ছেন, তার বিনিময়ে আপনাদের ধর্মান্তর কর্মসূচিতে আমার বিশ্বাস ত্যাগ করতে হবে, তাহলে আমি আপনাদের স্পষ্ট ভাষায় বলতাম যে, আপনাদের কাছ থেকে যে সম্মান পাবো তার চেয়ে নিজের বিশ্বাসের প্রতি আমার সম্মান অনেক বেশি। আপনার কাছ থেকে পাওয়া সম্মানের চেয়ে আমার চিন্তাভাবনা এবং বিশ্বাসকে আমি বেশি মূল্যবান মনে করি।

আপনার ১৪ই এপ্রিলের চিঠির পর আমি এই চিঠিটি পেয়েছি এবং আমি খুবই অবাক হয়েছি। আমি নিশ্চিত যে এই দুটি চিঠি পড়লে যে কেউ অবাক হবেন। অভ্যর্থনা কমিটির এই হঠাৎ পরিবর্তনের কারণ আমি বুঝতে পারছি না। ১৪ তারিখে চিঠি লেখার সময় কমিটির কাছে থাকা ভাষণের খসড়ার বিষয়বস্তু এবং মূল ভাবের মধ্যে কোনও পার্থক্য ছিল না, এবং আপনার চিঠিতে লেখা এই চূড়ান্ত খসড়ায় কমিটির সিদ্ধান্ত উল্লেখ করা হয়েছে। আমি যা জিজ্ঞাসা করছি তা হল, আপনি কি চূড়ান্ত খসড়ায় এমন একটি নতুন ধারণাও সুপারিশ করতে পারেন যা প্রথম খসড়ায় ছিল না? ধারণাগুলি একই, একমাত্র পার্থক্য হল চূড়ান্ত খসড়ায় সেগুলি আরও বিশদে লেখা হয়েছে। যদি বক্তৃতায় আপত্তিকর কিছু থাকত, তাহলে আপনি ১৪ এপ্রিলই আমাকে বলতে পারতেন, কিন্তু আপনি তা করেননি। বরং, আপনি কথোপকথনের সময় আমাকে আপনার প্রস্তাবিত পরিবর্তনগুলি গ্রহণ বা প্রত্যাখ্যান করার অধিকার দিয়েছেন এবং বক্তৃতার এক হাজার কপি ছাপাতে বলেছেন। সেই অনুযায়ী, আমিও এক হাজার কপি ছাপিয়েছি এবং সবগুলিই আমার কাছে রেখেছি। আট দিন পর আপনি লিখেছেন যে আমার বক্তৃতার বিষয় বস্তু নিয়ে আপনার আপত্তি আছে এবং যদি তা গৃহীত না হয় তাহলে সম্মেলন বাতিল করা হবে। আপনার জানা উচিত ছিল যে বক্তৃতায় কোনও রকম পরিবর্তনের কোনও জায়গা ছিল না। আমি আপনাকে বোম্বেতে বলেছিলাম যে, আমি এতে একটি কমাও পরিবর্তন করতে প্রস্তুত নই। আমি আরও বলেছি যে আমার বক্তৃতা প্রকাশিত হওয়ার আগে আমি অন্য কাউকে দেখাতে রাজি নই এবং কাউকে এটি সেন্সর করার অনুমতি দেব না এবং আপনাকে সেই ভাষণটি একই আকারে গ্রহণ করতে হবে যে আকারে আমি এটি লিখেছি। আমি আপনাকে আরও বলেছি যে বক্তৃতায় প্রকাশিত মতামতের সমস্ত দায়িত্ব সম্পূর্ণরূপে আমার।

যদি সম্মেলনের তা পছন্দ না হয় এবং তার চেয়েও বেশি যদি তার বিরুদ্ধে নিন্দা ও প্রতিবাদের প্রস্তাব পাস হয়, তাহলে আমার মোটেও খারাপ লাগবে না। আমার মতামতের দায়িত্ব থেকে আপনার বোর্ডকে মুক্ত করতে এবং একই সাথে সম্মেলনের সাথে নিজেকে খুব বেশি জড়িত না করার জন্য আমি এতটাই উদ্বিগ্ন ছিলাম যে আমি আপনাকে পরামর্শ দিয়েছিলাম যে আমার বক্তৃতাকে সভাপতির ভাষণ হিসাবে বিবেচনা করা উচিত নয় এবং আপনার উচিত সম্মেলনে সভাপতিত্ব করার এবং প্রস্তাবগুলি পাস করার জন্য অন্য কাউকে খুঁজে বের করা। ১৪ এপ্রিল এই সিদ্ধান্ত নেওয়ার জন্য আপনার কমিটির চেয়ে উপযুক্ত আর কেউ ছিল না, কিন্তু আপনার কমিটি সিদ্ধান্ত নেয়নি। ইতিমধ্যে বক্তৃতাটি ছাপানোর খরচ বহন করা হয়েছে। আপনাদের কমিটি যদি আরও একটু দৃঢ়তা দেখাতো তাহলে এই খরচ বাঁচানো যেত। আমি আশা করি আমার বক্তৃতায় প্রকাশিত মতামত আপনার কমিটির সিদ্ধান্তের উপর কোনও প্রভাব ফেলবে না। অমৃতসরে অনুষ্ঠিত শিখ প্রচার সম্মেলনে আমার উপস্থিতি আপনার কমিটির সিদ্ধান্তের সাথে অনেকাংশে সম্পর্কিত বলে আমি বিশ্বাস করি তার অনেক কারণ রয়েছে। এটি একটা বড় কারণ। ১৪ থেকে ২২ এপ্রিলের মধ্যে কমিটির আচরণে হঠাৎ পরিবর্তনের বিষয়টি কমিটি ছাড়া অন্য কেউ সন্তোষজনকভাবে ব্যাখ্যা করতে পারে না। আমি এই বিতর্ক দীর্ঘায়িত করতে চাই না, তাই আমি চাই আপনি ঘোষণা করুন যে আমার সভাপতিত্বে যে সম্মেলনটি অনুষ্ঠিত হতে যাচ্ছিল তা বাতিল করা হয়েছে। এখন সমস্ত আকর্ষণ এবং সৌন্দর্য হারিয়ে গিয়েছে এবং আপনার কমিটি যদি আমার পুরো বক্তৃতাটিকে বর্তমান আকারে গ্রহণ করে, তবুও আমি সভাপতিত্ব করতে প্রস্তুত নই। বক্তৃতাটি প্রস্তুত করতে আমার কঠোর পরিশ্রম এবং কষ্টের কারণে আপনি যে প্রশংসা করেছেন তার জন্য আমি আপনাকে ধন্যবাদ জানাই। আর কেউ না হলেও, অন্তত এই কঠোর পরিশ্রম থেকে আমি উপকৃত হয়েছি। আমার কেবল মাত্র একটাই আফসোস হচ্ছে যে, যখন আমার স্বাস্থ্য শ্রমের বোঝা বহন করার অবস্থায় ছিল না, তখন আমাকে এত কঠোর পরিশ্রম করতে হয়েছে।

আপনার শুভাকাঙ্ক্ষী

-বি.আর. আম্বেদকর

এই চিঠিটি বোর্ড কেন আমাকে সভাপতি হিসাবে নিয়োগ বাতিল করেছে তার কারণ ব্যাখ্যা করবে এবং এখন পাঠকরাও সিদ্ধান্ত নিতে পারবেন যে এতে আসলে কে দোষী ছিল। সম্ভবত এটিই প্রথম ঘটনা যখন কোনও অভ্যর্থনা কমিটি চেয়ারম্যানের মতামতের সাথে একমত না হওয়ার কারণে চেয়ারম্যানের নিয়োগ বাতিল করেছে। কিন্তু তা হোক বা না হোক, এটি অবশ্যই আমার জীবনের প্রথম সুযোগ ছিল যখন আমাকে উচ্চ বর্ণের হিন্দুদের একটি সম্মেলনের সভাপতি হওয়ার জন্য আমন্ত্রণ জানানো হয়েছিল। এর এত করুণ পরিণতির জন্য আমি সত্যিই দুঃখিত। কিন্তু উচ্চবর্ণের হিন্দুদের মধ্যে সংস্কারবাদী দল এবং অস্পৃশ্যদের আত্মমর্যাদাশীল শ্রেণীর মধ্যে যে করুণ সম্পর্ক আমরা দেখতে পাই, সেখান থেকে কী আশা করা যেতে পারে, যেখানে উচ্চবর্ণের হিন্দুদের মধ্যে সংস্কারকরা তাদের গোঁড়া সহকর্মীদের থেকে বিচ্ছিন্ন হতে ইচ্ছুক নয় এবং আত্মমর্যাদাশীল অস্পৃশ্যদের বারবার সংস্কারের জন্য জোর দেওয়া ছাড়া আর কোনও উপায় থাকে না?

রাজগৃহ, দাদার, বোম্বে, ১৪-১৫ মে, ১৯৩৬

-বি.আর. আম্বেদকর

সূচিপত্র

বাবাসাহেব ডক্টর ভীমরাও আম্বেদকরের বক্তৃতা 'জাত-পান্ত' তোড়ক মণ্ডল (আর্য সমাজ), লাহোর

১৯৩৬ সালের বার্ষিক সম্মেলনের জন্য একটি বক্তৃতা প্রস্তুত করা হয়েছিল, কিন্তু বক্তৃতায় প্রকাশিত মতামত মণ্ডলের অভ্যর্থনা কমিটির কাছে গ্রহণযোগ্য না হওয়ায় তা পড়া সম্ভব হয়নি, তাই সম্মেলন বাতিল করা হয়েছিল। পরবর্তীতে, বাবা সাহেব এই ভাষণটি একটি বই আকারে নিয়ে আসেন, যা এখনও দেশ ও বিশ্বে ব্যাপকভাবে পঠিত হয়।

১

বর্ণ বৈষম্য প্রথার ধ্বংস (পরিচয়)

বন্ধুগণ,

"জাত-পান্ত তোড়ক" মণ্ডলের বন্ধুরা আমাকে এই সম্মেলনে সভাপতিত্ব করার জন্য সম্মানের সাথে আমন্ত্রণ জানিয়েছেন। ওই বন্ধুদের অবস্থা দেখে আমি খুবই দুঃখিত। আমি জানি যে আমাকে সভাপতি নির্বাচিত করার বিষয়ে তাদের অনেক প্রশ্ন জিজ্ঞাসা করা হবে। মণ্ডলকে জিজ্ঞাসা করা হবে যে লাহোরে কি এমন কোনও যোগ্য ব্যক্তি ছিলেন না যে তাকে সভাপতি নির্বাচনের জন্য বোম্বে পর্যন্ত দৌড়াতে হয়েছিল? আমি জানি যে বোর্ড এই সম্মেলনের সভাপতিত্ব করার জন্য

আমার চেয়ে আরও যোগ্য একজন ব্যক্তিকে সহজেই খুঁজে পেতে পারত। আমি হিন্দুধর্মের সমালোচনা করেছি, আমি মহাত্মাজীর (গান্ধীজী) নীতিরও সমালোচনা করেছি, তাঁর কর্তৃত্ব নিয়ে প্রশ্ন তুলেছি, যিনি হিন্দুদের দ্বারা অত্যন্ত শ্রদ্ধাশীল এবং সম্মানিত। হিন্দুরা আমাকে ঘৃণা করে এবং তারা আমাকে তাদের বাগানের সাপ মনে করে। আমি বিশ্বাস করি যে সকল রাজনৈতিক দৃষ্টিভঙ্গির হিন্দুরা অবশ্যই জাতিভেদ-বিদ্বেষী গোষ্ঠীকে জিজ্ঞাসা করবে কেন তারা আমাকে এই সম্মানজনক পদে নির্বাচিত করে হিন্দুদের অপমান করেছে। ধর্মীয় হিন্দুরা এটা মোটেও পছন্দ করবে না কারণ উচ্চ বর্ণের হিন্দুদের সম্মেলনে ভাষণ দেওয়ার জন্য আমাকে নির্বাচিত করা হিন্দু ধর্মগ্রন্থের মর্যাদা এবং আদেশের পরিপন্থী। শাস্ত্র অনুসারে, তিন বর্ণের মধ্যে কেবল ব্রাহ্মণকেই গুরু হিসাবে প্রতিষ্ঠিত করা হয়। 'বর্ণানাম ব্রাহ্মণরা গুরু' এটি শাস্ত্রের নির্দেশ, তাই মণ্ডল জানে যে একজন হিন্দুর কার কাছ থেকে জ্ঞান নেওয়া উচিত এবং কার কাছ থেকে জ্ঞান নেওয়া উচিত নয়।

ধর্মগ্রন্থগুলি হিন্দুদের কেবল সুশিক্ষিত এবং যোগ্য বলেই মনে করে, তাই কাউকে তাদের গুরু হিসাবে গ্রহণ করার অনুমতি দেয় না। মহারাষ্ট্রের একজন ব্রাহ্মণ সাধক রামদাস খুব স্পষ্টভাবে এই কথা বলেছেন, যিনি শিবাজিকে হিন্দু শাসন প্রতিষ্ঠার জন্য অনুপ্রাণিত করেছিলেন বলে জানা যায়।সন্ত রামদাস মারাঠি ভাষায় লেখা তাঁর সামাজিক, রাজনৈতিক ও ধর্মীয় বই 'দাশবোধ' -র এক জায়গায় হিন্দুদের জিজ্ঞাসা করেছেন যে, আপনি কি একজন অস্পৃশ্যকে শিক্ষক হিসাবে বিবেচনা করতে পারেন, যদি তিনি একজন পণ্ডিত হন? এবং তিনি নিজেই এর উত্তর দিয়েছেন। এখন এই মণ্ডলই জানে যে তিনি কেন বোম্বেতে এসেছিলেন এবং কেন তিনি এমন একজন ব্যক্তিকে বেছে নিয়েছিলেন যিনি হিন্দুদের দৃষ্টিভঙ্গির এত বিরোধিতা করেছিলেন এবং তাকে এতটা মাথা নত করতে হয়েছিল যে একজন অস্পৃশ্যকে বেছে নিতে বাধ্য হয়েছিল এবং উচ্চ বর্ণের হিন্দুদের সভায় তাকে সম্বোধন করতে বলা হয়। আমি আপনাকে নিজের সম্পর্কে বলতে চাই যে আমি আমার ইচ্ছার বিরুদ্ধে এবং আমার খুব কাছের অস্পৃশ্য সঙ্গীদের ইচ্ছার বিরুদ্ধে আপনার আমন্ত্রণটি গ্রহণ করেছি। আমি আরও জানি যে, আমি গ্রহণযোগ্য নই, এবং তারা আমাকে দেখতে পছন্দ করে না। এই সমস্ত কিছু জেনে আমি সর্বদা নিজেকে তাদের থেকে পৃথক করে রেখেছিলাম এবং আমার সামাজিক প্ল্যাটফর্মে আমার চিন্তাভাবনা প্রচার করে চলেছি, যার কারণে ইতিমধ্যে প্রচুর বিরক্তি দেখা দিয়েছে এবং তারা আরও ছড়িয়ে পড়েছে। হিন্দুদের প্ল্যাটফর্মে দাঁড়িয়ে এমন কিছু

বলার ইচ্ছা আমার নেই যা আমি তাদের পিছনে বলে থাকি৷ আমি যদি এখানে সম্মেলনে উপস্থিত থাকি তবে এটি আমার নিজের ইচ্ছার কারণে নয় বরং আপনার পছন্দের কারণে৷

মণ্ডলের উদ্দেশ্য হল সামাজিক সংস্কারের উন্নতি করা, এই মহৎ লক্ষ্যটির প্রতি আমার আগ্রহ এবং উত্‌সর্গ সর্বদা রয়েছে, তাই আমি অভিজ্ঞতা থেকে বলছি যে এই শুভ কাজে সহায়তা করার সুযোগকে অস্বীকার করা উচিত নয়৷ এখন আজ আমি যা কিছু বলতে যাচ্ছি, তা কেন আপনার সমস্যা এবং সেটিকে আপনি কিভাবে সমাধান করবেন, তা আপনার উপর নির্ভর করছে, কারণ তার মুখোমুখি আপনাকেই হতে হবে৷ আমি এই সমস্যাগুলি সম্পর্কে আমার চিন্তাভাবনা আপনার সামনে তুলে ধরতে চাই৷

২

কংগ্রেস বনাম সামাজিক সংস্কার

ভারতের মতো দেশে সামাজিক সংস্কারের পথটি স্বর্গের দিকে যাওয়ার পথের মতো এবং এটি অনেক অসুবিধায় পূর্ণ। যে বন্ধুরা ভারতে সামাজিক সংস্কারের কাজে সহায়তা করতে চায় তারা কাজ করে কম আর সমালোচনা করে বেশি। দুই ধরণের সমালোচক রয়েছে- একটি রাজনৈতিক সংস্কারক এবং অন্যটি সমাজতান্ত্রিক। এমন একটি সময় ছিল যখন এটি বিশ্বাস করা হতো যে, সামাজিক দক্ষতা বা নিপুণতা ছাড়া অন্য কোনও কাজের ক্ষেত্রে স্থায়ী অগ্রগতি সম্ভব নয়। এবং সামাজিক কুফলের কারণে যে সমস্যা গুলি দেখা গিয়েছে হিন্দু সমাজের সামাজিক শক্তি সেই গুলির থেকে রক্ষা করতে পারেনি। অতএব, শিকড় থেকে এই কুফলগুলি উপড়ে ফেলতে ক্রমাগত সংগ্রাম করা প্রয়োজন।

জাতীয় কংগ্রেস প্রতিষ্ঠার কারণে সামাজিক সম্মেলনের ভিত্তি স্থাপন করা হয়েছিল। কংগ্রেস দেশের রাজনৈতিক সংগঠনের দুর্বলতা সম্পর্কে বলত এবং সামাজিক সম্মেলনগুলি হিন্দু সমাজের সামাজিক সংস্থার দুর্বলতাগুলি অপসারণের চেষ্টা করেছিল। কিছু সময়ের জন্য, কংগ্রেস এবং সম্মেলন উভয়ই দুটি অঙ্গের মতো একসাথে কাজ চালিয়ে যায়। উভয়ের বার্ষিক সম্মেলনও একটি প্ল্যাটফর্মে অনুষ্ঠিত হয়েছিল তবে শীঘ্রই এই দুই পক্ষ দুটি দলে পরিণত হয়। একটি রাজনৈতিক সংস্কার দল এবং অন্যটি সামাজিক সংস্কার দল। দুই পক্ষের মধ্যে পরে একটি শক্তিশালী বিতর্ক সৃষ্টি হয়। রাজনৈতিক সংস্কার দল জাতীয় কংগ্রেসকে সমর্থন করেছিল, অন্যদিকে সামাজিক সংস্কার দল সামাজিক সম্মেলনকে সমর্থন করেছিল। সুতরাং, উভয় প্রতিষ্ঠান একে অপরের চরম বিরোধী দল হয়ে ওঠে। ঝগড়া ও বিরোধের বিষয়টি হল, রাজনৈতিক সংস্কারের আগে সামাজিক সংস্কার করা উচিত কিনা। দশ

বছর ধরে, উভয়ের ক্ষমতা সমান ছিল এবং লড়াইয়ে কারও বিজয় ছাড়াই বিরোধ অব্যাহত থাকে। তবে এটি স্পষ্ট ছিল যে সামাজিক সম্মেলনের ভবিষ্যত খুব শীঘ্রই শেষের মুখে চলে যাবে।

যারা সামাজিক সম্মেলনের সভাপতিত্ব করেছিলেন, তারা অভিযোগ করেছিলেন এবং দুঃখের সাথে জানিয়েছিলেন যে বেশিরভাগ শিক্ষিত হিন্দু রাজনৈতিক অগ্রগতি চান তবে সামাজিক সংস্কারের ক্ষেত্রে উদাসীন।তারা এতে আগ্রহী নন। সুতরাং, কংগ্রেসে অংশ নেওয়া মানুষের সংখ্যা খুব বেশি ছিল এবং সহানুভূতিশীল মানুষের সংখ্যা তার চেয়েও বেশি ছিল। তবে যারা সামাজিক সম্মেলনে অংশ নিয়েছিলেন তাদের সংখ্যা তুলনায় খুবই কম ছিল। সুতরাং, জনগণের উদাসীনতার পরে, রাজনীতিবিদরা শীঘ্রই প্রকাশ্যে সামাজিক সম্মেলনের বিরোধিতা শুরু করে। কংগ্রেস এর আগে সামাজিক সম্মেলনের জন্য তার প্ল্যাটফর্ম সরবরাহ করত, তবে কংগ্রেস সম্মানিত তিলকের বিরোধিতা করার পরে প্ল্যাটফর্ম দেওয়া বন্ধ করে দেয়। উভয় পক্ষের মধ্যে শত্রুতা এত বেশি বেড়ে যায় যে সামাজিক সম্মেলন যখন নিজস্ব প্ল্যাটফর্ম তৈরির চেষ্টা করেছিল, তখন তার বিরোধীরা এটি পোড়ানোর হুমকি দিয়েছিল। সুতরাং, কিছু সময়ের পরে, যে দলটি রাজনৈতিক সংস্কারের পক্ষ নিয়েছিল তারা জিতে যায় এবং সমাজ সংস্কারের পক্ষটি ধীরে ধীরে শেষ হয়ে যায়। এবং লোকেরাও তাকে ভুলে যায়। ১৮৯২ সালে, শ্রী উমেশ চন্দ্র ব্যানার্জি এলাহাবাদে অনুষ্ঠিত কংগ্রেসের অষ্টম অধিবেশনটির সভাপতি ছিলেন। সেই সময় তিনি যে ভাষণটি দিয়েছিলেন তা হ'ল সামাজিক সম্মেলনের অন্ত্যেষ্টিক্রিয়া বক্তব্য, অর্থাৎ শোকের বার্তার মতো। এই ভাষণটি কংগ্রেসের আচরণের এমন একটি সঠিক উদাহরণ যার ফলে আমি নিম্নলিখিত অংশগুলি বর্ণনা করার সাহস পেয়েছি। ভাষণে শ্রী ব্যানার্জি বলেছেন-

"আমি এই লোকদের সাথে একমত নই বা তাদের প্রতি সহানুভূতি প্রকাশ করি না। আমরা আমাদের সমাজের কাঠামোকে উন্নত না করা পর্যন্ত রাজনৈতিক সংস্কার করতে সক্ষম হতে পারি না, তবে এই দুইয়ের মধ্যে কোনও সম্পর্ক নেই। আমরা কি শুধুমাত্র এই কারণেই রাজনৈতিক সংস্কারের জন্য যোগ্য নই কারণ আমাদের বিধবা মহিলারা পুনরায় বিয়ে করেন না নাকি অন্য দেশের তুলনায় অনেক ছোট বয়সেই আমাদের মেয়েদের বিয়ে হয়ে যায়? নাকি আমাদের মা বোনরা গাড়িতে বসে বন্ধুদের সাথে দেখা করতে যায় না, বা তারা অক্সফার্ড বা কেমব্রিজ বিশ্ববিদ্যালয় যায় না?"

শ্রী ব্যানার্জি যেভাবে রাজনৈতিক সংস্কারকে সমর্থন করেছিল তা আমি জানিয়েছি। সেই সময় এমন অনেক লোক ছিল এবং এখনও তারা এই বিষয়ে কংগ্রেসের বিজয় দেখে খুশি হয়। কিন্তু যারা সামাজিক সংস্কারের গুরুত্বকে বিশ্বাস করেন তারা জিজ্ঞাসা করতে পারেন যে শ্রী ব্যানার্জির আলোচনার কোনও উত্তর নেই কেন? এটি কি প্রমাণ করে যে, যারা সত্য ছিল তারাই জয়ী হয়েছে? কোনও উপসংহার কি প্রমাণ করে যে সামাজিক সংস্কারের সাথে রাজনৈতিক সংস্কারের কোনও সম্পর্ক নেই? আসুন, এই দৃষ্টিভঙ্গিতে অস্পৃশ্যদের প্রতি কেবল উচ্চ বর্ণের হিন্দুদের আচরণের বিবেচনা করা যাক, এটি এই বিষয়টি বুঝতে সাহায্য করবে।

মহারাষ্ট্রে, পেশোয়াদের রাজত্বকালে, যে রাস্তা দিয়ে কোনও উচ্চ বর্ণের হিন্দু হাঁটত, সেই রাস্তায় অস্পৃশ্যদের হাঁটার অধিকার ছিল না। আসলে যাতে তার ছায়া কোনও উচ্চবর্ণের হিন্দুর গায়ে না পড়ে এবং সে অশুচি হয়ে না যায়, তার জন্যই এমন ব্যবস্থা করা হয়। অস্পৃশ্যদের তাদের কব্জি এবং গলায় চিহ্ন হিসাবে একটি কালো দড়ি বেঁধে রাখতে হতো যাতে তাদের স্পর্শ করে হিন্দুরা অশুচি হয়ে না যায়। পেশোয়াদের রাজধানী পুনায়, অস্পৃশ্যদের কোমরে ঝাড়ু নিয়ে হাঁটতে হয়। কারণ মাটিতে তাদের পা পড়ার কারণে সৃষ্ট চিহ্নগুলি সেই ঝাড়ু দিয়ে মিটিয়ে দিতে হয়। যাতে কোনও হিন্দু অস্পৃশ্যদের পদচিহ্নগুলিতে পা রেখে অশুচি হয়ে না যায়।

পুনায়, অস্পৃশ্যরা নিজেদের ঘাড়ে মাটির হাঁড়ি ঝুলিয়ে ঘুরতে বাধ্য হয় যাতে তাদের থুথু ফেলার প্রয়োজন হলে ওই মাটির হাঁড়িতেই ফেলতে পারে। কারণ যদি কোনও হিন্দু মাটিতে পড়ে থাকা থুথুর উপর দিয়ে হাঁটে তাহলে সে অশুদ্ধ হয়ে যাবে। আমি সম্প্রতি আরও কিছু ঘটনার উল্লেখ করতে চাইছি। মধ্য ভারতে বালাই নামে একটি অস্পৃশ্য জাত রয়েছে। তাদের উপর হিন্দুদের দ্বারা সংঘটিত নৃশংসতা আমার বক্তব্যের সত্যতা পরিষ্কার করে দেবে। এই অপরাধগুলির প্রতিবেদনটি ১৯৮৮ সালের ৪ জানুয়ারির দ্য টাইমস অফ ইন্ডিয়া সংবাদপত্রে প্রকাশিত হয়েছে। এই প্রতিবেদনে বলা হয়েছে যে তথা কথিত উচ্চ বর্ণের হিন্দু, অর্থাৎ কালোটিয়া, রাজপুত এবং ব্রাহ্মণরা, কানাডিয়ান, বিচলি হাপসি, বিচৌলি মারদানা, প্যাটেল এবং পাটওয়ারি সহ প্রায় ১৫ টি গ্রামও বাস করে। তারা তাদের নিজ নিজ গ্রামের বলাইদের হুমকি দিয়েছিল যে, যদি তারা তাদের সাথে ওই গ্রামে থাকতে চায় তবে তাদের ওদের আদেশগুলি মেনে চলতে হবে।

১. বালাই বর্ণের লোকেরা সোনালী বর্ডারের পাগড়ি পরবে না।

২. তাদের রঙিন বা সুন্দর বর্ডার সহ কোনও সৌখিন ধুতি পরার অধিকার ছিল না।

৩. তাদের অবশ্যই একজন হিন্দুর মৃত্যুর খবর দূরের আত্মীয়দের কানেও পৌঁছাতে হবে।

৪. তারা সমস্ত হিন্দুদের বিয়ের অনুষ্ঠানে বরযাত্রীদের সামনে বাজনা নিয়ে হাঁটবে।

৫. বালাই মহিলাদের সোনার এবং রুপোর গহনা এবং সুন্দর বর্ডার যুক্ত বা সৌখিন পোশাক পরার অধিকার ছিল না।

৬. বালাইয়ের মহিলাদের হিন্দু মহিলাদের প্রসূতির সময় সেবা করতে হতো।

৭. বালাইয়ের লোকেরা হিন্দুদের সেবা করার জন্য কোনও পারিশ্রমিক চাইবে না এবং হিন্দুরা তাদের নিজের ইচ্ছা থেকে যা কিছু দেবে তা গ্রহণ করে সন্তুষ্ট থাকবে।

৮. বালাই লোকেরা যদি এই শর্তগুলি গ্রহণ না করে তবে তারা গ্রাম ছেড়ে চলে যেতে বাধ্য।

বালাই যখন এই আদেশগুলি মানতে অস্বীকার করে, তখন হিন্দুরা তাদের বিরুদ্ধে সামাজিক পদক্ষেপ শুরু করেছিল। বালাইদের গ্রামের কূপ থেকে জল ভরার এবং তাদের গবাদি পশু চারণ করার অধিকার থেকে বঞ্চিত করা হয়। বালাইদের হিন্দুদের ভূমিতে যেতে নিষেধ করা হয়েছিল। অন্যদিকে হিন্দুদের যদি বালাইদের জমির চারপাশে মাঠ থাকে তবে বালাইরা সেই মাঠে পর্যন্ত যেতে পারত না। হিন্দুরা বালাইয়ের জমিতে চারণ করতে তাদের গবাদি পশু ছেড়ে চলে যায়। বালাইরা ইন্দোর কোর্টে এই নৃশংসতার বিরুদ্ধে একটি আবেদন করেছিল, তবে উপযুক্ত সময়ে সহায়তা না পাওয়ার কারণে এবং অত্যাচার অব্যাহত থাকায় শত শত বালাই তাদের স্ত্রী এবং সন্তান সহ নিজেদের বাড়ি ছেড়ে যেতে বাধ্য হয়েছিল, এক সময় সেই ভূমিতেই তাদের পূর্বপুরুষরা জীবন কাটিয়েছে। তারা সেই অঞ্চলের আশেপাশে ধার, দেওয়াস, বাগলি, ভোপাল, গওয়ালিয়র এবং অন্যান্য এলাকার গ্রামগুলিতে যেতে বাধ্য হয়েছিল। নতুন বাড়িতে তাদের কিভাবে জীবন অতিবাহিত করতে হয় তা বর্ণনা করা কঠিন।

গত বছরই গুজরাটের কবিথা গ্রামে একটি ঘটনা ঘটেছিল, যেখানে এই গ্রামের হিন্দুরা অস্পৃশ্যদের তাদের সন্তানদের গ্রামের সরকারি স্কুলে পাঠানোর

জন্য কোন রকম প্রচেষ্টা না করার নির্দেশ দেওয়া হয়েছিল। উচ্চবর্ণের হিন্দুদের ইচ্ছার বিরুদ্ধে তাদের নাগরিক অধিকার প্রয়োগের সাহস দেখানোর জন্য দরিদ্র অস্পৃশ্যদের কত নির্যাতন সহ্য করতে হয়েছিল তা সকলেই জানেন। এখানে বিস্তারিত বর্ণনা করার প্রয়োজন নেই। গুজরাটের আহমেদাবাদ জেলার জুহু নামক গ্রামের আরেকটি ঘটনা শুনুন। ১৯৩৫ সালের নভেম্বরে, কিছু সচ্ছল অস্পৃশ্য পরিবারের মহিলারা ধাতব পাত্রে জল আনতে শুরু করে। হিন্দুরা অস্পৃশ্যদের দ্বারা ধাতব পাত্র ব্যবহারকে তাদের মর্যাদার প্রতি অপমান এবং অবমাননা বলে মনে করত। এই অহংকারের জন্য, অস্পৃশ্য মহিলাদের উপর নির্মমভাবে আক্রমণ এবং মারধর করা হয়েছিল।

সম্প্রতি জয়পুরের চকওয়াড়া গ্রাম থেকে একটি খবর পাওয়া গিয়েছে। সংবাদপত্রে প্রকাশিত খবর অনুসারে, চকওয়ারা গ্রামের এক অস্পৃশ্য ব্যক্তি তীর্থযাত্রা থেকে ফিরে আসার পর ধর্মীয় পুণ্য অর্জনের উদ্দেশ্যে গ্রামের অস্পৃশ্য ভাইদের জন্য প্রসাদী ভোজের ব্যবস্থা করেছিলেন। তিনি ভোজনের জন্য খাঁটি ঘি দিয়ে খাবার তৈরি করেছিলেন। যখন অস্পৃশ্য ভাইয়েরা তাদের খাবার খাচ্ছিলেন, তখন শত শত হিন্দু লাঠি হাতে সেখানে উপস্থিত হয়। তারা সমস্ত খাবার নষ্ট করে দেয় এবং অস্পৃশ্যদের মারধর করে। সেই বেচারারা প্রাণ বাঁচাতে পালিয়ে যায়। কেন এই নিরস্ত্র অস্পৃশ্যদের উপর এই হত্যাকারী আক্রমণ চালানো হয়েছিল? সংবাদপত্রে প্রকাশিত প্রতিবেদনে এর কারণ হিসেবে বলা হয়েছে যে, ভোজসভার আয়োজনকারী অস্পৃশ্য ব্যক্তি খাঁটি ঘিয়ের খাদ্য পরিবেশনের সাহস দেখিয়েছিলেন। আর তার অতিথিরা, অস্পৃশ্য হওয়া সত্ত্বেও, ঘি খাওয়ার বোকামি করেছিল। খাঁটি ঘি ধনীদের কাছে বিলাসবহুল জিনিস কিন্তু কেউ ভাববে না যে ঘি ব্যবহার সামাজিক মর্যাদারও প্রতীক। চকোয়ারার উচ্চবর্ণের হিন্দুরা এটা সহ্য করতে পারেনি এবং ক্রোধের বশবর্তী হয়ে তাদের শিক্ষা দেওয়ার জন্য, অস্পৃশ্যদের উপর প্রতিশোধ নিতে চেয়েছিল। যারা ঘি পরিবেশন করে উচ্চবর্ণের লোকদের অপমান করেছিল তাদের উচিত শিক্ষা দিতে চেয়েছিল। সেই অস্পৃশ্যদের বোঝা উচিত ছিল যে ঘি তাদের খাবার নয় বরং উচ্চ বর্ণের হিন্দুদের মর্যাদার (উচ্চ সামাজিক মর্যাদার) সাথে যুক্ত একটি খাদ্যদ্রব্য। এর অর্থ হল, একজন অস্পৃশ্য ব্যক্তি ঘি কিনতে সক্ষম হলেও তা ব্যবহার করা উচিত নয়। এই ঘটনাটি ১৯৩৬ সালের ১ এপ্রিল বা তার কাছাকাছি সময়ে ঘটেছিল।

এখন আমি সমাজ সংস্কারের বিষয়টি নিয়ে কিছু বলতে চাই। যতদূর সম্ভব, আমি মাননীয় ব্যানার্জির অনুসরণ করব এবং রাজনৈতিকভাবে সচেতন হিন্দুদের জিজ্ঞাসা করব, "আপনারা কি প্রকৃত পক্ষে কোনও রাজনৈতিক ক্ষমতার যোগ্য যেখানে আপনারা নিজের দেশবাসীর একটি বৃহৎ অংশ, অস্পৃশ্যদের, সর্বজনীক কূপ ব্যবহার করতে বাধা দেন? আপনারা কি রাজনৈতিক ক্ষমতার যোগ্য, যেখানে আপনারা তাদের সর্বজনীক রাস্তা ব্যবহার করতে বাধা দিচ্ছেন? আপনারা কি রাজনৈতিক ক্ষমতার যোগ্য, যদি তাদের পছন্দের পোশাক এবং অলঙ্কার পরতে না দেন? আপনারা কি রাজনৈতিক ক্ষমতার যোগ্য, যেখানে তাদের পছন্দের খাবারটুকু পর্যন্ত খেতে দেন না?"

আমি এই ধরণের অনেক প্রশ্ন করতে পারি কিন্তু আমরা মনে হয় এইটুকুই যথেষ্ট। আমি অবাক হচ্ছি যে শ্রী ব্যানার্জি এই প্রশ্নগুলির কী উত্তর দিতেন? আমি বিশ্বাস করি যে, কোনও বিচক্ষণ ব্যক্তি এই প্রশ্নগুলির 'হ্যাঁ' উত্তর দেওয়ার সাহস করবে না। কিন্তু প্রত্যেক কংগ্রেস মতাদর্শী যদি দার্শনিক মিলের নীতির পুনরাবৃত্তি করেন যে "একটি দেশের অন্য একটি দেশের উপর শাসন করার অধিকার নেই" তাহলে তাদের অবশ্যই স্বীকার করতে হবে যে, একটি শ্রেণী অন্য শ্রেণীর উপর শাসন করার যোগ্য নয়।

তাহলে সমাজ সংস্কারের দল এই যুদ্ধে কী ভাবে হেরে গেল? এটিকে সঠিকভাবে বোঝার জন্য, আমাদের এই বিষয়টির দিকে মনোযোগ দিতে হবে যে সেই সময়ে সমাজ সংস্কারকরা এই ধরণের সমাজ সংস্কারের জন্য আন্দোলন করছিলেন। এখানে উল্লেখ করা গুরুত্বপূর্ণ যে, সমাজ সংস্কারের দুটি অর্থ রয়েছে। প্রথমত, হিন্দু পরিবারের সংস্কার করা এবং দ্বিতীয়ত, হিন্দু সমাজের কাঠামো সংস্কার করা এবং এটি পুনর্গঠন করা। এর মধ্যে প্রথমটি বিধবা পুনর্বিবাহ, বাল্যবিবাহ ইত্যাদির সাথে সম্পর্কিত, অন্যদিকে দ্বিতীয়টি বর্ণ বৈষম্য প্রথার ধ্বংসের সাথে সম্পর্কিত। সোশ্যাল কনফারেন্স ছিল এমন একটি সংগঠন যা মূলত উচ্চবর্ণের হিন্দু পরিবারগুলির সংস্কারের সাথে সম্পর্কিত ছিল। তাদের বেশিরভাগই ছিল শিক্ষিত উচ্চবর্ণের হিন্দু। যারা জাতিভেদ নির্মূলের জন্য আন্দোলন শুরু করার প্রয়োজনীয়তা উপলব্ধি করেনি এবং আন্দোলন শুরু করার সাহসও তাদের ছিল না। তিনি উচ্চবর্ণের মধ্যে বিধবা বিবাহ এবং বাল্যবিবাহের মতো কুপ্রথা দূর করার আরও বেশি প্রয়োজন অনুভব করেছিলেন। কারণ এই কুপ্রথাগুলি তাদের মধ্যে প্রচলিত ছিল এবং তাদের কষ্ট দিচ্ছিল। এর দ্বারা সমগ্র হিন্দু সমাজের সংস্কার করা

সম্ভব ছিল না। এবং তিনি তার সমস্ত মনোযোগ তাদের পরিবারের কল্যাণের দিকে নিবদ্ধ করছিলেন। জাতিভেদ প্রথা ভেঙে ফেলার মতো সামাজিক সংস্কারের সাথে তার কোনও সম্পর্ক ছিল না। সমাজ সংস্কারকরা কখনও এই বিষয়টি উত্থাপন করেননি। এই কারণে সমাজ সংস্কারক দলটি শেষ হয়ে যায়।

আমি জানি যে, এই কারণেই সামাজিক সংস্কারকে পেছনে ফেলে রাজনৈতিক সংস্কার সামনে এগিয়ে এসেছে, আর এই সত্যিটি কখনই পরিবর্তন করা সম্ভব না। কিন্তু এই যুক্তির অন্তত একটি সুবিধা আছে, সমাজ সংস্কারের দলটি কেন হেরে গেল, এর থেকে তা বোঝা যেতে পারে। এটি আমাদের বুঝতে সাহায্য করে যে, রাজনৈতিক সংস্কার দল সমাজ সংস্কার দলের উপর বিজয় অর্জন করেছে, এবং এই স্বীকৃতি যে রাজনৈতিক সংস্কারের আগে সামাজিক সংস্কারের প্রয়োজন নেই। এই দৃষ্টিভঙ্গি কেবল তখনই টিকে থাকতে পারে যখন সামাজিক সংস্কারের অর্থ পরিবারের সংস্কারের মধ্যেই সীমাবদ্ধ থাকে।সমাজ পুনর্গঠনের ক্ষেত্রে সামাজিক সংস্কারের আগে রাজনৈতিক সংস্কার সম্ভব নয়, এটা অস্বীকার করা কঠিন। এমনকি কমিউনিজমের জনক কার্ল মার্ক্সের বন্ধু এবং সহযোগী ফার্দিনান্দ লাসালের মতো চিন্তাবিদরাও বলতে বাধ্য হয়েছেন যে যারা রাজনৈতিক সংবিধান প্রণয়ন করেন তাদের অবশ্যই সামাজিক বাস্তবতা এবং শক্তিগুলির কথা মনে রাখতে হবে। ১৮৬২ সালে, লাসাল জার্মান দর্শকদের উদ্দেশে ভাষণ দিতে গিয়ে বলেছিলেন, "সাংবিধানিক প্রশ্নটি মূলত অধিকারের প্রশ্ন নয়, বরং শক্তির প্রশ্ন। একটি দেশের প্রকৃত সংবিধান কেবলমাত্র সেই দেশে বিদ্যমান শক্তির উপর নির্ভর করে। তাই রাজনৈতিক সংবিধানের মূল্য এবং স্থায়িত্ব তখনই থাকে যখন তারা সমাজে পাওয়া বিশ্বাস এবং ক্ষমতাগুলিকে সঠিকভাবে ব্যাখ্যা করে।"

কিন্তু সাক্ষ্য দেওয়ার জন্য প্রুশিয়া (জার্মানি) যাওয়ার কোনও প্রয়োজন নেই। আমরা দেশেই এর উদাহরণ পাব। এই সাম্প্রদায়িক রায়ের অর্থ কী, যার মাধ্যমে রাজনৈতিক ক্ষমতা বা অধিকার বিভিন্ন শ্রেণী এবং সম্প্রদায়ের মধ্যে একটি নির্দিষ্ট অনুপাতে বন্টন করা হয়? আমার মতে এর অর্থ হল রাজনৈতিক সংবিধানে সামাজিক সংগঠন এবং কাঠামোর কথা বিবেচনা করা উচিত। এই বিভাজন থেকে বোঝা যায় যে, যেসব রাজনীতিবিদ ভারতের সামাজিক সমস্যাগুলি রাজনৈতিক সমস্যার সাথে গভীরভাবে জড়িত তা মেনে নিতে অস্বীকার করেছেন, তারা সংবিধান প্রণয়নের সময় সামাজিক সমস্যাগুলি স্বীকার করতে বাধ্য হয়েছিলেন। এটা বলা যেতে পারে যে সাম্প্রদায়িক পুরস্কার হল সমাজ সংস্কারের প্রতি অবহেলা

এবং উদাসীনতা প্রদর্শনের শাস্তি। এটি সমাজ সংস্কার দলের বিজয় যা দেখায় যে তারা পরাজিত হলেও, সমাজ সংস্কারের গুরুত্বের উপর জোর দেওয়া তাদের জন্য অত্যন্ত প্রয়োজনীয় এবং সঠিক ছিল।আমি জানি যে অনেক ভদ্রলোক আমার এই ধারণার সাথে একমত হবেন না। মানুষের মধ্যে একটি ধারণা ক্রমবর্ধমান এবং এটি মেনে নেওয়ার মধ্যে আনন্দ রয়েছে যে সাম্প্রদায়িক রায় অপ্রাকৃতিক এবং এটি অস্পৃশ্য এবং অন্যান্য সংখ্যালঘু এবং আমলাতন্ত্রের মধ্যে একটি অপবিত্র যোগসূত্রের ফলাফল। যদি আপনি বলেন যে সাম্প্রদায়িক রায়ের ফলাফল শুভ নয়, তাহলে আমি আমার বক্তব্য প্রমাণের জন্য সাম্প্রদায়িক রায়ের উপর নির্ভর করতে চাই না। এবার আয়ারল্যান্ডের উদাহরণটা দেখুন। আইরিশ হোম রুলের ইতিহাস কী দেখায়? এটা সুপরিচিত যে উলস্টার এবং দক্ষিণ আয়ারল্যান্ডের প্রতিনিধিদের মধ্যে আলোচনায়, উলস্টারের প্রতিনিধি রেডমন্ড, সমগ্র আয়ারল্যান্ডের জন্য একটি অভিন্ন হোম রুল ব্যবস্থায় তাদের অন্তর্ভুক্ত করার লক্ষ্যে, প্রতিনিধিদের বলেছিলেন, "তোমরা যা খুশি রাজনৈতিক সুরক্ষা চাও। সেগুলি তোমাদের দেওয়া হবে।"

যে লোকেরা প্রতিক্রিয়া জানিয়েছিল, তাদের জবাব ছিল, "আমাদের এমন সুরক্ষার প্রয়োজন নেই, আমরা কোনও শর্তে আপনার নিয়মের অধীনে থাকতে চাই না।" যারা ভারতে সংখ্যালঘুদের দোষারোপ করেন তাদের বিবেচনা করা উচিত যে সংখ্যালঘুরা যদি এখানে একই রকম মতামত পোষণ করতেন তবে সংখ্যাগরিষ্ঠদের রাজনৈতিক ইচ্ছার অবস্থা কী হত? আইরিশ হোম রুলের পক্ষ থেকে আলস্টারের আচরণকে ধরে রাখা, এটিও একটি সহজ বিষয় যে ভারতের সংখ্যালঘুরা যারা খুব বেশি রাজনৈতিক জ্ঞানের প্রমাণ দেয়নি, তারা এই শর্তে তাদের নিয়মে পরাধীনতা গ্রহণ করেছিল যে তাদের জন্য কিছু সুরক্ষা সিদ্ধান্ত নেওয়া উচিত। ঠিক আছে, এটি ছিল কাকতালীয় বিষয়। যে বিশেষ সমস্যাটি ছিল, তাহল কেন আলস্টার এ জাতীয় আচরণ করে, আমি যে উত্তরটি দিতে পারি তা হ'ল দক্ষিণ আয়ারল্যান্ড এবং আলস্টারদের মধ্যে একটি সামাজিক সমস্যা ছিল, অর্থাৎ রোমান ক্যাথলিক এবং প্রোটেস্ট্যান্ট মানুষের মধ্যে একটি সামাজিক এবং জাতিগত সমস্যা ছিল। এটি আসলে ছিল একটি জাতিগত সমস্যা।এটি আসলে একটি জাতিগত সমস্যা ছিল। আলস্টারদের লোকেরা তাদের উত্তরটি এমনভাবে প্রস্তুত করেছিল যে আয়ারল্যান্ডের হোম রুল (স্বাধীনতা) রোমের রুল (নিপীড়ন) হবে। এটি কেবল একই বিষয়ের দ্বিতীয় উপায়, তবে ক্যাথলিক এবং প্রোটেস্ট্যান্ট

লোকদের মধ্যে বর্ণ-বৈষম্য একটি সামাজিক সমস্যা ছিল যা রাজনৈতিক সমস্যার সমাধান করতে দেয়নি। এই প্রমাণের সত্যতা নিয়েও সন্দেহ আছে এবং বলা হয়ে থাকে যে সাম্রাজ্যবাদীদের মন এখানেও কাজ করছে। তবে আমার প্রমাণ এখানেই শেষ নয়, আরও আছে।

আমি রোমের ইতিহাস থেকে প্রমাণ দিতে চাই। কেউ বলতে পারে না যে সেখানে কোনও অশুভ শক্তি কাজ করছে। যে ব্যক্তি রোমের ইতিহাস পড়েছেন তিনি জানেন যে রোমের গণতান্ত্রিক প্রশাসনের ব্যবস্থায় এই লক্ষণগুলি সাম্প্রদায়িক পার্টিশন হিসাবে উপস্থিত ছিল। যখন রোমে রাজার পদ বাতিল করা হয়েছিল, তখন রাজার অধিকার অর্থাৎ ইম্পেরিয়াম অর্থাৎ রাজশাহী শক্তি 'প্লাবিয়ান' এবং 'পন্টিফ্যাক্স ম্যাক্সিমাস'-এ বিভক্ত ছিল। কাউন্সিলগুলি রাজার ধর্মনিরপেক্ষ মহাজাগতিক অধিকারগুলি হস্তান্তর করে এবং রাজকীয় ধর্মীয় শক্তি পন্টিফ্যাক্স ম্যাক্সিমামাস দ্বারা পরিচালিত হয়েছিল। অর্থাৎ ধর্মীয় অধিকারগুলি রাজার হাতে দেওয়া হয়েছিল। এটি প্রজাতন্ত্র প্রশাসন ব্যবস্থা দ্বারা তৈরি করা হয়েছিল, যে দুটি কাউন্সিল 'প্যাট্রিশিয়ান' এবং অন্যটি 'প্লাবিয়ান' এর মধ্যে একটি। এটি একই সংবিধানেও লেখা হয়েছিল যে পোটিফ্যাক্স ম্যাক্সিমাসের অধীনে অর্ধেক পুরোহিত প্লেবিয়ান এবং অর্ধেক পেট্রিসিয়ান হয়েছিলেন। রোমের গণতন্ত্রের সংবিধানের এই শর্তগুলি কেন আমাকে সাম্প্রদায়িক সিদ্ধান্তের শর্ত (সাম্প্রদায়িক পুরষ্কার) হিসাবে দেওয়া হয়েছিল, কেন এটি দেওয়া হয়েছিল? কারণ এই লোকেরা দুটি পৃথক বর্ণ বা চরিত্র, প্লেবিয়ান এবং পেট্রিসিয়ানগুলিতে বিভক্ত ছিল। রোমের গণতন্ত্রকে সমাজের এই দুটি অংশকে সম্পূর্ণরূপে বিবেচনা করতে হয়েছিল। সংক্ষিপ্তসারটি হ'ল রাজনৈতিক সংস্কারক যে কোনও দিকের সাথে সংযোগ স্থাপন করতে চান না কেন, তারা দেখতে পাবেন যে তারা কোনও প্রশাসনের ব্যবস্থা তৈরির ক্ষেত্রে প্রচলিত সামাজিক ব্যবস্থা থেকে উদ্ভূত সমস্যাগুলি উপেক্ষা করতে পারবেন না।

আমার বিশ্বাসের সমর্থনে যে সামাজিক ও ধর্মীয় সমস্যাগুলি রাজনৈতিক সংবিধানের উপর গভীর প্রভাব ফেলে এবং এর সাথে সম্পর্কিত, আমি সেই উদাহরণগুলিই দিয়েছি, এবং তা খুবই সুনির্দিষ্ট। কিন্তু এটা ধরে নেওয়া উচিত নয় যে একজনের সাথে অন্যজনের সম্পর্ক সীমিত। বিপরীতে, আমরা বলতে পারি যে ইতিহাসে রাজনৈতিক বিপ্লবগুলি কেবল সামাজিক ও ধর্মীয় বিপ্লবের পরেই সংঘটিত হয়েছে। মার্টিন লুথার কর্তৃক শুরু করা ধর্মীয় সংস্কার ছিল ইউরোপের জনগণের রাজনৈতিক স্বাধীনতার পূর্বসূরী। ইংল্যান্ডে পিউরিটান

সংস্কার রাজনৈতিক স্বাধীনতার দিকটি পরিচালিত করে। তার কারণেই আমেরিকা স্বাধীনতা যুদ্ধে জয়লাভ করতে সক্ষম হয়। পিউরিটানিজম নতুন বিশ্বের ভিত্তি স্থাপন করেছিল। পিউরিটানিজম আমেরিকার স্বাধীনতা যুদ্ধে জয়লাভ করেছিল। এটি ছিল একটি ধর্মীয় আন্দোলন। মুসলিম সাম্রাজ্যের ক্ষেত্রেও একই কথা সত্য। আরব দেশগুলির জনগণ রাজনৈতিক শক্তিতে পরিণত হওয়ার আগে, হযরত মোহাম্মদ সাহেব তাদের মধ্যে একটি সম্পূর্ণ ধর্মীয় বিপ্লব সৃষ্টি করেছিলেন। ভারতীয় ইতিহাসও এই প্রমাণকে সমর্থন করে। চন্দ্রগুপ্ত মৌর্যের রাজনৈতিক বিপ্লব শুরু হওয়ার অনেক আগে, ভগবান বুদ্ধ একটি ধর্মীয় ও সামাজিক বিপ্লব সৃষ্টি করেছিলেন। মহারাষ্ট্রের সাধু-সন্তদের সামাজিক ও ধর্মীয় সংস্কারের পরেই শিবাজি রাজনৈতিক বিপ্লব আনতে সক্ষম হয়েছিলেন। শিখদের রাজনৈতিক বিপ্লবের আগে, গুরু নানক একটি সামাজিক ও ধর্মীয় বিপ্লব সৃষ্টি করেছিলেন। এর চেয়ে বেশি উদাহরণ দেওয়ার দরকার নেই। এই অসংখ্য উদাহরণই প্রমাণ করার জন্য যথেষ্ট যে যেকোনও সমাজের রাজনৈতিক বিকাশের জন্য মানুষের চিন্তাভাবনা, মন ও বুদ্ধির শুদ্ধিকরণ (মন ও আত্মার মুক্তি) এবং মনের স্বাধীনতা অত্যন্ত গুরুত্বপূর্ণ।

❍

৩

সমাজতন্ত্র বনাম সামাজিক ন্যায়বিচার

এখন আমি সমাজতন্ত্রীদের সম্পর্কেও একটু আলোচনা করতে চাই। সমাজতন্ত্রীরা কি সমাজ ব্যবস্থার দ্বারা সৃষ্ট অনেক সমস্যা উপেক্ষা করতে পারেন? ভারতীয় সমাজতন্ত্রীরা, তাদের ইউরোপীয় প্রতিপক্ষদের অনুসরণ করে, ভারতের সামাজিক বাস্তবতায় ইতিহাসের অর্থনৈতিক ব্যাখ্যা প্রয়োগ করার চেষ্টা করছেন। তারা বিশ্বাস করেন যে মানুষ একটি অর্থনৈতিক জীব; তার কর্মকাণ্ড এবং আকাঙ্ক্ষা অর্থনৈতিক কারণের সাথে আবদ্ধ এবং ক্ষমতার একমাত্র উপায় হল সম্পত্তি। তাই তারা বারবার বলেন যে রাজনৈতিক ও সামাজিক সংস্কার একটি বিরাট মায়া এবং প্রতারণা, এবং সম্পদের সমানীকরণকারী অর্থনৈতিক সংস্কার অবশ্যই অন্য সকল সংস্কারের আগে হওয়া উচিত। কেউ এই সত্য নিয়ে সন্তুষ্ট থাকতে পারে যে অর্থনৈতিক উদ্দেশ্যই কেবল একজন ব্যক্তিকে কাজ করতে পরিচালিত করে না। মানব সমাজের কোন শিক্ষার্থীই বিশ্বাস করতে পারে না যে অর্থনৈতিক শক্তিই একমাত্র শক্তি। সত্য হল, একজন ব্যক্তির সামাজিক মর্যাদা প্রায়শই ক্ষমতার ভিত্তি হয়ে ওঠে কারণ সামাজিক মর্যাদার ভিত্তিতেই মহাপুরুষরা সাধারণ মানুষের উপর তাদের ক্ষমতা প্রতিষ্ঠা করেছেন। যদি তা না হত, তাহলে ভারতের ধনী ব্যক্তিরাও এমন সাধু-সন্ত ও ফকিরদের অনুসারী হতেন না যাদের অর্থের প্রতি কোনও আগ্রহ নেই। ভারতের লক্ষ লক্ষ দরিদ্র মানুষ কম দামে তাদের সাধারণ গয়না বিক্রি করেও কেন বেনারস বা মক্কায় যায়? ভারতের ইতিহাস প্রমাণ করে যে ধর্ম কর্তৃত্বের উৎস অর্থাৎ ক্ষমতার মাধ্যম। যেখানে সাধু, ঋষি এবং পুরোহিতরা সর্বদা সাধারণ মানুষের উপর আধিপত্য এবং কর্তৃত্ব বজায় রেখেছেন। কখনও কখনও এটি ম্যাজিস্ট্রেটের চেয়েও বেশি কিছু। ভারতে প্রতিটি বিষয়, এমনকি ধর্মঘট এবং নির্বাচনকেও খুব সহজেই ধর্মীয় রূপ এবং ধর্মীয় রঙ দেওয়া হয়।

একজন ব্যক্তির উপর ধর্মের ক্ষমতা কতখানি তা রোমের সাধারণ মানুষের ক্ষেত্রেও চিত্রিত করা যেতে পারে। সেখানকার প্লেবিয়ানরা গণতন্ত্রের অধীনে সর্বোচ্চ নির্বাহী বিভাগে তাদের অংশের জন্য লড়াই করেছিল এবং প্লেবিয়ানদের সমাবেশ দ্বারা নিযুক্ত তাদের নিজস্ব একজন কনসাল (প্রতিনিধি) ছিল, 'কমিটিয়া সেঞ্চুরিয়াটা', যাদেরকে একটি পৃথক নির্বাচনী সংস্থা দ্বারা নির্বাচিত করা হয়েছিল, যা রোমের আদিবাসীদের জন্য একটি পৃথক ক্ষমতা দেওয়া হয়। তারা তাদের নিজস্ব পৃথক প্রতিনিধি চেয়েছিল কারণ তারা অনুভব করেছিল যে প্যাট্রিশিয়ান কনসালদের প্রতিনিধিরা, যারা অভিজাতদের প্রতিনিধি ছিলেন, প্রশাসন পরিচালনার ক্ষেত্রে তাদের প্রতি বৈষম্যমূলক আচরণ করেন। এটি তাদের একটি বড় সুবিধা দিয়েছিল কারণ রোমের গণতান্ত্রিক সংবিধানে, একজন প্রতিনিধির অন্য একজন প্রতিনিধির কাজ ভেটো দেওয়ার অধিকার রয়েছে। কিন্তু সে কি আসলেই অধিকার পেয়েছিল? উত্তর হল না। রোমের প্লেবিয়ানরা কখনই এমন কোনও প্লেবিয়ান প্রতিনিধি খুঁজে পায়নি যিনি একজন শক্তিশালী ব্যক্তিত্ব ছিলেন এবং যিনি কোনও বিশিষ্ট প্রতিনিধির থেকে পৃথক হয়ে স্বাধীনভাবে কাজ করতে পারতেন। সাধারণত সাধারণ জনগণের নিজেদের জন্য একজন খুব শক্তিশালী প্রতিনিধি পাওয়া উচিত ছিল কারণ তিনি সাধারণ জনগণের একটি পৃথক নির্বাচনী তালিকার মাধ্যমে নির্বাচিত হয়েছিলেন। প্রশ্ন হল কেন তারা তাদের প্রতিনিধিত্বকারী একজন শক্তিশালী প্রতিনিধি নির্বাচন করতে পারল না? ধর্ম কীভাবে একজন ব্যক্তির মনকে শাসন করে, তার মধ্যেই এর উত্তর নিহিত। রোমান সমাজ জুড়ে এটি একটি স্বীকৃত রীতি ছিল যে কোনও সরকারি কর্মকর্তা তার পদের দায়িত্ব ততক্ষণ শুরু করতে পারতেন না যদি না কোনও পুরোহিত বা ধর্মীয় নেতা ঘোষণা করেন যে তিনি দেবী ডেলফির কাছে গ্রহণযোগ্য। দেবীর মন্দিরের প্রধান পুরোহিত ছিলেন একটি বিশেষ শ্রেণীর। তারা সকলেই ছিলেন প্যাট্রিশিয়ান, তাই যখনই সাধারণ শ্রেণী থেকে এই ধরনের প্রতিনিধি নির্বাচিত হতেন, তখনই অভিজাত শ্রেণীর তীব্র বিরোধিতা দেখা যেত। যদি ভারতে প্রচলিত পরিভাষা অনুসারে এটি সাম্প্রদায়িক হয়, তাহলে দেবী ডেলফির অবতার, অভিজাত শ্রেণী সাহসের সাথে ঘোষণা করত যে এটি দেবীর কাছে গ্রহণযোগ্য নয়।

এভাবে রোমের আদি প্লেবিয়ানরা প্রতারিত হয়েছিল এবং তাদের অধিকার থেকে বঞ্চিত হয়েছিল কিন্তু লক্ষণীয় বিষয় হল প্লেবিয়ানরা নিজেদেরকে প্রতারিত হতে দিয়েছিল কারণ, অভিজাত প্যাট্রিশিয়ানদের মতো, তারাও বিশ্বাস করত

যে একজন সরকারি কর্মকর্তার জন্য তার অফিসের কাজ শুরু করার আগে দেবী ডেলফার অনুমোদন নেওয়া অপরিহার্য; কেবল জনগণের দ্বারা নির্বাচিত হওয়া যথেষ্ট ছিল না। যদি সাধারণ জনসাধারণ দাবি করত যে কেবল নির্বাচনই যথেষ্ট এবং দেবীর অনুমোদনের প্রয়োজন নেই, তাহলে তারা তাদের অর্জিত রাজনৈতিক ক্ষমতার পূর্ণ সদ্ব্যবহার করতে পারত। কিন্তু তারা তা করেননি। তারা অন্য একজন ব্যক্তিকে বেছে নিতে রাজি হন যিনি তার কাছে কম গ্রহণযোগ্য কিন্তু দেবী ডেলফির কাছে বেশি গ্রহণযোগ্য এবং উপকারী, যার অর্থ আসলে তারা প্যাট্রিশিয়ানদের প্রতি আরও বেশি অনুগত ছিলেন এবং তাদের পছন্দের প্রতি আরও যত্নবান ছিলেন। ধর্ম ত্যাগ করার পরিবর্তে, সাধারণ মানুষ সেই বস্তুগত লাভগুলিও ত্যাগ করেছিল যার জন্য তারা কঠোর সংগ্রাম করেছিল।

এটা কি প্রমাণ করে না যে ধর্ম যদি অর্থের চেয়ে বেশি শক্তিশালী না হয়, তাহলে অন্তত অর্থের মতোই শক্তিশালী? সমাজতন্ত্রীরা এই ভুল করে যে ইউরোপীয় সমাজের বর্তমান অবস্থায় অর্থনৈতিক শক্তি, অর্থাৎ সম্পদই ক্ষমতার প্রধান উৎস বা উপায়। সুতরাং এটি ভারতের প্রেক্ষাপটেও সত্য এবং অতীতে ইউরোপের ক্ষেত্রেও এটি সত্য ছিল। ধর্ম, সামাজিক মর্যাদা এবং সম্পত্তি হল ক্ষমতা এবং কর্তৃত্বের হাতিয়ার যা একজন ব্যক্তির অন্যদের স্বাধীনতা নিয়ন্ত্রণ করার অধিকার এনে দেয়। এর মধ্যে, একটি এক সময় কার্যকর, অন্যদিকে অন্যটি অন্য সময়ে কার্যকর। সত্য কথা হল, যদি স্বাধীনতা আদর্শ হয়, এবং স্বাধীনতার অর্থ হল একজন মানুষ অন্যজনের উপর যে আধিপত্য বিস্তার করে তার ধ্বংস, তাহলে অর্থনৈতিক সংস্কার যে অনুসরণ করার যোগ্য তা অত্যধিক জোর দিয়ে বলা যাবে না। যদি কোনও সময়ে বা কোনও সমাজে কর্তৃত্ব ও ক্ষমতার মাধ্যম সামাজিক ও ধর্মীয় হয়, তাহলে সামাজিক ও ধর্মীয় সংস্কারকে একটি প্রয়োজনীয় সংস্কার হিসাবে গ্রহণ করা উচিত।

সুতরাং ভারতীয় সমাজতন্ত্রীদের দ্বারা গৃহীত ইতিহাসের অর্থনৈতিক ব্যাখ্যার তত্ত্বগুলির মধ্যে ত্রুটি খুঁজে বের করে সমালোচনা করা যেতে পারে। কিন্তু আমি বিশ্বাস করি যে সমাজতন্ত্রীদের দাবি যে সম্পদের সমতা বা সমান বন্টনই আসল সংস্কার, তা সঠিক এবং এটি অন্যান্য সমস্ত সংস্কারের আগে হওয়া উচিত। তবুও আমি সমাজতন্ত্রীদের জিজ্ঞাসা করতে চাই যে, সামাজিক কাঠামো পরিবর্তন ও উন্নতি না করেই কি আপনারা অর্থনৈতিক সংস্কার আনতে পারবেন? মনে হচ্ছে ভারতের সমাজতন্ত্রীরা কখনও এই প্রশ্নের দিকে মনোযোগ দেননি। আমি চাই না

তারা অন্যায় করুক। আমি কিছুদিন আগে একজন বিশিষ্ট সমাজতন্ত্রী আমার এক বন্ধুকে লেখা একটি চিঠির একটি অংশ উদ্ধৃত করছি। এই চিঠিতে লেখা ছিল –

"আমি বিশ্বাস করি যে, যতক্ষণ পর্যন্ত এক শ্রেণীর দ্বারা অন্য শ্রেণীর শোষণ, দমন বা দুর্ব্যবহার চলতে থাকবে, ততক্ষণ পর্যন্ত আমরা ভারতে একটি মুক্ত সমাজ গড়ে তুলতে পারব না। সমাজতান্ত্রিক আদর্শে বিশ্বাসী হিসাবে, আমি দৃঢ়ভাবে বিশ্বাস করি যে সমাজের বিভিন্ন শ্রেণী এবং গোষ্ঠীর মধ্যে সমতা থাকা উচিত। আমি বিশ্বাস করি যে এই সমস্যা এবং এর সমস্যাগুলির একমাত্র বাস্তব সমাধান হল সমাজতন্ত্র। এই বিশ্বাসকে যথেষ্ট বলে মনে করলে সমাজের অন্তর্নিহিত জ্ঞান সম্পর্কে চরম অজ্ঞতা হবে। যদি সমাজতন্ত্র একটি ব্যবহারিক কর্মসূচি হয় এবং তা যদি কেবল অন্য শ্রেণীর আদর্শ না হয়, তাহলে সমাজতন্ত্রীদের কাছে আর প্রশ্ন থাকে না যে তারা সমাজে সমতায় বিশ্বাস করে কিনা।তার কাছে প্রশ্ন হল, তিনি কি এক শ্রেণীর দ্বারা অন্য শ্রেণীর নির্যাতন, শোষণ এবং নিপীড়নকে সামাজিক ব্যবস্থার অংশ হিসাবে বিবেচনা করেন? আমার বক্তব্য সম্পূর্ণরূপে স্পষ্ট করার জন্য আমি কেন এটিকে সমাজতন্ত্র সম্পর্কে আমার ধারণার সাথে সম্পর্কিত করছি তার কারণ ব্যাখ্যা করতে চাই। এটা স্পষ্ট যে সমাজতন্ত্রীদের চিন্তাভাবনায় অর্থনৈতিক সংস্কার সম্ভব নয় যদি না বিপ্লবের মাধ্যমে ক্ষমতা দখল করা হয়। এই ক্ষমতা দখল অবশ্যই দরিদ্র সর্বহারা শ্রেণীর দ্বারাই করা উচিত।"

আমি প্রথম যে প্রশ্নটি জিজ্ঞাসা করি তা হল, ভারতের দরিদ্র, পরিশ্রমী সর্বহারা শ্রেণী কি এই বিপ্লব পরিচালনার জন্য ঐক্যবদ্ধ হবে? কী কারণে মানুষ এটা করতে উৎসাহিত হতে পারে? আমার মনে হয় যে অন্য সকল জিনিস সমান থাকা সত্ত্বেও, কেবল একটি জিনিসই একজন মানুষকে বিপ্লবে উদ্বুদ্ধ করতে পারে, আর তা হল এই অনুভূতি যে এই কাজে তার অংশীদার অন্য একজন মানুষ তার মধ্যে সমতা ও ভ্রাতৃত্ববোধ এবং সর্বোপরি ন্যায়বিচারের অনুভূতি গড়ে তুলবে। সম্পত্তির সমতা বিধানের লক্ষ্যে কোনও বিপ্লবে মানুষ যোগ দেবে না যদি না তারা আত্মবিশ্বাসী হয় যে বিপ্লব সফল হওয়ার পর তাদের সাথে সমান আচরণ করা হবে এবং জাতি, বর্ণ বা ধর্মের ভিত্তিতে কোন বৈষম্য বা নিপীড়ন থাকবে না। আমি আশা করি একজন সমাজতান্ত্রিক বিপ্লবের নেতৃত্বদানকারীর জন্য কেবল এই নিশ্চয়তা দেওয়া যথেষ্ট নয় যে তিনি জাতপাতের প্রতি বিশ্বাস রাখেন না। এই নিশ্চয়তা এমন হতে হবে যাতে এটির ভিত্তি আরও গভীর হয়। বিশেষ করে, একটি দেশের সকল মানুষের মধ্যে মানসিক স্তরে সমতা এবং ভ্রাতৃত্ববোধ থাকা উচিত। এটা কি বলা যেতে

পারে যে ভারতের দরিদ্ররা, শ্রমজীবী সর্বহারা শ্রেণী হওয়া সত্ত্বেও, ধনী ও দরিদ্রের মধ্যে বৈষম্য ছাড়া অন্য কোনও বৈষম্যে বিশ্বাস করে না? এটা কি বলা যেতে পারে যে দরিদ্র মানুষ জাতি, বর্ণ, বংশ বা উচ্চ-নীচের ভিত্তিতে বৈষম্যে বিশ্বাস করে না? যদি এটা সত্য হয় যে তারা এই ধরণের বৈষম্যে বিশ্বাস করে, তাহলে ধনীদের বিরুদ্ধে সংগ্রামে এই ধরণের দরিদ্র সর্বহারাদের কাছ থেকে কীভাবে ঐক্য আশা করা যেতে পারে? সর্বহারা শ্রেণী যদি একটি ঐক্যফ্রন্ট গঠন করতে না পারে, তাহলে বিপ্লব কীভাবে সম্ভব? শুধু বিবেচনার খাতিরে, ধরে নেওয়া যাক যে যদি কোনও অলৌকিক ঘটনা ঘটে এবং সমাজতন্ত্রীরা ক্ষমতায় আসে, তাহলে কি তাদের ভারতে সেই সমস্যাগুলির মুখোমুখি হতে হবে যা বিশেষ সামাজিক ব্যবস্থার কারণে ভারতে ইতিমধ্যেই বিদ্যমান?

আমি বিশ্বাস করি না যে, ভারতে একটি সমাজতান্ত্রিক সরকার জাতিভেদ, বৈষম্য এবং অন্যান্য কুসংস্কার এবং সংকীর্ণতার কারণে সৃষ্ট সমস্যাগুলি কাটিয়ে না উঠে এক মুহূর্তও টিকে থাকতে পারবে। যদি সমাজতন্ত্রীরা কিছু আকর্ষণীয় স্লোগান তুলে বা কিছু কর্মসূচি ঘোষণা করে সন্তুষ্ট হতে না চান এবং যদি তারা সমাজতন্ত্রকে পোক্ত ও বাস্তবায়িত করতে চান, তাহলে তাদের মেনে নিতে হবে যে সামাজিক সংস্কারই আসল সংস্কার এবং এটিই সমাজের মৌলিক প্রয়োজন এবং এই সমস্যাগুলি থেকে তাদের মুক্তির কোনও উপায় নেই। ভারতে ইতিমধ্যেই বিদ্যমান সমাজ ব্যবস্থার কারণে সৃষ্ট বিকৃতির মোকাবেলা তাদেরই করতে হবে এবং যদি তারা তা করতে না পারে, তাহলে তারা তাদের লক্ষ্য অর্জন করতে পারবে না। এমনকি যদি দৈবক্রমে তারা তাদের লক্ষ্য অর্জন করে, তবুও তাদের লক্ষ্য অর্জনের জন্য তাদের এই সমস্যাগুলি থেকে মুক্তি পেতে হবে।

আমি দৃঢ়তার সাথে বিশ্বাস করি যে, বিপ্লবের আগে যদি তারা মনোযোগ না দেয়, তাহলে বিপ্লবের পরে তারা বর্ণের দিকে মনোযোগ দিতে বাধ্য হবে। দ্বিতীয়ত, আমরা বলতে পারি যে আপনি যে দিকেই তাকান না কেন, যে দিকেই যান না কেন, জাতপাত এমন একটি দানব যা সর্বদা তার পথে দাঁড়িয়ে থাকবে। এই দানবকে হত্যা না করা পর্যন্ত আপনি কোনও রাজনৈতিক বা অর্থনৈতিক সংস্কার করতে পারবেন না।

৪

শ্রম বিভাজন এবং বর্ণ প্রথা

এটা বিদ্রূপাত্মক বিষয় যে এই আধুনিক যুগেও জাতপাতের পক্ষে যুক্তি উপস্থাপনকারী লোকের অভাব নেই। এর সমর্থকরা বিভিন্ন কারণে এটিকে সমর্থন করে। তারা বলে যে বর্ণ প্রথা শ্রম বিভাজনের আরেকটি নাম মাত্র। এটাও যুক্তি দেওয়া হয় যে প্রতিটি সভ্য সমাজের জন্য শ্রম বিভাজন অপরিহার্য, তাই বর্ণ ব্যবস্থায় কোনও ভুল নেই। এই দৃষ্টিভঙ্গির তীব্র বিরোধিতা করা হয়েছে, তার প্রথম কারণ হল যে বর্ণ ব্যবস্থা কেবল শ্রমের বিভাজন নয় বরং এটি শ্রমিকদের একটি বিভাজন। এটা ঠিক যে আধুনিক সভ্য সমাজে শ্রম বিভাজনের প্রয়োজন আছে, কিন্তু যেকোনও সভ্য সমাজে শ্রম বিভাজনের পাশাপাশি, বিভিন্ন শ্রেণীতে শ্রমিকদের অস্বাভাবিক বিভাজন নেই। ভারতের বর্ণপ্রথা কেবল শ্রমের ভিত্তিতে শ্রমিকদের বিভক্ত করে না বরং বিভিন্ন শ্রেণীর মধ্যে একে অপরের তুলনায় শ্রেষ্ঠত্ব এবং হীনমন্যতার অনুভূতি তৈরি করে যা বিশ্বের অন্য কোনও সমাজে পাওয়া যায় না। অন্য কোনও দেশে পরিশ্রমী ও শ্রমিকদের মধ্যে এমন শৃঙ্খলা বা বিভাজন নেই।

যদি বর্ণ প্রথাকে শ্রম বিভাজন হিসাবে গ্রহণ করা হয়, তাহলে বলা যায় এটি কোনও স্বতঃস্ফূর্ত এবং স্বেচ্ছাসেবী বিভাজন নয় কারণ এটি ব্যক্তির স্বার্থের উপর ভিত্তি করে বা প্রাকৃতিক আসক্তি বা ক্ষমতার উপর ভিত্তি করে গড়ে ওঠেনি। সমাজে সামাজিক ও ব্যক্তিগত দক্ষতার জন্য, যেকোনও ব্যক্তির সামর্থ্য ও সমতা এতটাই বিকশিত হওয়া প্রয়োজন যে, সে তার নিজের পেশা বেছে নিতে এবং তা কর্মসংস্থান হিসাবে গ্রহণ করতে সক্ষম হবে। বর্ণ ব্যবস্থায় এই নিয়মটি ভেঙে ফেলা হয়েছে কারণ এই ব্যবস্থায় প্রতিটি ব্যক্তির পেশা তার জন্মের আগেই নির্ধারিত হয়। এতে, পেশাগুলি প্রশিক্ষণ বা পরিবেশের মাধ্যমে অর্জিত প্রাকৃতিক ক্ষমতা এবং দক্ষতার ভিত্তিতে নয় বরং পিতামাতার সামাজিক অবস্থানের ভিত্তিতে নির্ধারিত হয়।

বর্ণপ্রথা কেবল জন্মের আগেই একজন ব্যক্তির পেশা নির্ভুলভাবে নির্ধারণ করে না, বরং একজন ব্যক্তিকে জীবনের জন্য একটি পেশায় আবদ্ধ করে এবং ব্যক্তি ইচ্ছা করলেও তার পেশা পরিবর্তন করতে পারে না, সেই ব্যাপারে তার কোনও স্বাধীনতা নেই। এই ধরনের স্বাধীনতা তার পক্ষে সাহায্যের পরিস্থিতির সাথে খাপ খাইয়ে নেওয়া এবং কর্মসংস্থান অর্জন করা অসম্ভব করে তুলবে। বর্ণপ্রথা হিন্দুদের এমন পেশা গ্রহণের অনুমতি দেয় না যা তারা বংশগতভাবে পায়নি কিন্তু পরিবর্তিত পরিস্থিতিতে করতে চায়। যদি কোনও হিন্দু যার জাতের জন্য নির্ধারিত পেশা আছে, সে অন্য কোনও পেশা গ্রহণ করতে না পারে, তাহলে অর্থের অভাবে সে ক্ষুধার্ত অবস্থায় মারাও যেতে পারে। জাতপাত ভিত্তিক পেশা ছাড়া অন্য পেশা করার অনুমতি না পাওয়ার কারণে দেশে বেকারত্বের সমস্যা তীব্র হয়ে ওঠে।

শ্রম বিভাজনের ক্ষেত্রে বর্ণ ব্যবস্থারও একটি গুরুতর ত্রুটি রয়েছে। বর্ণ ব্যবস্থার দ্বারা সৃষ্ট শ্রমবিভাজন ব্যক্তির ইচ্ছার উপর ভিত্তি করে তৈরি কোনও বিভাজন নয়। এতে ব্যক্তির অনুভূতি এবং স্বার্থের কোনও স্থান নেই। পূর্বনির্ধারণের মতবাদই এর ভিত্তি। এই ভিত্তিতে আমাদের মেনে নিতে হবে যে আজকের শিল্পে দারিদ্র্য এবং নিপীড়ন এত বড় সমস্যা নয় যতটা বড় সমস্যা হল যে অনেক মানুষ বর্ণপ্রথার কারণে তাদের উপর অর্পিত কাজ কেবল বাধ্যতা এবং নিরুৎসাহের কারণে করে। এই পেশাগুলির প্রতি তাদের কোনও আগ্রহ নেই। এই ধরনের ব্যবসা কর্মীদের মধ্যে ক্রমাগত অলসতা, একঘেয়েমি এবং বিতৃষ্ণার অনুভূতি তৈরি করে। ভারতে এমন অনেক পেশা বা শিল্প রয়েছে যেগুলিকে হিন্দুধর্ম ঘৃণ্য বা অবমাননাকর বলে মনে করে। অতএব, যারা এই ধরনের পেশায় কাজ করছেন তারা সর্বদা এগুলি থেকে মুক্তি পেতে প্রস্তুত থাকেন এবং এই ধরনের ঘৃণ্য পেশা থেকে পালাতে চান। এমন পরিস্থিতিতে, যেখানে মানুষ কাজ করতে আগ্রহী নয় এবং তাদের কাজে মনোনিবেশ করতে সক্ষম নয়, সে ক্ষেত্রে এমন পরিবেশে কীভাবে দক্ষ হয়ে ওঠা সম্ভব? অতএব, অর্থনৈতিক ব্যবস্থা হিসাবে বর্ণপ্রথা একটি অত্যন্ত ক্ষতিকর প্রথা। কারণ এটি একজন ব্যক্তির স্বাভাবিক আগ্রহ এবং আকাঙ্ক্ষাকে দমন করে এবং সামাজিক নিয়মের মধ্যে আবদ্ধ করে তাদের নিষ্ক্রিয় করে তোলে।

৫

বংশ ও রক্তের সংস্করণ এবং জাতিভেদ প্রথা

কিছু মানুষ বর্ণপ্রথাকে জীবন বিজ্ঞানের রূপ দিয়ে সঠিক প্রমাণ করার চেষ্টা করেছেন। তারা বলেন যে বর্ণ প্রথার মাধ্যমে বর্ণের পবিত্রতা এবং রক্তের পবিত্রতা সুরক্ষিত থাকে। এই বিষয়ে, নৃতাত্ত্বিক বিজ্ঞানীদের মতামত হল যে, বর্তমানে পৃথিবীর কোথাও খাঁটি রক্ত বা খাঁটি জাতির মানুষ নেই এবং সমস্ত জাতি সকল অংশে মিশে গিয়েছে বা একত্রিত হয়েছে। এটি বিশেষ করে ভারতের জনগণের ক্ষেত্রে সত্য। শ্রী ডি.আর. ভান্ডারকর তাঁর 'হিন্দু জনগণে বিদেশী উপাদান' প্রবন্ধে লিখেছেন, "ভারতে এমন কোনও জাতি বা শ্রেণী নেই যেখানে বিদেশী মিশ্রণ নেই। বিদেশী রক্তের এই মিশ্রণ কেবল রাজপুত এবং মারাঠাদের মতো যোদ্ধা জাতিতেই নয়, ব্রাহ্মণদের মধ্যেও বিদ্যমান। অন্যদিকে ব্রাহ্মণরা এই সুখের ভ্রান্তিতে ডুবে আছেন যে তাদের জাতিই সেরা কারণ তাদের মধ্যে বিদেশী রক্তের কোনও মিশ্রণ নেই।"

বর্ণপ্রথা সম্পর্কে, এটা বলা যাবে না যে বর্ণপ্রথা বর্ণের মিশ্রণ রোধ এবং রক্তের বিশুদ্ধতা বজায় রাখার জন্য বিকশিত হয়েছিল। ঐতিহাসিক সত্য হল, বর্ণের উৎপত্তি সেই সময়ের অনেক পরে শুরু হয়েছিল যখন ভারতের বিভিন্ন জাতি ইতিমধ্যেই রক্ত ও সংস্কৃতির ভিত্তিতে বিচ্ছিন্ন হয়ে পড়েছিল অর্থাৎ রক্ত ও সংস্কৃতির বিদেশী উপাদানগুলি ইতিমধ্যেই এখানকার মানুষের সাথে মিশে গিয়েছিল। অতএব, বর্ণভেদকে বংশগত পার্থক্য হিসাবে বিবেচনা করা এবং ভারতের বিভিন্ন বর্ণকে বিভিন্ন বংশের গোষ্ঠী বলে দাবি করা সত্য দাবি নয় বরং তা বিভ্রান্তিকর।

পাঞ্জাবের ব্রাহ্মণদের সাথে মাদ্রাজের ব্রাহ্মণদের কি কোনও জাতিগত সম্পর্ক আছে? একইভাবে, বাংলার অস্পৃশ্যদের এবং মাদ্রাজের মধ্যে কি কোনও ঘনিষ্ঠ জিনগত সংযোগ থাকতে পারে? বংশের দিক থেকে, পাঞ্জাবের ব্রাহ্মণরা সেখানকার চামারদের মতো একই প্রজাতি বা বংশের অন্তর্ভুক্ত। মাদ্রাজের ব্রাহ্মণ এবং চামারদের মধ্যে কি কোনও পার্থক্য আছে? একইভাবে, বলা যায় মাদ্রাজের ব্রাহ্মণ এবং পেরিয়া অস্পৃশ্যদের বংশ একই। বর্ণ ব্যবস্থা জাতিগত বিভাজনের সীমা নির্ধারণ করে না। বর্ণ প্রথা হল একই বংশের মানুষের সামাজিক বিভাজন। তবুও, বংশের নীতি মেনে নিয়ে, কেউ হয়তো জিজ্ঞাসা করতে পারে যে ভারতের বিভিন্ন বর্ণের মধ্যে আন্তঃবিবাহের মাধ্যমে বংশ এবং রক্তের মিশ্রণ অনুমোদিত হলে কী ক্ষতি হত? মানুষ এবং প্রাণীর মধ্যে এতটাই পার্থক্য যে বিজ্ঞান মানুষ এবং প্রাণীকে দুটি ভিন্ন প্রজাতি হিসাবে গ্রহণ করে, কিন্তু বংশের বিশুদ্ধতায় বিশ্বাসী বিজ্ঞানীরাও দাবি করেন না যে বিভিন্ন প্রজাতি বা বংশের মানুষ বিভিন্ন প্রজাতির অন্তর্ভুক্ত। তারা কেবল একই প্রজাতির বিভিন্ন রূপ। এমন পরিস্থিতিতে, অন্যান্য প্রজাতির সাথে মিলনের মাধ্যমে, তারা এমন সন্তান উৎপাদন করতে পারে যা সন্তান উৎপাদনে সক্ষম এবং তারা বন্ধ্যা নয়।

বর্ণ প্রথার পক্ষে, জাতি এবং মানব বিবর্তন (ইউজেনিক্স) সম্পর্কে অনেক বাজে কথা বলা হয়। খুব কম লোকই আছে যারা বর্ণপ্রথার সমালোচনা করে, যদিও তা মানব উন্নয়নের মৌলিক নীতি অনুসারেই চলে, কারণ খুব কম লোকই সঠিক উপায়ে বংশের উন্নতির বিরোধিতা করবে। কিন্তু বর্ণ প্রথাকে কীভাবে ন্যায্য বলে বিবেচনা করা যেতে পারে তা বোঝা যেকোনও মানুষের পক্ষেই খুব কঠিন। বর্ণ প্রথা একটি নেতিবাচক চিন্তাভাবনার অনুশীলন। এটি বিভিন্ন বর্ণের লোকদের একে অপরের সাথে বিবাহ বন্ধনে আবদ্ধ হতে বাধা দেয় যা বিবাহের জন্য নির্বাচনের একটি ইতিবাচক উপায় নয়। এটি নির্ধারণ করে, যে কোনও নির্দিষ্ট বর্ণের কোনও দুই ব্যক্তির বিয়ে করা উচিত। যদি বর্ণপ্রথা মানব বিবর্তনের বিজ্ঞানের উপর ভিত্তি করে তৈরি হয়, তাহলে উপ-বর্ণের ভিত্তিও মানব বিবর্তনের ক্রমানুসারে হওয়া উচিত। কিন্তু কেউ কি সত্যিই দাবি করতে পারেন যে উপ-বর্ণের প্রবর্তনও মানব বিবর্তনের বিজ্ঞানের কারণেই হয়েছে? আমার মনে হয় এই ধরণের বিশ্বাসের পক্ষে তর্ক করা নিরর্থক, এবং এর কারণ খুবই স্পষ্ট। যদি বর্ণ বলতে জাতি বা প্রজাতি বোঝায়, তাহলে উপ-বর্ণের মধ্যে পাওয়া পার্থক্যগুলিকে বংশগত পার্থক্য হিসাবে বিবেচনা করা যাবে না কারণ উপ-বর্ণগুলি একই জাতির কাল্পনিক শাখা।

এ থেকে এটা স্পষ্ট যে, উপ-বর্ণের মধ্যে আন্তঃবিবাহ, খাদ্য ও পানীয়ের উপর নিষেধাজ্ঞা বংশ ও রক্তের বিশুদ্ধতা বজায় রাখার উদ্দেশ্যে হতে পারে না, তবে উপ-বর্ণ মৌলিকভাবে মানব বিকাশের সাথে সম্পর্কিত নয়। তাই এর মধ্যে কোনও সত্যতা থাকতে পারে না।

যদি জাতি বা বংশ উন্নয়নের বিজ্ঞান থেকে জাতপাতের উৎপত্তি হয়ে থাকে, তাহলে নিজেদের মধ্যে বিবাহের উপর নিষেধাজ্ঞা বোধগম্য হত, কিন্তু জাতি এবং উপ-বর্ণের মধ্যে খাওয়া-দাওয়ার উপর নিষেধাজ্ঞার উদ্দেশ্য কী? একে অপরকে খাওয়ানোর ফলে রক্তের উপর কোনও প্রভাব পড়ে না এবং বংশের উন্নতি বা অবনতির সাথে এর কোনও সম্পর্ক থাকতে পারে না। এটি প্রমাণ করে যে বর্ণ প্রথার কোনও বৈজ্ঞানিক ভিত্তি নেই এবং যারা মানব বিকাশের উপর এর বৈধতা প্রমাণ করার চেষ্টা করছেন তারা এমন একটি ভিত্তির আশ্রয় নিচ্ছেন যা সম্পূর্ণ অবৈজ্ঞানিক। আজকের সময়েও, বংশগতি সম্পর্কে সঠিক এবং বৈজ্ঞানিক তথ্য না পাওয়া পর্যন্ত সুন্দর সন্তান ধারণের কোনও বাস্তব সম্ভাবনা নেই। প্রো. বেটসন তাঁর 'মেন্ডেল প্রিন্সিপলস অফ হেরেডিটি' বইতে বলেছেন যে যদি কোনও শিশুর ভালো গুণাবলী থাকে তবে সেই ভিত্তিতে এটা বলা সম্ভব নয় যে তারা কেবল একটি নির্দিষ্ট ঐতিহ্যের গুণাবলীর কারণেই এসেছে। এটাও সম্ভব যে, সন্তানদের মধ্যে যেসব উন্নত বা অধিক শারীরিক গুণাবলী সঞ্চারিত হয়, সেগুলি কোনও নির্দিষ্ট জৈবিক উপাদানের উপস্থিতির পরিবর্তে বিভিন্ন কারণের সংমিশ্রণের ফলাফল। বর্ণ প্রথার ধারণাটি মানব বিবর্তনের সাথে সম্পর্কিত বলে যুক্তি দেওয়া বর্তমান হিন্দুদের পূর্বপুরুষদের সম্পর্কে বংশগত তথ্য দেওয়ার মতো, যা আধুনিক বিজ্ঞানীরাও জানেন না। একটি গাছ সম্পর্কে সঠিক সিদ্ধান্ত বা মূল্যায়ন তার ফলের দ্বারা করা উচিত। যদি বর্ণবাদ মানুষের বিবর্তনের উপর ভিত্তি করে তৈরি হয়, তাহলে কে কোন ধরণের মানুষ তৈরি করেছিল? শারীরিকভাবে, হিন্দু প্রজাতিগুলি 'গ' গ্রেডের মানুষ। তাদের বংশের লোকেরা আকারে ছোট এবং বামনদের (পিগমি এবং বামন) একটি জাতি যারা কেবল আকারে ছোট নয়, শক্তিতেও অক্ষম। এটি এমন একটি প্রজাতি যার ৯/১০ ভাগ সামরিক চাকরির জন্য অযোগ্য ঘোষণা করা হয়েছে। এটি এমন একটি সামাজিক ব্যবস্থা যা হিন্দুদের একটি নির্দিষ্ট শ্রেণীর স্বার্থপরতা এবং অহংকারকে লালন করে, যাদের সামাজিক আধিপত্য এত বেশি যে তারা এই বর্ণ ব্যবস্থা বজায় রেখেছে এবং তাদের চেয়ে নিম্ন শ্রেণীর লোকদের উপর জোর করে এই ব্যবস্থা চাপিয়ে দিয়েছে।

এ থেকে এটা স্পষ্ট যে বর্ণ ব্যবস্থা মানব বিবর্তনের আধুনিক বিজ্ঞানের (ইউজেনিক্স) উপর ভিত্তি করে গড়ে ওঠেনি। এই সমাজ ব্যবস্থা সমাজের এমন বিকৃত মানুষদের দান, যারা তাদের ছলনা ও চালাকির মাধ্যমে সমাজের অন্যান্য অংশের উপর তাদের আধিপত্য ও কর্তৃত্ব প্রতিষ্ঠা করতে সফল হয়েছিল এবং চালাকি ও ভণ্ডামির মাধ্যমে তাদের অহংকার চরিতার্থ করার জন্য এবং তাদের আধিপত্যকে স্থায়ী করার জন্য তারা বর্ণ ব্যবস্থার জন্ম দিয়েছিল।

জাতপাত অর্থনৈতিক দক্ষতার দিকে পরিচালিত করে না। জাতপাত বংশের উন্নতিও করে না। হ্যাঁ, বর্ণপ্রথা অবশ্যই একটি কাজ করেছে, এটি হিন্দু সমাজকে সম্পূর্ণরূপে ভেঙে ফেলেছে এবং অসংগঠিত করেছে। এবং তাদের মনোবল ভেঙে হতাশা জনক পরিস্থির সৃষ্টি করেছে।

৬

হিন্দু কি একটি 'সমাজ'?

প্রথমত, আমাদের মেনে নিতে হবে যে হিন্দু সমাজ একটি মিথ। 'হিন্দু' শব্দটি নিজেই একটি বিদেশী শব্দ। এই নামটি মুসলমানরা এখানকার বাসিন্দাদের নিজেদের পরিচয় গড়ে রাখার জন্য দিয়েছিল। মুসলিম আক্রমণকারীদের আগমনের আগে কোনও সংস্কৃত গ্রন্থে হিন্দু শব্দটি পাওয়া যায় না। এর একমাত্র কারণ ছিল, সেই সময়ের মানুষের এই নামের প্রয়োজন ছিল না কারণ সেই সময় তাদের মনে এই অনুভূতি ছিল না যে তারা সমান অধিকার সম্বলিত সমাজের অংশ। এই ধরণের হিন্দু সম্প্রদায়কে একটি সংগঠিত সমাজ হিসাবে বিবেচনা করা যায় না। বাস্তবে, এটি কেবল বর্ণের একটি সংগ্রহ। এতে প্রতিটি প্রজাতি কেবল তার নিজস্ব অস্তিত্ব সম্পর্কে সচেতন এবং সক্রিয় থাকে এবং তার অস্তিত্ব রক্ষা করাই তার একমাত্র এবং চূড়ান্ত লক্ষ্য।

সম্প্রদায়ের মধ্যে বসবাস করলেও, হিন্দুদের মধ্যে একজোট হয়ে থাকার চেতনা পাওয়া যায় না। অর্থাৎ, হিন্দু সমাজকে বর্ণের একটি ফেডারেশন হিসাবে বিবেচনা করা হয় না। কোনও জাতিই বুঝতে পারে না যে তার অন্যান্য জাতিগুলির সাথে কোন সম্পর্ক আছে। হিন্দু মুসলিম দাঙ্গার সময়ই সকল বর্ণ ঐক্যবদ্ধ হয়। বাকি সময়, প্রতিটি জাতিই অন্যান্য জাতি থেকে নিজেকে আলাদা রাখার এবং তাদের স্বতন্ত্র পরিচয় বজায় রাখার জন্য যথাসাধ্য চেষ্টা করে। এই জাতিগুলির মধ্যে কেবল খাদ্য এবং বিবাহের সম্পর্কই নেই, বরং অনেক জাতি তাদের নিজস্ব পোশাক এবং জীবনধারাও নির্ধারণ করেছে যাতে তারা অন্যদের থেকে আলাদা দেখায়। ভারতে, বিদেশী পর্যটকদের মনোরঞ্জন করার জন্য অসংখ্য ধরণের পোশাক দেখা যায়। এর কারণ হল এখানে অনেক জাতি রয়েছে। সত্য কথা হল,

একজন আদর্শ হিন্দু হলেন তিনি, যিনি গর্তে বসবাসকারী ইঁদুরের মতো, অন্য মানুষের সংস্পর্শে আসতে এবং তাদের সাথে মিশতে চান না। হিন্দুদের মধ্যে ঐক্যবদ্ধ চেতনার বিরাট অভাব রয়েছে। প্রতিটি হিন্দুর যে চেতনা থাকে তা হল তার বর্ণের চেতনা, ঐক্যবদ্ধ হওয়ার চেতনা নয়। এই কারণেই হিন্দুদের একটি সমাজ বা একটি জাতি বলা যায় না।

তবুও অনেক ভারতীয় আছেন যাদের দেশপ্রেম তাদের মেনে নিতে দেয় না যে ভারত কোনও জাতি নয় বরং কেবল বিভিন্ন সম্প্রদায়ের অসংগঠিত মানুষের একটি দল। তারা জোর দিয়ে বলেন যে আপাত বৈচিত্র্যের আড়ালে একটি মৌলিক ঐক্য রয়েছে যা হিন্দুদের জীবনকে প্রভাবিত করে। এই ঐক্য ভারত জুড়ে হিন্দুদের অভ্যাস, রীতিনীতি, ঐতিহ্য, বিশ্বাস, আশ্বাস এবং ধারণার মিলের মধ্যে নিহিত। কিন্তু এই কারণে আমরা এই সিদ্ধান্তে আসতে পারি না যে হিন্দুরা একটি সমাজ গঠন করে। সমাজ গঠনের জন্য প্রয়োজনীয় উপাদানগুলি বোঝার ক্ষেত্রে ভুলের ফলেই এমনটা ভাবা হবে। শারীরিকভাবে কাছাকাছি বসবাসকারী মানুষরা ঠিক যেমন সমাজ গঠন করে না, তেমনি সমাজের একজন সদস্য অন্য মানুষের থেকে দূরে বসবাস করেও তার সদস্যপদ হারায় না। একইভাবে, একই রকম অভ্যাস, ঐতিহ্য, বিশ্বাস এবং ধারণা থাকা মানুষকে একটি সমাজে সংগঠিত করার জন্য যথেষ্ট নয়।

জিনিসপত্র কেবল ইটের মতো ভৌত আকারে একজনের কাছ থেকে অন্যজনের কাছে স্থানান্তরিত হতে পারে। একইভাবে, এক সম্প্রদায়ের অভ্যাস, ঐতিহ্য, বিশ্বাস এবং ধারণা অন্য সম্প্রদায় গ্রহণ করতে পারে এবং এইভাবে উভয়ের মধ্যে মিলের অনুভূতি তৈরি হতে পারে। সংস্কৃতি ও সভ্যতা ধীরে ধীরে ছড়িয়ে পড়ে এবং এই কারণেই বিভিন্ন উপজাতি গোষ্ঠীর মধ্যে ঐতিহ্য, অভ্যাস, বিশ্বাস এবং চিন্তাভাবনার মধ্যে অনেক মিল রয়েছে, যদিও তারা একে অপরের কাছাকাছি বাস করে না। কিন্তু এই মিলগুলি থাকা সত্ত্বেও, এই উপজাতি গোষ্ঠীগুলিকে একটি সমাজ বলা যায় না। কারণ শুধুমাত্র কয়েকটি মিলই সমাজ গঠনের জন্য যথেষ্ট নয়। সমাজ তখনই গঠিত হয় যখন মানুষ একত্রিত হয় কারণ তাদের কিছু নির্দিষ্ট বিষয় রয়েছে যার উপর তাদের সকলের সমান অধিকার রয়েছে (সাধারণ)। কোনও কিছুর উপর সমানাধিকার থাকা এবং একই জিনিসের মধ্যে মিল থাকা বিষয় দুটি সম্পূর্ণ আলাদা, এবং এটিই একমাত্র উপায় যার মাধ্যমে মানুষ একে অপরের সাথে কোনও কিছুর উপর সমানাধিকার পেতে পারে। এটাই হল উপায় -

একে অপরের সাথে সংযুক্ত থাকার, সবাই একে অপরের সাথে যোগাযোগ রাখার। একই কথা অন্যভাবে বলা যেতে পারে যে, পারস্পরিক যোগাযোগ এবং সখ্যতা বজায় রেখেই সমাজ তার অস্তিত্ব বজায় রাখতে পারে।

কথা হল, কিছু মানুষের আচরণ অন্যদের আচরণের সাথে মিলে যাওয়াই যথেষ্ট নয়; সমান্তরাল আচরণ, এমনকি যদি তা একই রকম হয়, তবুও মানুষকে একই সমাজের মধ্যে আবদ্ধ করতে সক্ষম নয়। এটি প্রমাণ করে যে ইন্দোরের বিভিন্ন বর্ণ অনেক উৎসব উদযাপন করে কিন্তু একই উৎসব বিভিন্ন বর্ণ সমানভাবে উদযাপন করলেও তারা একটি সমাজ হিসাবে আবদ্ধ নয়। এর জন্য একজন ব্যক্তির সম্মিলিত কর্মকাণ্ডে অংশগ্রহণ এবং তা ভাগাভাগি করা প্রয়োজন। এতে অন্যরাও উৎসাহিত হবে। একজন ব্যক্তিকে এমনভাবে একটি দলের অনুষ্ঠানে অন্তর্ভুক্ত করা উচিত যাতে সে দলের সাফল্যকে নিজের সাফল্য এবং দলের ব্যর্থতাকে নিজের ব্যর্থতা বলে মনে করে। এটিই আসল জিনিস যা মানুষকে একত্রিত করে এবং একটি সমাজ গঠন করে। বর্ণ বৈষম্য সমান ও সম্মিলিত কার্যকলাপ বা অনুষ্ঠানের ক্ষেত্রে বাধা সৃষ্টি করে, বর্ণ ব্যবস্থা হিন্দুদের একটি ঐক্যবদ্ধ সমাজে পরিণত হতে এবং তাদের নিজস্ব অস্তিত্বের অনুভূতি অর্জন থেকে বিরত রেখেছে।

❍

৭

বর্ণের জাতীয়তাবিরোধী এবং সমাজবিরোধী প্রকৃতি

হিন্দুরা প্রায়শই অভিযোগ করে যে কিছু নির্দিষ্ট গোষ্ঠী বা দল বিচ্ছিন্নতাবাদ বা একচেটিয়া আধিপত্য বজায় রাখে এবং সমাজবিরোধী মনোভাব উস্কে দেয়। হিন্দুরা তাদের বিরুদ্ধে সামাজিক বিরোধী তকমা দিয়ে অভিযোগ করে কিন্তু তারা ভুলে যায় যে এই সামাজ বিরোধী অনুভূতিগুলি তাদের নিজস্ব বর্ণ ব্যবস্থার সবচেয়ে বড় ক্ষতি। এক জাতি অন্য জাতি সম্পর্কে ঘৃণার স্তোত্র গেয়ে আনন্দ পায়, ঠিক যেমন জার্মানরা গত যুদ্ধে ব্রিটিশদের বিরুদ্ধে ঘৃণা ছড়িয়ে আনন্দ পেয়েছিল। হিন্দু সাহিত্যে বর্ণের এই ধরণের বংশতালিকা পরিপূর্ণ। যেখানে একটি জাতিকে মহৎ এবং বাকিদেরকে নীচ প্রমাণ করার চেষ্টা করা হয়েছে। 'সহ্যাদ্রিখণ্ড' নামক বইটি জাতপাত বিরোধী সাহিত্যের একটি উদাহরণ। সামাজিক বৈরিতার এই অনুভূতিগুলি কেবল জাতিভেদের মধ্যেই সীমাবদ্ধ নয়, বরং আরও গভীরে চলে গিয়েছে এবং বিভিন্ন হিন্দু উপ-বর্ণের মধ্যে পারস্পরিক সম্পর্ককে বিষাক্ত করে তুলেছে।আমার নিজের রাজ্য মহারাষ্ট্রে, ব্রাহ্মণদের অনেক উপশাখা রয়েছে। যেমন গোলক ব্রাহ্মণ, দেবরুখ ব্রাহ্মণ, করদ ব্রাহ্মণ, পলশে ব্রাহ্মণ এবং চিৎপাবন ব্রাহ্মণ। সকলেই নিজেদের ব্রাহ্মণ বর্ণের উপ-বর্ণ বলে দাবি করে কিন্তু তাদের মধ্যে সমাজবিরোধী অনুভূতি ব্রাহ্মণ এবং অ-ব্রাহ্মণদের মধ্যেকার অনুভূতির মতোই স্পষ্ট এবং তীব্র। কিন্তু এতে অবাক হওয়ার কিছু নেই; সামাজিক ঘৃণার এই অনুভূতি সেখানেই দেখা যায় যেখানে একটি সম্প্রদায়ের নিজস্ব কিছু বিশেষ সুবিধা থাকে, যা তাদেরকে অন্যান্য সম্প্রদায়ের সাথে মেলামেশা থেকে দূরে রাখে, যাতে তারা তাদের অধিকারে যা আছে তা রক্ষা করতে পারে। এই অনুভূতি

বিভিন্ন জাতির মধ্যে বিচ্ছিন্নতা এবং ঘৃণা তৈরি করে, ঠিক যেমনটা স্পষ্টভাবে বিভিন্ন দেশের মধ্যে দেখা যায়। ব্রাহ্মণদের প্রধান উদ্বেগ হল অ-ব্রাহ্মণদের হাত থেকে তাদের নিজস্ব স্বার্থ রক্ষা করা এবং অ-ব্রাহ্মণরা মূলত ব্রাহ্মণদের হাত থেকে তাদের স্বার্থ রক্ষা করার বিষয়ে উদ্বিগ্ন। সুতরাং হিন্দুরা কেবল কয়েকটি বর্ণের দল নয় বরং যুদ্ধরত বর্ণের একটি দল, প্রত্যেকেই তাদের নিজস্ব স্বার্থ অনুসরণ করে।

বর্ণ বৈষম্যের আরেকটি দিক আছে যা খুবই দুঃখজনক। বর্তমান ব্রিটিশদের পূর্বপুরুষরা (বংশধররা) 'ওয়ার অফ রোজেজ' এবং 'ক্রমব্যালের যুদ্ধে' একে অপরের মুখোমুখি হয়েছিল কিন্তু তাদের বংশধরদের মধ্যে যারা সেই যুদ্ধগুলিতে একে অপরের সাথে লড়াই করেছিল তাদের মধ্যে কোনও ঘৃণা, শত্রুতা বা বিদ্বেষ নেই। তাদের বংশধররা আজ অন্য পক্ষ থেকে অংশগ্রহণকারীদের বংশধরদের বিরুদ্ধে প্রতিশোধের কোনও অনুভূতি পোষণ করে না। পূর্বপুরুষদের বিরোধ ভুলে গিয়েছে কিন্তু বর্তমান অ-ব্রাহ্মণরা বর্তমান ব্রাহ্মণদের ক্ষমা করছে না কারণ তাদের পূর্বপুরুষরা শিবাজীকে অপমান করেছিলেন। আজকের কায়স্থরা, বর্তমান ব্রাহ্মণদের পূর্বপুরুষরা তাদের পূর্বপুরুষদের যে অপমান করেছিল তা ক্ষমা করবে না। ব্রিটিশ এবং ভারতীয়দের মধ্যে এত পার্থক্যের কারণ কী? স্বাভাবিকভাবেই এর জন্য বর্ণপ্রথা দায়ী। জাতি এবং জাতিগত চেতনা বিভিন্ন বর্ণের মধ্যে পুরনো দ্বন্দ্বের স্মৃতিকে তাজা রাখে এবং এর ফলে কাঁধে কাঁধ মিলিয়ে চলার (সংহতির) অনুভূতি তৈরি হয় না। বর্ণপ্রথা আমাদের ঐক্যকে বাধাগ্রস্ত করেছে।

৮

জাতিভেদ প্রথা আদিবাসীদের উন্নয়নের পথে একটি বাধা

কিছু এলাকা বাদ দেওয়া এবং কিছু এলাকাকে তফসিলি এলাকার আংশিক অন্তর্ভুক্তি নিয়ে সম্প্রতি যে বিতর্কের সৃষ্টি হয়েছে তার জন্যই অসাবধানতাবশত আদিবাসী উপজাতিদের অবস্থার দিকে মানুষের দৃষ্টি আকর্ষণ করেছে। এই উপজাতিদের সংখ্যা এক কোটি ত্রিশ লক্ষ হবে, তবে; আজকাল এই সংখ্যা আরও বেড়ে যেতে পারে। যদি আমরা এই প্রশ্নটি বাদ দিই যে সংবিধানে তাদের অন্তর্ভুক্ত করা সঠিক না ভুল? তবুও এটা সত্য যে হাজার হাজার বছরের প্রাচীন সভ্যতার গর্বিত একটি দেশে, আদিবাসীরা তাদের আদিম অসভ্য অবস্থায় রয়ে গিয়েছে। তারা কেবল অসভ্যই নয়, তাদের অনেকেই এমন পেশা গ্রহণ করেছে যার কারণে তাদের অপরাধমূলক শ্রেণীতে রাখা হয়েছে। সভ্যতার কোলে এক কোটি ত্রিশ লক্ষ মানুষ এখনও আদিম অবস্থায় বাস করছে এবং ঐতিহ্যবাহী অপরাধমূলক জীবন (বংশগত অপরাধী) যাপন করছে। কিন্তু হিন্দু সমাজ কখনই এতে লজ্জিত বোধ করেনি। এটা এতটাই অদ্ভুত ঘটনা যে আমার মতে এর অন্য কোনও উদাহরণ নেই। এই লজ্জাজনক পরিস্থিতির কারণ কী? কেন এই আদিবাসীদের সভ্য জীবনে ফিরিয়ে আনার এবং তাদের আরও সম্মানজনক জীবনযাপনের পদ্ধতি গ্রহণে সহায়তা করার জন্য কোনও প্রচেষ্টা করা হয়নি? হিন্দুরা এই অবস্থার জন্য এই আদিবাসীদের জন্মগত বোকামিকে দোষারোপ করবে। হিন্দুরা মেনে নেবে না যে উপজাতিরা আদিম (বন্য) রয়ে গিয়েছে কারণ তাদের সভ্য করার, স্বাস্থ্যসেবা প্রদানের, সংস্কার মনস্ক করার এবং সভ্য নাগরিক হিসাবে গড়ে তোলার কোনও প্রচেষ্টা করা হয়নি। খ্রিস্টান মিশনারিরা যা করছে, হিন্দুরা কি এই আদিবাসীদের জন্য

তা করতে পারত না? আমি বলব ‘না’। আদিবাসীদের সভ্য করার অর্থ হল তাদের গ্রহণ করা, তাদের মধ্যে বসবাস করা এবং ভ্রাতৃত্ববোধ তৈরি করা। সংক্ষেপে, তাদের ভালোবাসছেন? কিন্তু একজন হিন্দুর পক্ষে এই সব কীভাবে সম্ভব? তার পুরো জীবন কেটে যায় তার জাত রক্ষা করার জন্য। জাতপাত তার মূল্যবান সম্পদ যা সে যেকোনও মূল্যে রক্ষা করবে। বৈদিক যুগের ঘৃণ্য অনার্যের হাত থেকে বেঁচে যাওয়া আদিবাসীদের সাথে সম্পর্ক বজায় রাখার চাবিকাঠি হারানো তারা সহ্য করতে পারেন না। এমন নয় যে একজন হিন্দুকে দুঃখী মানবতার উন্নতির ক্ষেত্রে তার কর্তব্য উপলব্ধি করতে শেখানো যায় না। দুঃখের বিষয় হল, তাকে তার কর্তব্য সম্পর্কে যতই সচেতন করা হোক না কেন, সে তার জাতির সুরক্ষা এবং ঐতিহ্য বজায় রাখার কর্তব্য অতিক্রম করতে সক্ষম নয়। তার কাছে তার জাতই সবকিছু।

অতএব, জাতপাতের কারণেই হিন্দু সভ্যতার মধ্যে আদিবাসীরা এই আদিম বর্বর অবস্থায় বাস করছে এবং হিন্দুদের এর জন্য লজ্জা বা অনুশোচনা নেই। হিন্দুরা এই সত্যটিও জানত না যে এই উপজাতিরা তাদের জন্যও সম্ভাব্য বিপদ ডেকে আনতে পারে। যদি এই উপজাতিরা বর্বর হয়েই থাকে, তাহলে তারা হিন্দুদের জন্য কোনও হুমকি বা ক্ষতি নাও করতে পারে, কিন্তু যদি অ-হিন্দুরা তাদের সংস্কার করে, তাদের গ্রহণ করে এবং তাদের ধর্ম বা সম্প্রদায়ে অন্তর্ভুক্ত করে, তাহলে তারা কেবল হিন্দুদের শত্রুদের সংখ্যা এবং শক্তি বৃদ্ধি করবে। যদি এমনটা ঘটে, তাহলে হিন্দুদের নিজেদের এবং তাদের বর্ণপ্রথাকে অভিশাপ দেওয়া ছাড়া আর কোনও উপায় থাকবে না।

৯

জাতপাত সামাজিক ঘৃণার মূল কারণ

হিন্দুরা কেবল উপজাতি বর্বরদের সভ্য হতে না দেওয়ার মতো অমানবিক কাজ করেছে তাই নয়, বরং তারা ইচ্ছাকৃতভাবে হিন্দুধর্মের আওতাধীন নিম্নবর্ণের লোকদের উচ্চবর্ণের সাংস্কৃতিক স্তরে উঠতে বাধা দিয়েছে। আমি আপনাকে এর দুটি উদাহরণ দিচ্ছি, একটি স্বর্ণকার জাতি সম্পর্কে এবং অন্যটি পাঠারে প্রভু জাতি সম্পর্কে। উভয়ই মহারাষ্ট্রের সুপরিচিত জাতি। সমাজে তাদের মর্যাদা বৃদ্ধির জন্য সকল বর্ণ সম্প্রদায়ের আকাঙ্ক্ষা অনুসারে, এই দুটি সম্প্রদায় এক সময় ব্রাহ্মণদের রীতিনীতি এবং অভ্যাস গ্রহণ করার চেষ্টা করেছিল। স্বর্ণকাররা নিজেদেরকে 'দেবগ্য ব্রাহ্মণ' বলতে শুরু করে এবং সেই অনুযায়ী আচরণ করতে শুরু করে। ব্রাহ্মণদের ঐতিহ্য অনুসরণ করে, তারা লম্বা ধুতিটি দুই ভাঁজে ভাঁজ করে পরা শুরু করেন এবং অভিবাদনের জন্য 'নমস্কার' শব্দটি ব্যবহার করতে শুরু করেন। এই দুটি ছিল ব্রাহ্মণদের বিশেষ রীতিনীতি এবং অধিকার। এইভাবে ধুতি বেঁধে শুভেচ্ছা জানানো এবং নমস্কার বলা ব্রাহ্মণদের পছন্দ হয়নি এবং তারা পেশোয়া রাজার কাছ থেকে স্বর্ণকারদের ব্রাহ্মণদের রীতিনীতি এবং বিশেষ সুযোগ-সুবিধা গ্রহণ থেকে বিরত রাখার আদেশ জারি করে। এছাড়াও, তারা কোম্পানির কাউন্সিল প্রেসিডেন্টের কাছ থেকে ব্রিটিশ ইস্ট ইন্ডিয়া কোম্পানির এখতিয়ারের মধ্যে বোম্বেতে বসবাসকারী স্বর্ণকারদের বিরুদ্ধে জারি করা একটি আদেশও পেয়েছিলেন।

এই হল পাথারে প্রভু জাতের মানুষের অবস্থা। সেই সময় তাদের মধ্যে বিধবা-পুনর্বিবাহের প্রথা প্রচলিত ছিল কিন্তু ব্রাহ্মণদের মধ্যে বিধবা-পুনর্বিবাহের কোনও প্রথা ছিল না। অতএব, মালভূমি-প্রধানদের একটি অংশ, তাদের সম্প্রদায়ের মর্যাদা

বৃদ্ধির লক্ষ্যে, তাদের মধ্যে প্রচলিত বিধবা-পুনর্বিবাহের ভালো প্রথাটিও ত্যাগ করেছিল। এই কারণে বর্ণের লোকেরা দুটি ভাগে বিভক্ত হয়ে যায়। কিছু লোক বিধবা বিবাহের পক্ষে ছিল আবার কিছু লোক এর বিরুদ্ধে ছিল। এই সময়কালে, পেশোয়া রাজারা তাদের পুরনো ঐতিহ্য অর্থাৎ বিধবা পুনর্বিবাহের সমর্থকদের সমর্থন করেছিলেন এবং এইভাবে মালভূমির অধিপতিদের ব্রাহ্মণদের রীতিনীতি গ্রহণ এবং তাদের সামাজিক মর্যাদার ঊর্ধ্বে উঠতে বাধা দিয়েছিলেন।

হিন্দুরা মুসলমানদের বিরুদ্ধে অভিযোগ এনেছিল যে তারা তাদের তলোয়ারের জোরে নিজেদের ধর্ম প্রচার করে। তারা খ্রিস্টধর্ম এবং তাদের প্রাচীন ধর্মীয় আদালত (ইনকুইজিশন) কে উপহাস করে। কিন্তু আসলে কে সঠিক? প্রকৃতপক্ষে, মুসলিম এবং খ্রিস্টানরা আমাদের চেয়ে বেশি সম্মানের যোগ্য কারণ তারা (হিন্দুদের) ভিন্নমত পোষণকারী লোকদের এমন একটি বিষয় গ্রহণ করতে বাধ্য করেছিল যা তারা (মুসলিম এবং খ্রিস্টানরা) তাদের মুক্তির জন্য প্রয়োজনীয় বলে মনে করেছিল। অথবা সেইসব হিন্দু যারা অন্যদের মধ্যে জ্ঞানের আলো ছড়িয়ে দিতে চাননি এবং তাদের অন্ধকারে রাখার চেষ্টা চালিয়ে গিয়েছেন, তারা তাদের পাণ্ডিত্য এবং সামাজিক ঐতিহ্য তাদের সাথে ভাগ করে নিতে চাইত না যারা তাদের জীবনে এগুলি গ্রহণ করতে ইচ্ছুক এবং প্রস্তুত ছিল। আমার বলতে দ্বিধা নেই যে, মুসলমানরা যদি নিষ্ঠুর হয়, তাহলে হিন্দুরাও নিষ্ঠুর হয়েছে, যা নিষ্ঠুরতার চেয়েও নিন্দনীয়, আরও খারাপ, এক কথায় তা পাপ।

১০

ধর্মীয় প্রচারের ক্ষেত্রে জাতিভেদ বাধাস্বরূপ

হিন্দুধর্ম কি সেবামুখী অর্থাৎ মিশনারি ধর্ম, এই নিয়ে সবসময়ই বিতর্ক রয়েছে। কেউ কেউ এটিকে একটি মিশনারি ধর্ম বলে আবার কেউ কেউ বলে যে ইতিহাসে এটি কখনও মিশনারি ধর্ম ছিল না। এই ক্ষেত্রে এটা মেনে নিতে হবে যে কিছু সময়ের জন্য হিন্দুধর্ম অবশ্যই একটি ধর্মপ্রচারক ধর্ম ছিল কারণ এটি ছাড়া ভারতের মতো বিশাল অঞ্চলে এই ধর্ম ছড়িয়ে পড়া সম্ভব হত না। এর সাথে সাথে, এটাও সত্য হিসাবে গ্রহণ করা উচিত যে আজকের হিন্দুধর্ম কোনও মিশনারি ধর্ম নয়। অতএব প্রশ্ন এই নয় যে হিন্দুধর্ম একটি মিশনারি ধর্ম ছিল কি না, বরং প্রশ্ন হল কেন হিন্দুধর্ম একটি মিশনারি ধর্ম থাকতে পারল না? আমার উত্তর হল, হিন্দুদের মধ্যে বর্ণপ্রথার জন্মের সাথে সাথে এর মিশনারি রূপের অবসান ঘটে। ধর্মান্তরের ক্ষেত্রে একজন ব্যক্তির মনে ধর্মীয় বিশ্বাস গেঁথে দেওয়াই একমাত্র সমস্যা নয়। ধর্মান্তরের পর, ধর্মান্তরিত ব্যক্তি সেই সম্প্রদায়ের সামাজিক জীবনে নিজের জন্য একটি স্থান খুঁজে পাওয়ার ক্ষেত্রে আরও কঠিন সমস্যার সম্মুখীন হন। মুশকিল হল, নতুন ধর্ম গ্রহণকারী ব্যক্তিকে কোনও বর্ণে কোনও স্থান দেওয়া উচিত কি? এটি এমন একটি সমস্যা যা নিশ্চিতভাবেই প্রতিটি হিন্দুকে কষ্ট দেবে বিশেষ করে যারা ধর্মান্তরিত হয়ে অন্য ধর্ম গ্রহণ করতে চায়। কোনও জাতের সদস্য হওয়া ক্লাবের সদস্য হওয়ার মতো সহজ কাজ নয়। যে কেউ ক্লাবের সদস্য হতে পারে, কিন্তু বর্ণের সদস্যপদ কেবলমাত্র সেই বর্ণে জন্মগ্রহণকারীদের মধ্যেই সীমাবদ্ধ। জাতিগুলি স্বায়ত্তশাসিত, স্ব-শাসিত এবং কোনও শক্তিই কোনও নতুন

ব্যক্তিকে কোনও জাতিতে অন্তর্ভুক্ত করতে বাধ্য করতে পারে না। হিন্দুধর্ম অনেক বর্ণের একটি গোষ্ঠী এবং প্রতিটি বর্ণই একটি বদ্ধ জীবন যাপন করে চলেছে, তাই যারা ধর্ম পরিবর্তন করে বাইরে থেকে আসে তাদের জন্য হিন্দু সমাজে কোনও স্থান নেই। সুতরাং, জাতপাতই হিন্দুদের হিন্দুধর্মের প্রসার এবং অন্যান্য ধর্মীয় সম্প্রদায়ের সাথে আত্মীকরণে বাধা সৃষ্টি করেছে। অতএব, যতক্ষণ পর্যন্ত বর্ণপ্রথা বিদ্যমান থাকবে, ততক্ষণ পর্যন্ত হিন্দুধর্ম একটি সেবামুখী ধর্মপ্রচারক ধর্মে পরিণত হতে পারবে না এবং এর শুদ্ধিকরণের কথা চিন্তা করা কেবল বোকামিই নয়, বরং নিরর্থকও হবে।

১১

জাতিভেদ প্রথা সামাজিক বিভাজন এবং কাপুরুষতার একটি বড় কারণ

হিন্দুদের মধ্যে শুদ্ধি আন্দোলন শুরু করা অসম্ভব নয়, আর এমন কারণগুলিই হিন্দুদের মধ্যে ঐক্যের অনুভূতি গড়ে তোলার ক্ষেত্রে ব্যর্থতার জন্যও দায়ী। এই সংগঠনের মূল লক্ষ্য ও উদ্দেশ্য হল হিন্দুদের মন থেকে সেই ভীরুতা ও কাপুরুষতা দূর করা, যা হিন্দুদের শিখ ও মুসলমানদের থেকে এতটাই আলাদা করে দেয় যে, হিন্দুরা নিজেদের রক্ষা করার জন্য সাহসিকতার পরিবর্তে বিশ্বাসঘাতকতা ও ধূর্ততার মতো ঘৃণ্য কাজ করতে বাধ্য হয়। স্বাভাবিকভাবেই প্রশ্ন জাগে যে, একজন শিখ বা মুসলিম কোথা থেকে এমন শক্তি এবং ক্ষমতা পায় যা তাদেরকে সাহসী এবং নির্ভীক করে তোলে? আমি বিশ্বাস করি এটি উন্নত শারীরিক শক্তি, পুষ্টিকর খাবার বা ব্যায়ামের কারণে নয়। এই শক্তির কারণ হল সেই অনুভূতি, যা একজন শিখকে বিপদে দেখে সমস্ত শিখকে তাকে সাহায্য করার জন্য এগিয়ে আসার মধ্যে দেখা যায় এবং যদি কোনও মুসলিমের উপর আক্রমণ করা হয়, তাহলে সমস্ত মুসলিম তাকে রক্ষা করার জন্য ছুটে আসে। কিন্তু এই অনুভূতি কোনও হিন্দুর মধ্যে নেই।হিন্দুদের এই আত্মবিশ্বাস নেই যে বিপদের সময় অন্য কোনও হিন্দু তাদের সাহায্যের জন্য এগিয়ে আসবে। তারা সবসময় একাকীত্ব বোধ করে, আর সেই কারণেই শক্তিহীন থাকে। ফলস্বরূপ, নিরাপত্তাহীনতা, ভীরুতা এবং কাপুরুষতায় জর্জরিত হিন্দু হয় যুদ্ধক্ষেত্র থেকে পালিয়ে যায় অথবা আত্মসমর্পণ করে, যেখানে এই সংকটের সময়ে একজন শিখ বা মুসলিম নির্ভীকভাবে দৃঢ়তার সাথে দাঁড়িয়ে থাকে কারণ সে জানে যে সে একা হলেও, লড়াইয়ে সে একা থাকবে না। একজন শিখ বা মুসলিম হওয়ার কারণে আত্মবিশ্বাসের উপর ভিত্তি করে, একজন ব্যক্তি মাঠে লড়াই করার জন্য দৃঢ়ভাবে দাঁড়িয়ে থাকতে পারে। অথচ হিন্দুর প্রতি বিশ্বাসের অভাবের কারণে, সে তাকে

পালিয়ে যেতে এবং পরাজয় মেনে নিতে বাধ্য করে।

যখন আমরা এই বিষয়টি নিয়ে চিন্তা করি, তখন একটি প্রশ্ন জাগে যে, কী এমন জিনিস যা একজন শিখ বা মুসলিমকে এত আত্মবিশ্বাসী করে তোলে এবং লড়াই করার সাহস পায়? অন্যদিকে একে অপরকে সাহায্য করার মনোভাবের অভাবের কারণে, হিন্দুরা ভয় এবং হতাশায় ভরা জীবন যাপন করতে বাধ্য হয়। তুমি দেখতে পাবে যে এই পার্থক্যের কারণ তাদের সুসংগঠিত জীবনযাত্রার মধ্যে নিহিত। শিখ ও মুসলমানদের সংগঠিত জীবনধারা তাদের মধ্যে ভ্রাতৃত্ববোধ গড়ে তোলে, অপরদিকে হিন্দুদের মধ্যে তা দেখা যায় না। শিখ এবং মুসলমানদের একই রকম সামাজিক শক্তি রয়েছে যা তাদের মধ্যে ভাতৃত্ব বোধ গড়ে তোলে। হিন্দুদের মধ্যে সিমেন্টের মতো বন্ধন নেই এবং একজন হিন্দু অন্যজনকে ভাই বলে মনে করে না। এর থেকেই বোঝা যায়, কেন একজন শিখ বলেন এবং অনুভব করেন যে একজন শিখ বা খালসা এক চতুর্থাংশ মানুষের সমান। এটি ব্যাখ্যা করে কেন একজন মুসলিম একদল হিন্দুদের সমান। নিঃসন্দেহে এই বিশাল পার্থক্য কেবল বর্ণের কারণে, তাই যতক্ষণ পর্যন্ত বর্ণ বিদ্যমান থাকবে, ততক্ষণ পর্যন্ত হিন্দুদের মধ্যে কোনও সংগঠন ও ঐক্য থাকতে পারে না এবং যতক্ষণ পর্যন্ত কোনও সংগঠন থাকবে না, ততক্ষণ হিন্দুরা দুর্বল, নম্র এবং ভীতুই থেকে যাবে।

হিন্দুরা বারবার দাবি করে যে তারা খুবই সহনশীল মানুষ। আমার মতে এটি তাদের একটি বড় ভুল এবং ভুল ধারণা। বেশিরভাগ ক্ষেত্রেই হিন্দুরা সহনশীল নয় এবং যদি কিছু ক্ষেত্রে তারা সহনশীল হয় তবে এর কারণ হল তারা এতটাই দুর্বল যে তারা প্রতিবাদ করতে অক্ষম অথবা প্রতিবাদের সাথে তাদের কোনও সম্পর্ক নেই এবং তারা সম্পূর্ণ উদাসীন। এই দুর্বলতা এবং উদাসীনতা হিন্দুদের জীবনের এত বড় অংশ হয়ে উঠেছে যে হিন্দুরা নীরবে অপমান এবং অবিচার সহ্য করে। মরিসের ভাষায়, হিন্দু সমাজ হল "যেখানে বড়রা ছোটদের পিষে ফেলে, যেখানে শক্তিশালীরা দুর্বলদের মারধর করে, যেখানে নিষ্ঠুররা নির্ভীকভাবে ঘুরে বেড়ায়, যেখানে সাহসের অভাবে নীরব থাকে এবং বুদ্ধিজীবীরা কোনও চিন্তা করে না।" হিন্দু দেবতারাও ধৈর্যশীল এবং সহনশীল। এই সহনশীল হিন্দু দেবতাদের কারণে, হিন্দু সমাজে দলিত এবং অসহায় মানুষদের করুণ অবস্থার কথা কল্পনা করা কঠিন নয়। উদাসীনতা হল সবচেয়ে বিপজ্জনক রোগ যা যেকোনও সমাজকে অসুস্থ করে তুলতে পারে। হিন্দুরা এত উদাসীন কেন? আমার মতে, এই উদাসীনতা বর্ণপ্রথার ফল, যার কারণে কোনও ভালো উদ্দেশ্যে সংগঠন, পারস্পরিক সম্প্রীতি এবং সহযোগিতা সম্ভব নয়। ❍

১২

জাতির থেকে বহিষ্কার : একটি কঠোর শাস্তি

যখন একজন ব্যক্তি দৃঢ়ভাবে তার স্বাধীনতা এবং স্বার্থকে জাহির করেন, তার মতামত এবং বিশ্বাস তার সম্প্রদায়ের আদর্শ, সম্প্রদায়ের নেতৃত্ব, সম্প্রদায়ের অধিকার এবং স্বার্থ থেকে ভিন্ন, তখন সংস্কার শুরু হয় কিন্তু এই সংস্কারগুলি অব্যাহত থাকবে কিনা তা নির্ভর করে সম্প্রদায়ের মধ্যে এই ধরনের ব্যক্তিগত প্রচেষ্টার সুযোগ কতটা তার উপর। যদি এই ধরণের লোকদের প্রতি দলের মনোভাব ন্যায্য, ভারসাম্যপূর্ণ এবং সহনশীল হয়, তাহলে তাদের সংস্কারমূলক প্রচেষ্টা অব্যাহত থাকবে এবং শেষ পর্যন্ত এই লোকেরা তাদের সহকর্মীদের চিন্তাভাবনায় পরিবর্তন আনতে সফল হবে। অন্যদিকে, যদি সমাজে সহিষ্ণুতার মনোভাব না থাকে এবং এই ধরনের লোকদের মোকাবেলা করার এবং তাদের কণ্ঠস্বর দমন করার জন্য ব্যবহৃত কৌশলগুলি দেখতে না পাওয়া যায়, তাহলে কিছু সময়ের পরে যারা সংস্কার চান তারা অদৃশ্য হয়ে যাবে, সংস্কারগুলি অকার্যকর হয়ে যাবে এবং অবশেষে সংস্কারগুলি আপনা থেকেই শেষ হয়ে যাবে।

এখন যেকোনও বর্ণের অধিকার আছে যে কেউ যদি তার নিয়ম ভঙ্গ করে, তাহলে তাকে সম্প্রদায় থেকে বহিষ্কার করার। যখন এটা বোঝা যাবে যে বহিষ্কারের অর্থ সামাজিক মেলামেশা এবং আচরণের উপর সম্পূর্ণ রূপে বিধি নিষেধ আরোপ করে, তখন স্পষ্টভাবে এটা বোঝা যাবে যে বহিষ্কার এবং মৃত্যুদণ্ডের মধ্যে কোনও উল্লেখযোগ্য পার্থক্য নেই। এতে অবাক হওয়ার কিছু নেই যে হিন্দু সমাজের মানুষদের বর্ণভেদ অতিক্রম করে স্বাধীনতার জন্য চাপ দেওয়ার সাহস নেই। এটা

সত্য যে একজন মানুষ সবসময় তার বন্ধুদের সাথে একমত হতে পারে না, কিন্তু এটাও সত্য যে সে তাদের ছাড়া বাঁচতে পারে না। সে নিজের শর্তে সঙ্গী পেতে চায়, কিন্তু যদি সে তার শর্ত মেনে নিতে সফল না হয়, তাহলে সে যেকোনও সম্মিলিত শর্তে সঙ্গী পেতে প্রস্তুত হয়ে যায় এবং এইভাবে সে সম্পূর্ণরূপে আত্মসমর্পণ করে, কারণ সে সমাজ ছাড়া বাঁচতে পারে না। একটি বর্ণ গোষ্ঠী সর্বদা যেকোনও ব্যক্তির অসহায় ও করুণ অবস্থার সুযোগ নিতে এবং সেই ব্যক্তিকে নিজের জন্য কিছু করতে বাধ্য করতে প্রস্তুত। একটি জাতি সহজেই একজন সংস্কারকের জীবনকে নরক বানানোর ষড়যন্ত্রে নিজেদের সংগঠিত করতে পারে।

যদি ষড়যন্ত্র করা অপরাধ হয়, তাহলে আমি বুঝতে পারছি না যে, একজন বুদ্ধিজীবী যিনি বর্ণ গোষ্ঠীর রীতিনীতির বিরুদ্ধে সাহসী পদক্ষেপ নেন, তাকে সামাজিক ভাবে বয়কট করার জঘন্য অপরাধকে কেন আইনত শাস্তিযোগ্য অপরাধ হিসাবে ঘোষণা করা হয় না? কিন্তু আজকাল, আইন প্রতিটি বর্ণকে তার বর্ণের লোকদের জন্য শাস্তির বিধান করার এবং যারা বর্ণের নিয়ম মেনে চলে না তাদের সম্প্রদায় থেকে বহিষ্কার করে শাস্তি দেওয়ার স্বাধীনতাও দেয়। সকল সামাজিক সংস্কারের বিরোধিতা করা এবং তা নির্মূল করার জন্য রক্ষণশীলদের হাতে জাতপাত একটি শক্তিশালী অস্ত্র।

১৩

বর্ণ বৈষম্য নীতিশাস্ত্রের নীতি ধ্বংস করেছে

বর্ণ বৈষম্যের কারণে হিন্দুদের আচরণ ও নৈতিকতার উপরও বিরূপ প্রভাব পড়েছে। জাতিভেদ প্রথা জনসাধারণের চেতনা এবং দানশীলতাকেও ধ্বংস করে দিয়েছে। নিজের জাতের প্রতি ভালোবাসা এবং অন্য জাতের প্রতি ঘৃণার কারণে, সমাজে কোনও বিষয়েই ঐকমত্য দেখা যায় না। একজন হিন্দুর কাছে তার জাতই তার একমাত্র সমাজ, তার বর্ণের লোকেরাই তার মানুষ। তার নিষ্ঠা, আনুগত্য এবং সামাজিক দায়বদ্ধতার অনুভূতি কেবল তার জাতের মধ্যেই সীমাবদ্ধ। জাতিভেদের কারণে, সদাচারণ এবং নৈতিকতা বর্ণের সীমার মধ্যেই সীমাবদ্ধ হয়ে পড়েছে। সুতরাং, যদি কোনও ব্যক্তি শিক্ষিত, সক্ষম এবং মহৎ হন কিন্তু একই বর্ণের না হন, তাহলে তার মধ্যে শ্রদ্ধা, সম্মান, তার ভালো গুণাবলীর প্রতি উপলব্ধি, সহানুভূতি এবং অভাবীদের প্রতি উদারতা ও সহযোগিতার অনুভূতির সম্পূর্ণ অভাব থাকে। ভিন্ন বর্ণের একজন যন্ত্রণাগ্রস্ত ব্যক্তির কান্না কেউ শোনে না। যদি করুণা, দয়া এবং দানশীলতার অনুভূতি জাগে, তাহলে তা নিজের জাত থেকে শুরু হয় এবং জাত দিয়েই শেষ হয়। অন্য জাতের ব্যক্তির প্রতি সহানুভূতির কোনও স্থান নেই। তাকে এর অধিকারী বলে মনে করা হয় না।

একজন হিন্দু কি একজন মহান ভদ্রলোক এবং সম্ভ্রান্ত ব্যক্তির নেতৃত্ব গ্রহণ করবে? এর উত্তর হল, যদি ব্যতিক্রম হিসাবে সাধু-ঋষিদের বাদ দেওয়া যায়, তাহলে বলা যায় একজন হিন্দু কখনও এমন ব্যক্তির নেতৃত্ব গ্রহণ করবে না যে তার জাতের নয়। একজন ব্রাহ্মণ কেবল একজন ব্রাহ্মণ নেতার নেতৃত্ব গ্রহণ

করবেন এবং একজন কায়স্থ কেবল একজন কায়স্থ নেতার নেতৃত্ব গ্রহণ করবেন এবং তার নির্দেশ অনুসারে কাজ করবেন। সুতরাং, নিজের বর্ণ ব্যতীত অন্য কোনও বর্ণের ব্যক্তির ভালো গুণাবলীর প্রশংসা করা, তার ভালো গুণাবলীকে সম্মান করা এবং প্রশংসা করা একজন হিন্দুর স্বভাব নয়। একজন হিন্দু কেবল তার নিজের বর্ণের ভাইদের গুণাবলীর প্রশংসা করতে জানে। হিন্দুদের সমগ্র আচরণ বন্য ও অসভ্য উপজাতিদের উপজাতীয় নৈতিকতার মতো সংকীর্ণ, অপবিত্র এবং খারাপ। তিনি বলেন যে ব্যক্তিটি সঠিক হোক বা ভুল, সে ভালো হোক বা খারাপ, কিন্তু সে আমার জাতের মানুষ। হিন্দুদের মধ্যে, সদগুণকে সমর্থন করা এবং পাপকে ঘৃণা করার কোনও উদ্বেগ নেই; পরিবর্তে, জাতপাতের পক্ষপাত বা প্রত্যাশার প্রশ্নটি অত্যন্ত গুরুত্বপূর্ণ। একটি গণতান্ত্রিক জাতির নাগরিক হওয়া সত্ত্বেও, হিন্দুদের যদি তাদের বর্ণের স্বার্থ রক্ষার এত গভীর ইচ্ছা এবং স্বার্থপরতা থাকে, তাহলে কি তা দেশের প্রতি বিশ্বাসঘাতকতা বলে গণ্য হবে না?

❍

১৪

আমার কল্পনার আদর্শ সমাজ কেমন হওয়া উচিত?

সমাজের উপর বর্ণ বৈষম্যের কু-প্রভাব সম্পর্কে দুঃখজনক গল্প শুনতে শুনতে যদি আপনাদের কেউ কেউ ক্লান্ত হয়ে পড়েন, তাহলে আমি অবাক হব না। এটা নতুন কিছু নয়। তাহলে এখন আমি এই সমস্যার সৃজনশীল দিকে আসি। বর্ণ প্রথার সমালোচনা শোনার পর, আপনারা আমাকে এই প্রশ্নটি জিজ্ঞাসা করতে চান যে আমি যদি বর্ণ বৈষম্যের বিরুদ্ধে হই, তাহলে আমার দৃষ্টিতে আদর্শ সমাজ কী? আমার আদর্শ সমাজ হবে স্বাধীনতা, সাম্য এবং ভ্রাতৃত্বের উপর প্রতিষ্ঠিত একটি সমাজ, আর কেন তা হতে পারে না? ভ্রাতৃত্বের বিরুদ্ধে কারো কী আপত্তি থাকতে পারে? আমার মতে, কোনও আপত্তি থাকতে পারে না। এর থেকে ভিন্ন অন্য কোন সমাজ আমি কল্পনাও করতে পারি না। একটি আদর্শ সমাজ গতিশীল হওয়া উচিত। এটি এমনভাবে পূর্ণ হওয়া উচিত যাতে এক অংশে ঘটে যাওয়া পরিবর্তনগুলি অন্য অংশে প্রেরণ করা যায়।একটি আদর্শ সমাজে, সকলের কল্যাণের জন্য বিভিন্ন রকম পারস্পরিক আদান-প্রদান থাকা উচিত, যা সচেতনভাবে নিজেদের মধ্যে বিনিময় করা হয় এবং যাতে সকলেই অংশগ্রহণ করে। এমন বিভিন্ন ধরণের আগ্রহ থাকা উচিত যা স্বেচ্ছায় অন্যদের সাথে ভাগ করে নেওয়া এবং আলোচনা করা যেতে পারে। সমাজের অন্যান্য সংগঠনের রীতিনীতি, ধারণা এবং ব্যক্তিদের সাথে অবিচ্ছিন্ন যোগাযোগ এবং সংলাপ থাকা উচিত। বাধাহীন মেলামেশা থাকা উচিত। অন্য কথায়, সামাজিক প্রসারণ অবশ্যই থাকতে হবে। এটাই হল ভ্রাতৃত্ব, যা গণতন্ত্রের একমাত্র অপর নাম হতে পারে। গণতন্ত্র কেবল সরকারের একটি রূপ নয়; এটি মূলত সম্মিলিতভাবে সংগঠিত হওয়ার এবং জীবনযাপন করার এবং

সম্মিলিত মেলামেশা অনুভব করার একটি উপায়। গণতন্ত্রের মূল কথা হল তার জনগণকে সম্মান ও শ্রদ্ধা করার একটি উপায়।

কেউ কি স্বাধীনতার বিরোধিতা করতে পারে? কিছু মানুষ সমাজে স্বাধীনভাবে চলাফেরা করার অধিকারের বিরোধিতা করে, যার অর্থ জীবন ও অঙ্গ-প্রত্যঙ্গের অধিকারের বিরোধিতা করা। স্বাধীনতা মানে পরিবারকে ভরণপোষণ, শরীর সুস্থ রাখার এবং জীবিকা নির্বাহের জন্য প্রয়োজনীয় জিনিসপত্র রাখার জন্য সম্পত্তির অধিকার। এখানে স্বাধীনতার কোনও বিরোধিতা নেই। তাহলে কেন একজন ব্যক্তিকে তার সম্ভাবনাকে কার্যকরভাবে এবং সঠিকভাবে ব্যবহার করার স্বাধীনতা দেওয়া উচিত নয়? যারা জাতপাতকে সমর্থন করে এবং জীবন, দেহ এবং সম্পত্তির অধিকারকে স্বাধীনতা বলে মনে করে, তারা কখনই এই ধরণের স্বাধীনতা গ্রহণ করবে না কারণ এটি একজন ব্যক্তিকে তার জীবিকা নির্বাহের জন্য তার পছন্দের যেকোনও পেশা বেছে নেওয়ার স্বাধীনতা দেয়। কিন্তু এই ধরণের স্বাধীনতার বিরোধিতা করা এবং এর বিরোধিতা করা চিরকালের জন্য দাসত্ব বজায় রাখার শামিল। দাসত্ব মানে কাউকে আইনত অধীনস্থ করা নয়। এর অর্থ সমাজের সেই অবস্থা যেখানে কিছু লোক অন্যদের দেওয়া আদেশ মানতে বাধ্য হয় যা তাদের আচরণ এবং জীবনযাত্রাকে সীমাবদ্ধ করে। এই পরিস্থিতি এমন ভাবেও বিরাজমান যেখানে আইনের দাসত্ব নেই, যেমন বর্ণ প্রথা, অথবা যেখানে কিছু লোককে পূর্বনির্ধারিত অবমাননাকর কাজ করতে বাধ্য করা হয় যা তারা স্বেচ্ছায় করেনি।

সমাজে সমতার ব্যাপারে কি কেউ আপত্তি জানাতে পারে? প্রকৃতপক্ষে, এটি ছিল ফরাসি বিপ্লবের সবচেয়ে বিতর্কিত এবং তীব্র বিরোধী স্লোগান। সমতার বিরুদ্ধে দাবি যুক্তিসঙ্গত হতে পারে এবং মানুষকে মেনে নিতে হতে পারে যে সব মানুষ সমান নয়, কিন্তু এর অর্থ কী? সমতার ধারণাটি হয়তো একটি কল্পকাহিনী, কিন্তু এটিকে একটি নিয়ন্ত্রক নীতি হিসাবে গ্রহণ করতে হবে। যেকোনও ব্যক্তির ক্ষমতা তিনটি জিনিসের উপর নির্ভর করে। প্রথমত, শারীরিক বংশগতি, দ্বিতীয়ত সামাজিক উত্তরাধিকার বা সমাজ প্রদত্ত উত্তরাধিকার অর্থাৎ পিতামাতার লালন-পালন, শিক্ষা, বৈজ্ঞানিক জ্ঞান অর্জন এবং এমন সবকিছু যা একজন ব্যক্তিকে একজন অজ্ঞ ব্যক্তির চেয়ে বেশি যোগ্য করে তোলে, এবং অবশেষে, তার নিজস্ব প্রচেষ্টা। এই তিনটি বিষয়ে মানুষ সমান নয় এবং এতে কোন সন্দেহ নেই, কিন্তু কেন আমরা তাদের সাথে অসম আচরণ করব কারণ তারা আমাদের সমান নয়, শুধুমাত্র এই জন্য।

এটি এমন একটি প্রশ্ন যার উত্তর সমতার বিরোধীদের দিতে হবে। একজন ব্যক্তি হিসাবে, যদি কারো প্রচেষ্টা সমান না হয়, তাহলে তার সাথে অসম আচরণ

করা যেতে পারে। প্রতিটি ব্যক্তিকে তার শক্তি এবং সম্ভাবনার পূর্ণ বিকাশের জন্য পূর্ণ সহায়তা এবং সুযোগ দিতে হবে। কিন্তু যদি প্রথম দুটি কারণে একজন ব্যক্তিকে অসম বলে বিবেচনা করা হয় এবং তার সাথে অসম আচরণ করা হয়, সাধারণত যেমনটি করা হয়ে থাকে, তাহলে ফলাফল কী হবে? এটা বেশ স্পষ্ট যে, এই পরিস্থিতিতে, প্রতিযোগিতার দৌড়ে কেবল সেইসব ব্যক্তিকেই নির্বাচিত করা হবে বা জয়ী বলে ঘোষণা করা হবে যাদের জন্ম, শিক্ষা, পারিবারিক প্রতিপত্তি, ব্যবসায়িক সম্পর্ক এবং পূর্বপুরুষদের কাছ থেকে উত্তরাধিকারসূত্রে প্রাপ্ত সম্পত্তির শক্তিতে তারা বলীয়ান। কিন্তু এমন পরিস্থিতিতে,যোগ্য ব্যক্তিকে নির্বাচন করা হবে না, কেবল সুবিধাপ্রাপ্ত ব্যক্তিকেই নির্বাচন করা হবে।

অতএব, যে শক্তিগুলি তৃতীয় শ্রেণীর মানুষের জন্য বৈষম্যের কথা বলে, তারাই দাবি করে যে প্রথম দুটি শ্রেণীর মানুষের সাথে যতদূর সম্ভব সমান আচরণ করা উচিত। অন্যদিকে, বিপরীতভাবে বলা যেতে পারে যে, একটি সামাজিক সংগঠন খুব সহজেই তার সংখ্যাগরিষ্ঠ সদস্যদের সহযোগিতা লাভ করতে পারে, এবং এটি কেবল তখনই সম্ভব যখন তাদের সাথে শুরু থেকেই যথাসম্ভব সমান আচরণ করা হয়, জাতিভেদ করা হয়না। অর্থাৎ, সমাজের একজন সদস্যের কাছ থেকে সর্বোত্তম সুবিধা তখনই নেওয়া সম্ভব যখন তাকে সমানাধিকার দেওয়া হবে। এটাই একটা কারণ যে আমরা সমতাকে প্রত্যাখ্যান করতে পারি না। কিন্তু আমাদের সমতাকে আলিঙ্গন করার আরেকটি কারণ আছে।

ক্ষমতায় থাকা ব্যক্তি বা রাজনীতিবিদকে প্রতিদিন অনেক মানুষের সাথে দেখা করতে হয়। প্রতিটি ব্যক্তিকে আলাদাভাবে চিহ্নিত করার এবং সেই অনুযায়ী আচরণ করার জন্য তার সময় বা জ্ঞান নেই, অর্থাৎ, প্রতিটি ব্যক্তির সাথে তার প্রয়োজন, উদ্দেশ্য, ক্ষমতা বা সামর্থ্য অনুসারে আচরণ করা উচিত। কারো সাথে যতই ন্যায়সঙ্গত, যথোচিত এবং ভালো আচরণ করা হোক না কেন, এত বিশাল জনগোষ্ঠী অর্থাৎ মানবতাকে বিভিন্ন শ্রেণীতে শ্রেণীবদ্ধ করা সম্ভব নয়, তাই শাসকের উচিত একটি সহজ নিয়ম গ্রহণ করা এবং তা হল সকলের সাথে সমান আচরণ করা। শুধু এই কারণে নয় যে তারা সবাই একই, বরং শ্রেণীর ভিত্তিতে তাদের শ্রেণীবদ্ধ বা ভাগ করা সম্ভব নয়। সমতার নীতি স্পষ্টতই একটি ভ্রান্ত ধারণা, কিন্তু তবুও এটিই একমাত্র উপায় যার মাধ্যমে একজন ক্ষমতাসীন রাজনীতিবিদ রাজনীতিতে এগিয়ে যেতে পারেন কারণ রাজনীতি একটি সম্পূর্ণ ব্যবহারিক ব্যবসা যার পরীক্ষার মানদণ্ডও সম্পূর্ণ ব্যবহারিক।

১৫

আর্য সমাজের চতুর্বর্ণ ব্যবস্থা

কিন্তু সমাজ সংস্কারকদের একটি সংগঠনও আছে যাদের আদর্শ কিছুটা ভিন্ন, এই ব্যক্তিদের আর্য সমাজের অধিকারী বলা যেতে পারে। তাদের মতে, সমাজের আদর্শ কাঠামো হল চতুর্বর্ণ। এখনও পর্যন্ত ভারতকে চার হাজার বর্ণের পরিবর্তে, তারা তাদের মাত্র চারটি শ্রেণীতে ভাগ করেছেন। তাদের তত্ত্বকে আরও আকর্ষণীয় করে তুলতে এবং যারা তাদের বিরোধী ছিল তাদের নিরপেক্ষ করার জন্য, চতুর্বর্ণের প্রচারকরা খুব চালাকির সাথে এই শব্দটি ব্যবহার করে বলেন যে, চতুর্বর্ণ ব্যবস্থা জন্মের উপর ভিত্তি করে নয়, বরং মূল্যের উপর ভিত্তি করে গড়ে ওঠে।

আমি আপনাকে আগেই বলে রাখতে চাই যে চতুর্বর্ণ ব্যবস্থা যোগ্যতার উপর ভিত্তি করে হলেও, এই আদর্শ আমার চিন্তাভাবনার সাথে মেলে না। প্রথমত, যদি চতুর্বর্ণ ব্যবস্থায় প্রতিটি ব্যক্তি তার যোগ্যতার ভিত্তিতে হিন্দু সমাজে স্থান পেয়ে থাকে, তাহলে আমি বুঝতে পারছি না কেন আর্য সমাজের ব্যক্তিরা তাদের ব্রাহ্মণ, ক্ষত্রিয়, বৈশ্য এবং শূদ্র হিসাবে চিহ্নিত করার উপর জোর দেয়? ব্রাহ্মণ হিসাবে চিহ্নিত না হলেও যেকোনও শিক্ষিত ব্যক্তিকে সম্মান করা হবে। কেউ যদি সৈনিক হয়, তাহলে সে ক্ষত্রিয় না হলেও তাকে সম্মান করা হবে। প্রশ্ন হল, যদি ইউরোপীয় সমাজ তার সৈন্য, ভৃত্য এবং শ্রমিকদের স্থায়ী নাম না দিয়েই সম্মান করতে পারে, তাহলে হিন্দু সমাজেরও একই নাম রাখতে সমস্যা কী? কিন্তু আর্য সমাজের মানুষরা এই বিষয়টি বিবেচনা করার প্রয়োজন বোধ করেন না। এই তকমা গুলির ধারাবাহিকতার বিরুদ্ধে আরেকটি আপত্তি রয়েছে। সমাজের সকল উন্নতি ঘটে মানুষ এবং জিনিসের প্রতি সমাজের ধারণা, অনুভূতি এবং মানসিকতার পরিবর্তনের কারণে। এটা সাধারণ যে কিছু নাম নির্দিষ্ট বিশ্বাস এবং আবেগের সাথে

যুক্ত হয়ে যায় যা মানুষ এবং জিনিসের প্রতি একজন ব্যক্তির শ্রদ্ধা, মনোভাব বা আচরণ নির্ধারণ করে। ব্রাহ্মণ, ক্ষত্রিয়, বৈশ্য এবং শূদ্র এমন নাম যা প্রতিটি হিন্দুর হৃদয় ও মনে একটি বিশেষ এবং স্থায়ী ধারণা হিসাবে সংযুক্ত থাকে এবং সেই ধারণা জন্মের উপর ভিত্তি করে শ্রেণিবিন্যাসকে প্রতিফলিত করে। যতক্ষণ পর্যন্ত এই নামগুলি থাকবে, ততক্ষণ পর্যন্ত হিন্দুরা জন্ম ও কর্মের ভিত্তিতে ব্রাহ্মণ, ক্ষত্রিয়, বৈশ্য এবং শূদ্র নামগুলিকে উচ্চ-নীচ বিবেচনা করতে থাকবে এবং জীবনে সেই অনুযায়ী কাজ করতে থাকবে। এই অনুভূতি সর্বদা তাদের মনে থাকবে যে ব্রাহ্মণ হলেন সর্বোচ্চ, ক্ষত্রিয় তার নীচে, বৈশ্য ক্ষত্রিয়ের চেয়ে নীচু এবং শূদ্র বৈশ্যের চেয়ে নীচু, অর্থাৎ তারা সর্বনিম্ন স্তরে বিরাজ করে। হিন্দুদের মন থেকে এই সব মুছে যাওয়া খুবই গুরুত্বপূর্ণ, কিন্তু যদি এই পুরনো তকমাগুলি থেকে যায় এবং হিন্দুদের মনে পুরনো ধারণা ও বিশ্বাস স্মরণ করিয়ে দেওয়া চলতে থাকে, তাহলে কীভাবে তা সম্ভব হবে? যদি মানুষের মনে নতুন ধারণা প্রবর্তন করতে হয়, তাহলে তাদের নতুন নাম দেওয়াও গুরুত্বপূর্ণ। পুরাতন নামগুলি চালিয়ে যাওয়ার আর এক নাম সংস্কার গুলিকে ব্যর্থ করে দেওয়া। গুণাবলীর ভিত্তিতে চতুর্বর্ণ ব্যবস্থার ব্যাখ্যা করা, অথচ এর সাথে ব্রাহ্মণ, ক্ষত্রিয়, বৈশ্য এবং শূদ্রের মতো দুর্গন্ধযুক্ত নাম যুক্ত করে রাখা স্পষ্টভাবে জন্মের ভিত্তিতে সামাজিক বিভাজন প্রতিষ্ঠা করে এবং এই ধরনের ব্যবস্থা ভণ্ডামির ফাঁদ।

১৬

চতুর্বর্ণ প্রথা একটি জঘন্য এবং অবাস্তব ব্যবস্থা

এই চতুর্বর্ণ প্রথার অর্থ তার সাথে একটা পুরনো তকমা আছে, একেবারেই এক বিকর্ষণকারী ব্যবস্থা, এটা খুবই ঘৃণ্য বলে মনে হয় এবং আমার অস্তিত্বের প্রতিটি কোষ এর বিরুদ্ধে বিদ্রোহ করে। কিন্তু চতুর্বর্ণ ব্যবস্থার প্রতি আমার বিরোধিতা কেবল আবেগের উপর ভিত্তি করে না। এর চেয়েও আমার কাছে আরও দৃঢ় ভিত্তি আছে, যার উপর আমার পূর্ণ বিশ্বাস বিদ্যমান। এই আদর্শটি সাবধানতার সাথে পরীক্ষা করার পর, আমি সম্পূর্ণরূপে নিশ্চিত যে সামাজিক ব্যবস্থার দৃষ্টিকোণ থেকে, চতুর্বর্ণ ব্যবস্থা অবাস্তব। এটি ক্ষতিকারক এবং তা মারাত্মকভাবে ব্যর্থ হয়েছে। এমনকি ব্যবহারিক দৃষ্টিকোণ থেকেও, চতুর্বর্ণ ব্যবস্থা সমাজে অনেক অসুবিধা তৈরি করেছে যা এর নায়করা কখনও বিবেচনা করেননি।

চতুর্বর্ণের নিয়মগুলি বর্ণের নিয়ম থেকে মৌলিকভাবে আলাদা। এই নিয়মগুলি কেবল মৌলিকভাবে ভিন্ন নয়, বরং মৌলিকভাবে একে অপরের বিরোধিতাও করে। বর্ণ ব্যবস্থা অনুভূত মূল্যের উপর ভিত্তি করে, অথচ বর্ণ ব্যবস্থা অনুভূত যোগ্যতার উপর ভিত্তি করে গড়ে ওঠা উচিত। মানুষ তাদের যোগ্যতার কোনও সনদ না দিয়েই কেবল জন্মের ভিত্তিতে উচ্চ পদ লাভ করেছে। আপনি কিভাবে তাদের এই উঁচু জায়গা ছেড়ে যেতে বাধ্য করবেন? একজন ব্যক্তিকে জন্মের ভিত্তিতে যে নিম্ন পদ দেওয়া হয়, তার যোগ্যতা অনুযায়ী তাকে যে পদ দেওয়া উচিত, তা গ্রহণ করতে আপনি কীভাবে মানুষকে বাধ্য করতে পারেন? তার গুণাবলীর উপর ভিত্তি করে তাকে মর্যাদা এবং সম্মান দিতে আপনি কীভাবে মানুষকে বাধ্য করবেন? এটি করার জন্য, প্রথমে আপনাকে বর্ণ প্রথার বিলোপ করতে হবে, তবেই বর্ণ

প্রথা বাস্তবায়ন করা যাবে। জন্মের ভিত্তিতে চার হাজার বর্ণকে আপনি কীভাবে দক্ষতা এবং গুণাবলীর ভিত্তিতে চারটি বর্ণে সীমাবদ্ধ করতে পারবেন? যারা চতুর্বর্ণ ব্যবস্থাকে সমর্থন করেন তাদের প্রথমে এই অসুবিধার মুখোমুখি হতে হবে। চতুর্বর্ণ ব্যবস্থা সফল করতে হলে এই প্রথম অসুবিধাটি অতিক্রম করতে হবে।

চতুর্বর্ণ ব্যবস্থায় বিশ্বাস করা হয় যে সমাজকে চারটি স্পষ্ট শ্রেণীতে ভাগ করা যেতে পারে, কিন্তু এটা কি সম্ভব? নীতির দিক থেকে, চতুর্বর্ণের সাথে গ্রীক দার্শনিক প্লেটোর শ্রেণীতত্ত্ব ভিত্তিক সমাজ ব্যবস্থার অনেক মিল রয়েছে। প্লেটোর মতে, প্রকৃতিগতভাবেই মানুষ তিনটি শ্রেণীতে বিভক্ত। তার মানে স্বাভাবিকভাবেই তিন ধরণের মানুষ আছে। তিনি বিশ্বাস করতেন যে কিছু মানুষের কাছে কেবল ক্ষুধা এবং আকাঙ্ক্ষাই গুরুত্বপূর্ণ। প্লেটো এই ধরনের লোকদের শ্রমিক শ্রেণী এবং ব্যবসায়ী শ্রেণীর মধ্যে রেখেছিলেন। দ্বিতীয় ধরণের মানুষের মধ্যে পেট ভরানোর স্বভাবের পাশাপাশি সাহসী স্বভাবও দেখা যেত। প্লেটো এই ধরনের ব্যক্তিদের জাতির রক্ষক এবং দেশের অভ্যন্তরীণ শান্তির রক্ষক হিসেবে শ্রেণীবদ্ধ করেছিলেন। আরও কিছু ধরণের মানুষ ছিলেন যারা জিনিসের মৌলিক প্রকৃতি অর্থাৎ সত্য বোঝার ক্ষমতা দেখিয়েছিলেন। তিনি এই ধরণের লোকদের জনসাধারণের জন্য আইন প্রণয়নকারীদের শ্রেণীতে স্থান দিয়েছিলেন। আর্য সমাজে চতুর্বর্ণ ব্যবস্থার সমালোচনা করা হয় একই ভিত্তিতে, যে ভিত্তিতে প্লেটোর বই "রিপাবলিক" এই ধরণের সামাজিক শ্রেণীবিভাগ তৈরি করেছিল, তার সমালোচনা করা হয় কারণ এটিও বিশ্বাস করে যে মানব সমাজকে চারটি স্পষ্ট শ্রেণীতে ভাগ করা যেতে পারে।

প্লেটোর বিরুদ্ধে প্রধান সমালোচনা ছিল যে মানুষ এবং তার ক্ষমতা সম্পর্কে তার দৃষ্টিভঙ্গি ছিল অতিমাত্রায় ভাসাভাসা এবং তিনি সমস্ত মানুষকে জড় বস্তুর মতো তিনটি সম্পূর্ণ স্বতন্ত্র শ্রেণীতে বিভক্ত করার চেষ্টা করেছিলেন। প্লেটো কল্পনাও করতে পারেননি যে প্রতিটি মানুষের বৈশিষ্ট্য ভিন্ন, তা মানুষের উপর নির্ভর করে, তারা সকলেই একে অপরের থেকে ক্ষমতার দিক থেকে আলাদা এবং বেশিরভাগ ব্যক্তিই নিজেরাই একটি শ্রেণী। প্লেটো জানতেন না যে প্রতিটি ব্যক্তির নিজস্ব বিশেষত্ব আছে, প্রতিটি ব্যক্তির তুলনা অন্যদের সাথে করা হয় এবং প্রতিটি ব্যক্তির নিজস্ব শ্রেণী রয়েছে। প্লেটো এটাও মেনে নেননি যে মানুষের মধ্যে অসংখ্য বৈচিত্র্যের ভাণ্ডার থাকার পাশাপাশি বিভিন্ন রকম প্রবণতাও আছে। তিনি বিশ্বাস করতেন যে, ব্যক্তিদের মানসিক শক্তি স্থির ক্ষমতার অধিকারী, কিন্তু তাও সঠিক ছিল না। আধুনিক বিজ্ঞানও প্রমাণ করেছে যে মানুষকে নির্দিষ্ট শ্রেণীতে

ভাগ করা সম্পূর্ণ কৃত্রিম এবং এমন একটি ধারণা যা নিয়ে ভাবার যোগ্য নয় কারণ মানুষের প্রকৃতি এবং গুণাবলীর পার্থক্যের কারণে, তাদের গুণাবলী ব্যবহারের দৃষ্টিকোণ থেকে তাদের শ্রেণীতে ভাগ করা খুবই অকেজো। এই কারণেই প্লেটোর প্রজাতন্ত্রের ধারণা ব্যর্থ হয়েছিল। একই কারণে চতুর্বর্ণও ব্যর্থ হবে, কারণ কেবলমাত্র তথাকথিত শ্রেণীর কারণে মানুষকে বিভিন্ন শ্রেণীতে আবদ্ধ রাখা সম্ভব নয়। এটা সত্য যে প্রাথমিক চারটি শ্রেণী এখন চার হাজার বর্ণে পরিণত হয়েছে এবং এটি প্রমাণ করে যে মানুষকে সঠিকভাবে চারটি নির্দিষ্ট শ্রেণীতে শ্রেণীবদ্ধ করা সম্ভব নয়।

চতুর্বর্ণ ব্যবস্থা প্রতিষ্ঠার পথে তৃতীয় একটি সমস্যা রয়েছে। ধরুন চতুর্বর্ণ ব্যবস্থা প্রতিষ্ঠিত হয়েছে, কিন্তু তা বজায় রাখা কীভাবে সম্ভব হবে? এটি সফলভাবে পরিচালনার জন্য, এমন একটি দণ্ড ব্যবস্থা বাস্তবায়ন করা অত্যন্ত গুরুত্বপূর্ণ যা নিয়ম অনুসারে চতুর্বর্ণ ব্যবস্থা বজায় রাখতে পারে। চতুর্বর্ণ ব্যবস্থার কারণে সর্বদাই মানুষের নিজ নিজ শ্রেণীর সীমানা লঙ্ঘনের সমস্যার সাথে লড়াই করতে হবে। যদি শ্রেণীর সীমা অতিক্রম করার জন্য শাস্তির বিধান না থাকে, তাহলে মানুষ তাদের নিজ নিজ শ্রেণীর সীমানার মধ্যে আবদ্ধ থাকবে না। যেহেতু এই ব্যবস্থা মানব প্রকৃতির বিরুদ্ধে, তাই সমগ্র ব্যবস্থাটি ভেঙে পড়বে এবং তার মৌলিক সদ্ব্যবহার সত্ত্বেও চতুর্বর্ণ ব্যবস্থা টিকে থাকতে পারবে না। এটি কেবল আইনের মাধ্যমেই বাস্তবায়িত হতে পারে। আইনের সাহায্য ছাড়া, চতুর্বর্ণ ব্যবস্থার আদর্শকে ব্যবহারিক ভিত্তিতে বাস্তবে রূপান্তরিত করা সম্ভব নয় এবং রামায়ণে রামের দ্বারা শম্বুকের হত্যা এটিই প্রমাণ করে। এর অর্থ হল, যারা তাদের শ্রেণীর সীমা লঙ্ঘন করে তাদের শাস্তি দেওয়া প্রয়োজন। কেউ কেউ এর জন্য রামকে দোষারোপ করেন কারণ তিনি শম্বুককে বিনা কারণে এবং অযৌক্তিকভাবে হত্যা করেছিলেন। কিন্তু শম্বুক হত্যার জন্য রামকে দোষারোপ করার অর্থ পুরো বিষয়টিকে ভুল বোঝা এবং তা বিভ্রান্তির কারণ হয়ে ওঠে। রামরাজ্য চতুর্বর্ণ ব্যবস্থার উপর ভিত্তি করে প্রতিষ্ঠিত ছিল এবং রাজা হওয়ার কারণে রাম এই ব্যবস্থা বজায় রাখতে বাধ্য হয়েছিলেন।

অতএব, শম্বুককে হত্যা করা রামের কর্তব্য ছিল কারণ শম্বুক, বর্ণগতভাবে একজন শূদ্র, তার বর্ণের সীমানা ভেঙে ব্রাহ্মণ হতে চেয়েছিল। এই কারণেই রাম শম্বুককে হত্যা করেছিলেন। কিন্তু এটি প্রমাণ করে যে চতুর্বর্ণ ব্যবস্থা বজায় রাখার জন্য আইনের ক্ষমতা থাকা (শাস্তি ব্যবস্থা) প্রয়োজন। এর জন্য কেবল দণ্ড ব্যবস্থাই নয়, মৃত্যুদণ্ডের বিধানও প্রয়োজন। এই কারণে, রাম শম্বুককে মৃত্যুদণ্ডের চেয়ে

কম শাস্তি দিয়েছিলেন। এই কারণেই ‘মনুস্মৃতি’ বেদ পাঠকারী শূদ্রের জিহ্বা কেটে ফেলা এবং বেদ শ্রবণকারী শূদ্রের কানে তরল কাঁচ ভরে দেওয়ার মতো কঠোর শাস্তি দেওয়ার নির্দেশ দেয়। চতুর্বর্ণ ব্যবস্থার সমর্থকদের জনগণকে বোঝাতে হবে যে তারা সমাজের মানুষকে সফলভাবে শ্রেণীবদ্ধ করতে পারে এবং বিংশ শতাব্দীর এই আধুনিক সমাজে মনুস্মৃতির শাস্তি ব্যবস্থা বাস্তবায়নে তারা সফল হতে পারে।

যারা চতুর্বর্ণ ব্যবস্থার সমর্থক ছিলেন তারা এই ব্যবস্থার অধীনে নারীদের অবস্থা কী হবে তাও ভাবেননি। নারীরাও কি ব্রাহ্মণ, ক্ষত্রিয়, বৈশ্য ও শূদ্র শ্রেণীতে বিভক্ত হবে? নাকি তারাও তাদের স্বামীর সামাজিক মর্যাদার সমান বলে বিবেচিত হবে? আর যদি বিয়ের পর একজন নারীর সামাজিক মর্যাদা পরিবর্তিত হয়, তাহলে চতুর্বর্ণ ব্যবস্থার নিয়ম-কানুনগুলির কী হবে, যা একজন ব্যক্তির মূল্যের ভিত্তিতে সমাজে তার স্থান নির্ধারণ করে? অর্থাৎ, একজন ব্যক্তির মর্যাদা কি তার গুণাবলীর উপর ভিত্তি করে হওয়া উচিত? যদি তাদের সম্পত্তির ভিত্তিতে শ্রেণীবদ্ধ করা হয়, তাহলে তা কি আসল হবে নাকি নামমাত্র? যদি এটি নামমাত্রই থেকে যায়, তাহলে এটি অকেজো এবং তারপর যারা চতুর্বর্ণ ব্যবস্থাকে সমর্থন করেন তাদের মেনে নিতে হবে যে তাদের ব্যবস্থা মহিলাদের জন্য প্রযোজ্য নয়। যদি সেই শ্রেণীবিভাগ বাস্তব হয়, তাহলে চতুর্বর্ণের সমর্থকরা কি এই ব্যবস্থা নারীদের উপর প্রয়োগের যৌক্তিক পরিণতি মেনে নিতে এবং বুঝতে প্রস্তুত থাকবেন? তাদের অবশ্যই নারীদের পুরোহিত, পন্ডিত এবং সৈনিক হিসাবে গ্রহণ করতে ইচ্ছুক থাকতে হবে। হিন্দু সমাজ নারীদের শিক্ষক এবং আইনজীবী হিসাবে গ্রহণ করেছে এবং এখন সমাজও এতে অভ্যস্ত হয়ে উঠেছে। হয়তো আগামী দিনে সমাজ নারীদের মদ প্রস্তুতকারক এবং কসাই হিসেবেও গ্রহণ করবে। কিন্তু যে ব্যক্তি একজন মহিলাকে পুরোহিত এবং সৈনিক হিসাবে গ্রহণ করে তাকে অবশ্যই খুব সাহসী হতে হবে। কিন্তু এটাই হবে নারীদের উপর চতুর্বর্ণ ব্যবস্থা প্রয়োগের যৌক্তিক ফলাফল। এতসব অসুবিধা সত্ত্বেও, একজন জন্মগত বোকা ছাড়া অন্য কোনও বিবেকবান ব্যক্তি কখনও বিশ্বাস করতে এবং আশা করতে পারে না যে চতুর্বর্ণ ব্যবস্থা আবার পুনরুজ্জীবিত হতে পারে।

❍

১৭

এমন একটি ব্যবস্থা যা সমাজকে পঙ্গু এবং প্রায় ধ্বংস করে দিতে পারে

যদিও এটা মেনে নেওয়া হয় যে চতুর্বর্ণ ব্যবস্থা বাস্তবসম্মত, অর্থাৎ এটি ব্যবহার করা যেতে পারে, তবুও আমি দৃঢ়ভাবে বলব যে এটি সবচেয়ে জঘন্য ব্যবস্থা। ব্রাহ্মণদের জ্ঞানী হওয়া উচিত, ক্ষত্রিয়দের অস্ত্র বহন করা উচিত, বৈশ্য অর্থাৎ বণিকের ব্যবসা করা উচিত এবং শূদ্রদের সকলের সেবা করা উচিত। মনে হচ্ছে এটি শ্রম বিভাজনের একটি ব্যবস্থা। একটি মজার প্রশ্ন হল, এই ধরনের বিধান কি শূদ্রদের অন্য কোনও কাজ থেকে বিরত রাখতে বাধ্য করার উদ্দেশ্যে করা হয়েছিল, নাকি এটি কেবল এই ধারণা দেওয়ার চেষ্টা যে শূদ্রদের এটি ছাড়া অন্য কোনও কাজ করার অনুমতি নেই? চতুর্বর্ণের সমর্থকরা প্রথম বিষয়টিতে এটি অন্তর্ভুক্ত করেছেন, তারা বলেছেন যে যখন উপরোক্ত তিন বর্ণের লোকেরা শূদ্রদের সমর্থন করার জন্য উপস্থিত থাকে, তখন তাদের সম্পদ উপার্জন এবং সঞ্চয় করার কী প্রয়োজন? একইভাবে, যদি পড়া-লেখার কাজ ব্রাহ্মণরা করতে পারে, তাহলে শূদ্রদের শিক্ষা লাভের কী প্রয়োজন? এ ছাড়া, যখন ক্ষত্রিয়রা তাকে রক্ষা করার জন্য থাকে, তখন একজন শূদ্রের অস্ত্র রাখার কী প্রয়োজন? চতুর্বর্ণের অর্থের এই ব্যাখ্যা বা তত্ত্বের ভিত্তিতে বলা যেতে পারে যে শূদ্র হল একটি সুরক্ষিত শ্রেণী যাকে তিনটি বর্ণই করছে।

এই অর্থে চতুর্বর্ণ ব্যবস্থা একটি সরল, উন্নত এবং লোভনীয় ব্যবস্থা, যা আভিজাত্য এবং সুরক্ষার চেতনায় পূর্ণ। এমনকি যদি আমরা ধরে নিই যে চতুর্বর্ণ ব্যবস্থার তত্ত্বের পিছনে এটিই সঠিক ধারণা, তবুও এই ব্যবস্থাটি বিদ্বেষ এবং মূর্খমি থেকে মুক্ত নয়। ব্রাহ্মণ, ক্ষত্রিয় এবং বৈশ্যরা যদি তাদের ধর্মীয় কর্তব্য বা তাদের

উপর নির্ধারিত আদেশ পালন করা বন্ধ করে দেয় তবে কী হবে? বিপরীতে, যদি তারা তাদের কর্তব্য সঠিকভাবে পালন করে কিন্তু ইচ্ছাকৃতভাবে অন্যান্য শ্রেণীর প্রতি বা শূদ্রদের প্রতি কর্তব্য পালনে অনীহা দেখায়, তাহলে কী হবে? যদি এই তিনটি বর্ণ যুক্তিসঙ্গত শর্তে শূদ্রদের সাহায্য ও সুরক্ষা না দেয় অথবা তিনজন মিলে শূদ্রদের অর্থনৈতিকভাবে শোষণ করে, তাহলে কী হবে? যদি তারা তিনজনই একসাথে শূদ্রদের লালন-পালনের পরিবর্তে তাদের দমন করতে শুরু করে, তাহলে কী হবে? যদি ব্রাহ্মণরা ক্ষত্রিয়, বৈশ্য বা শূদ্রদের সরলতা এবং অজ্ঞতার সুযোগ নেওয়ার চেষ্টা করে, তাহলে তাদের স্বার্থ কে রক্ষা করবে? যদি ক্ষত্রিয়রা নিজেরাই সমাজে লুটপাট শুরু করে, তাহলে ব্রাহ্মণ, বৈশ্য এবং শূদ্রদের কে রক্ষা করবে? সমাজের এক অংশের অন্য অংশের উপর নির্ভর করা অপরিহার্য। কখনও কখনও, এক শ্রেণীকে অন্য শ্রেণীর উপর নির্ভর করার অনুমতি দেওয়া যেতে পারে, কিন্তু কেন আমরা আমাদের অপরিহার্য এবং গুরুত্বপূর্ণ চাহিদার জন্য অন্যদের উপর নির্ভরশীল হব? এর জন্য সমাজের প্রতিটি মানুষকে শিক্ষিত করা উচিত, প্রতিটি ব্যক্তির নিজস্ব সুরক্ষার উপায় থাকা উচিত এবং নিজেকে রক্ষা করার জন্য ক্ষমতার বিকাশ করা উচিত। প্রতিটি ব্যক্তির অস্তিত্ব রক্ষার জন্য এটি অত্যন্ত গুরুত্বপূর্ণ। একজন নিরক্ষর এবং নিরস্ত্র ব্যক্তি তার প্রতিবেশী শিক্ষিত, বিদ্বান বা সশস্ত্র সৈন্য হওয়ার কারণে কী সুরক্ষা বা সাহায্য পেতে পারে? সুতরাং এই সম্পূর্ণ তত্ত্বটিই অযৌক্তিক এবং অর্থহীন। এমন কিছু প্রশ্ন যা নিয়ে চতুর্বর্ণের সমর্থকরা কখনও ভাবেন না বা চিন্তিত হন না, তবে এই প্রশ্নগুলি নিয়ে ভাবা খুবই গুরুত্বপূর্ণ।

যদি এটা মেনে নেওয়া হয় যে এই ব্যবস্থায় বিভিন্ন শ্রেণীর মধ্যে সংরক্ষক ও অভিভাবকের সম্পর্ক রয়েছে, অর্থাৎ একে অপরের প্রতি সাহায্য ও সুরক্ষার সম্পর্ক রয়েছে, তাহলে এটা মেনে নিতে হবে যে এই ব্যবস্থায় রক্ষক শ্রেণীর অপকর্ম ও মন্দ কাজ থেকে সুরক্ষিত শ্রেণীর স্বার্থ রক্ষার কোনও ব্যবস্থা করা হয়নি। চতুর্বর্ণের ধারণাটি যদি রক্ষক এবং সুরক্ষিতের অনুভূতির উপর ভিত্তি করে তৈরি হয়, তবুও সন্দেহের কোনও অবকাশ নেই যে বাস্তবে এটি ছিল প্রভু এবং ভৃত্যের সম্পর্ক। যদিও ব্রাহ্মণ, ক্ষত্রিয় এবং বৈশ্য বর্ণের লোকেরা তাদের পারস্পরিক সম্পর্ক নিয়ে খুশি ছিল না, তবুও তারা কোনওভাবে এই চুক্তির সাথে কাজ চালিয়ে গিয়েছিল। ব্রাহ্মণ তোষামোদ করে ক্ষত্রিয়দের বোকা বানায় এবং উভয়েই বৈশ্যকে বাঁচার সুযোগ দেয় যাতে তাদের সাহায্যে তারা নিজেরাই আরামে জীবনযাপন

করতে পারে এবং বৈশ্যকে তাদের উপর নির্ভরশীল করে তুলতে পারে। কিন্তু এই তিনজন মিলে সিদ্ধান্ত নিলেন যে, যেকোনও পরিস্থিতিতেই শূদ্রদের দমন করতে হবে।শূদ্রদের ধন-সম্পদ সঞ্চয় করতে, সম্পদ সঞ্চয় করতে বাধা দেওয়া হয়েছিল, যাতে তারা ত্রিবর্ণ থেকে মুক্ত না হয়। শিক্ষা লাভের মাধ্যমে তাকে জ্ঞানী হতে বাধা দেওয়া হয়েছিল যাতে সে তার অধিকার সম্পর্কে সচেতন হতে না পারে। এই তিন বর্ণের শোষণমূলক ব্যবস্থার বিরুদ্ধে বিদ্রোহ না করার জন্য শূদ্রদের অস্ত্র রাখা নিষিদ্ধ ছিল। মনুর তৈরি আইনগুলি প্রমাণ করে যে তিন বর্ণের লোকেরা শূদ্রদের সাথে কেমন আচরণ করত। সামাজিক অধিকারের ক্ষেত্রে মনুর আইনের চেয়ে কুখ্যাত আর কোনও আইন নেই। এর তুলনায় সামাজিক নিপীড়ন ও অত্যাচারের যেকোনও উদাহরণই ম্লান হয়ে যাবে। এই সামাজিক কুফলের শিকারদের অধিকাংশকেই কেন এটি সহ্য করতে হয়েছিল?

বিশ্বের অন্যান্য দেশেও সামাজিক বিপ্লব ঘটছে, কিন্তু এই প্রশ্নটি আমাকে ক্রমাগত পীড়া দেয় যে ভারতে কেন সামাজিক বিপ্লব ঘটেনি? আর এর একটাই উত্তর: জঘন্য চতুর্বর্ণ ব্যবস্থার কারণে, হিন্দু সমাজের সর্বনিম্ন স্তরের মানুষ নিপীড়নের বিরুদ্ধে রুখে দাঁড়াতে অক্ষম ছিল। তারা অস্ত্র বহন করতে পারত না, এবং অস্ত্র ছাড়া তারা বিদ্রোহ করার মতো অবস্থায় ছিল না। তারা সকলেই চাষাবাদ করত। বরং বলা যায়, তাদের তা করতে বাধ্য করা হয়েছিল। তাদের লাঙলের ফলাগুলিকে তলোয়ারে রূপান্তর করার অনুমতি কখনই দেওয়া হয়নি। তাদের কাছে কোনও বন্দুক বা বেয়নেট ছিল না, তাই ইচ্ছা করলেই, শূদ্রের মাথায় বসার অধিকার পেত।

চতুর্বর্ণ ব্যবস্থার কারণে, তারা কোনও শিক্ষা গ্রহণ করতে পারেনি, আর সেই কারণে তাই নিরক্ষর থেকে গিয়েছিল। তারা তাদের মুক্তি ও পরিত্রাণের পথ খুঁজে পেল না। এটা নিয়ে ভাবার ক্ষমতাও তাদের ছিল না। তাদেরকে নীচু থাকতে বাধ্য করা হয়েছিল। এই ধরণের ব্যবস্থা থেকে কীভাবে পরিত্রান পাওয়া যায় তা না জানা এবং এ থেকে পালানোর উপায় না থাকায়, তারা অবশেষে হাল ছেড়ে দিয়ে চিরন্তন দাসত্ব (অক্ষম ভাগ্য) গ্রহণ করে। এবং তারা এই চিরন্তন দাসত্বকে তাদের ভাগ্য হিসাবে মেনে নিয়েছিল, যেখান থেকে মুক্তি পাওয়া একেবারেই অসম্ভব ছিল।

এটা ঠিক যে ইউরোপেও শক্তিশালী লোকেরা দুর্বলদের শোষণ ও ধ্বংস করার ক্ষেত্রে কোনও কসরত রাখেনি, কিন্তু ইউরোপের শক্তিশালী লোকেরা ভারতের

হিন্দুদের মতো নির্লজ্জভাবে দুর্বলদের শোষণ করেনি। ইউরোপে শক্তিশালী এবং দুর্বলদের মধ্যে ভয়াবহ যুদ্ধ সংঘটিত হয়েছে কিন্তু ভারতে তা ঘটেনি। তা সত্ত্বেও, ইউরোপের সমাজের দুর্বল অংশগুলির সর্বদা সশস্ত্র বাহিনীতে কাজ করার, সামরিক অস্ত্র রাখার, বিপদের সময় রাজনৈতিক অস্ত্র রাখার এবং শিক্ষার আকারে শারীরিক, রাজনৈতিক ও নৈতিক অস্ত্র রাখার স্বাধীনতা ছিল। ইউরোপে, স্বাধীনতা অর্জনের তিনটি অস্ত্র কখনোই শক্তিশালী লোকেরা দুর্বলদের কাছ থেকে কেড়ে নেয়নি। কিন্তু ভারতে, নিম্ন শ্রেণীর দুর্বল মানুষের জন্য চতুর্বর্ণ ব্যবস্থা দ্বারা এই তিনটি অস্ত্র বন্ধ করে দেওয়া হয়েছিল। চতুর্বর্ণ ব্যবস্থার চেয়ে ঘৃণ্য এবং অপমানজনক আর কোনও সমাজ ব্যবস্থা হতে পারে না। এই ব্যবস্থা মানুষকে প্রায় মৃত, পক্ষাঘাতগ্রস্ত এবং পঙ্গু করে তোলে, যার ফলে ব্যক্তি কোনও কাজ বা চলাচলের জন্য অযোগ্য হয়ে পড়ে। কোনও রকম অতিরঞ্জিত করে বলা হচ্ছে না। ইতিহাসে এর যথেষ্ট প্রমাণ রয়েছে। ভারতীয় ইতিহাসে কেবল একটি যুগ ছিল যাকে স্বাধীনতা, মহত্ত্ব এবং গৌরবের যুগ বলা যেতে পারে এবং তা হল মৌর্য সাম্রাজ্যের যুগ। বাকি রাজত্বকালে, এই দেশকে অন্ধকার এবং পরাজয়ের যন্ত্রণা ভোগ করতে হয়েছে। মৌর্য যুগ ছিল সেই সময় যখন চতুর্বর্ণ ব্যবস্থা সম্পূর্ণরূপে বিলুপ্ত করা হয়েছিল। সেই সময়কালে, শূদ্ররা নিজেদের শক্তিতে এগিয়ে এসেছিল, দেশের শাসক হয়েছিল এবং গৌরবময়ভাবে শাসন করেছিল। ভারতীয় ইতিহাসে অন্ধকার ও পরাজয়ের যুগ ছিল সেই যুগ যখন ঘৃণ্য ও নিকৃষ্ট চতুর্বর্ণ ব্যবস্থার অভিশাপ দেশের বেশিরভাগ অংশে ছড়িয়ে পড়ে এবং দেশের জনসংখ্যার একটি বৃহৎ অংশকে দুর্দশা গ্রস্ত করে তোলে।

১৮

বর্ণের মধ্যে প্রতিদ্বন্দ্বিতা এবং শত্রুতা

চতুর্বর্ণ কোনও নতুন ব্যবস্থা নয়। এটি বেদের মতোই প্রাচীন। এটি এমন একটি কারণ যার ভিত্তিতে আর্য সমাজের মানুষরা আমাদের এই ব্যবস্থাটি বিবেচনা করতে বলেন। সমাজ ব্যবস্থা পরীক্ষা করার জন্য চতুর্বর্ণ আগেও ব্যবহার করা হয়েছিল কিন্তু সেই প্রচেষ্টা ব্যর্থ প্রমাণিত হয়েছে। ইতিহাসে বহুবার ব্রাহ্মণরা ক্ষত্রিয়দের ধ্বংস করে পৃথিবীকে ক্ষত্রিয়হীন করেছে এবং বহুবার ক্ষত্রিয়রা ব্রাহ্মণদের ধ্বংস করেছে। 'মহাভারত' এবং 'পুরাণ' ব্রাহ্মণ ও ক্ষত্রিয়দের মধ্যে এই ধরনের যুদ্ধের ঘটনায় পরিপূর্ণ। ছোটখাটো বিষয় নিয়ে দুজনের মধ্যে ঝগড়া হত, যেমন, রাস্তায় দেখা হলে ব্রাহ্মণ ও ক্ষত্রিয়দের মধ্যে কে আগে নমস্কার করবে এবং কে আগে অন্যজনকে পথ ছেড়ে দেবে, ইত্যাদি।শুধু তাই নয়, এক সময় ব্রাহ্মণরা ক্ষত্রিয়দের পছন্দ করত না এবং ক্ষত্রিয়রাও ব্রাহ্মণদের পছন্দ করত না। মনে হত যেন ক্ষত্রিয়রা একনায়ক ও অত্যাচারী হয়ে উঠেছে এবং চতুর্বর্ণ ব্যবস্থার অধীনে অসহায় মানুষরা ঈশ্বরের কাছে প্রার্থনা করছে যেন তারা অত্যাচার ও একনায়কতন্ত্র থেকে মুক্তি পায়। 'ভাগবত পুরাণ'-এ স্পষ্টভাবে বলা হয়েছে যে কৃষ্ণ কেবলমাত্র একটি পবিত্র ও ধর্মীয় উদ্দেশ্যে অবতারণ করেছিলেন এবং তা ছিল ক্ষত্রিয়দের ধ্বংস করা। বিভিন্ন শ্রেণীর মধ্যে এত পারস্পরিক বিরোধিতা এবং শত্রুতার এই উদাহরণগুলির পরিপ্রেক্ষিতে, আমার মনে হয় না যে কেউ হিন্দু সমাজের পুনর্গঠনের জন্য চতুর্বর্ণ ব্যবস্থাকে আদর্শ বলে বিবেচনা করবে।

১৯

অ-হিন্দুদের মধ্যে বর্ণ বৈষম্য

আমি তাদের কথা বলেছি যারা আপনার জাতপাত ভাঙার দলের সাথে নেই এবং যারা প্রকাশ্যে আপনার আদর্শের বিরোধী। কিছু মানুষ আছে যারা আপনার সাথে নেই, আপনিও তাদের সাথে নেই। তাদের ধারণা এবং দৃষ্টিভঙ্গি সম্পর্কে আমার মতামত প্রকাশ করা উচিত কিনা তা নিয়ে আমি দ্বিধাগ্রস্ত ছিলাম। কিন্তু আবার চিন্তা করার পর আমি এই সিদ্ধান্তে উপনীত হলাম যে তাদের সম্পর্কেও আমার মতামত প্রকাশ করা উচিত। এর দুটি কারণ রয়েছে। প্রথমত, জাতপাতের সমস্যার প্রতি তাদের দৃষ্টিভঙ্গি এবং আচরণ কেবল নিরপেক্ষই নয়, বরং উদ্দেশ্যমূলক নিরপেক্ষতার অনুভূতিও রয়েছে। দ্বিতীয় কারণ হল, এই মানুষ গুলি সংখ্যায় অনেক বেশি। তাদের মধ্যে এমন একটি শ্রেণী আছে যারা হিন্দুদের বর্ণ ব্যবস্থার মধ্যে অদ্ভুত বা বিশেষ কিছু খুঁজে পাইনি। এই ধরনের হিন্দুরা মুসলিম, শিখ এবং খ্রিস্টান সম্প্রদায়ের উদাহরণ দেয় এবং আনন্দিত হয় যে তাদের মধ্যেও জাতি রয়েছে। এই প্রশ্নটি বিবেচনা করার জন্য, আপনার প্রথম থেকেই মনে রাখা উচিত যে মানব সমাজ কখনই একক নয়; সমাজ সর্বদা বহুবচন, অর্থাৎ বহুবচন রূপে ছিল। পৃথিবীর মানব সমাজে, ব্যক্তি একদিকে থাকে এবং সমাজ অন্য দিকে বা সীমান্তে থাকে।এই দুটি সীমানার মধ্যে সকল ধরণের সামাজিক প্রতিষ্ঠান, পরিবার, বন্ধুত্ব, সমবায় প্রতিষ্ঠান, ব্যবসায়িক গোষ্ঠী, রাজনৈতিক দল এবং চোর-ডাকাতের দল কমবেশি সংখ্যায় বা কম সংখ্যায় বিদ্যমান। এই ছোট গোষ্ঠীগুলি সাধারণত দৃঢ়ভাবে একত্রিত হয় এবং কখনও কখনও বর্ণের মতো বিচ্ছিন্নতা এবং পৃথক পরিচয় কামনা করে। তাদের চিন্তাভাবনা এবং কাজের পদ্ধতি খুবই সংকীর্ণ যা অনেক সময় সমাজবিরোধীও বটে। এটি ইউরোপ এবং এশিয়ার প্রতিটি সমাজের ক্ষেত্রে প্রযোজ্য। একটি সমাজ আদর্শ সমাজ কিনা তা নির্ধারণ করার জন্য, এটি দলে বিভক্ত কিনা তা জানার প্রয়োজন নেই, কারণ সকল সমাজেই শ্রেণী বিদ্যমান। একটি আদর্শ সমাজ নির্ধারণে যে প্রশ্নগুলি জিজ্ঞাসা করা প্রয়োজন তা

হল: সেই সমাজের বিভিন্ন গোষ্ঠীর কাছে সচেতনভাবে এবং সমানভাবে কতগুলি এবং কী ধরণের সুবিধা প্রদান করা হচ্ছে? অন্যান্য সমাজের সাথে সেই সমাজের সামাজিক বন্ধন কতটা দৃঢ়, তাদের পারস্পরিক সম্পর্ক কী এবং অন্যান্য সমাজের সাথে সহযোগিতায় তারা কতটা সম্পূর্ণ স্বাধীনতার সাথে কাজ করছে? সমাজের বিভিন্ন উপদল, শ্রেণী এবং বর্ণকে বিভক্তকারী শক্তির চেয়ে কি তাদের ঐক্যবদ্ধ করার শক্তি বেশি? সেখানকার শ্রেণীর এই সমষ্টিগত জীবনকে কী সামাজিক গুরুত্ব দেওয়া হয়? এটা কি কেবল প্রথা বা সুবিধার বিষয়, নাকি এটা ধর্মীয় বিষয়?

এই প্রশ্নগুলি মাথায় রেখে, হিন্দু সমাজের বর্ণপ্রথা অহিন্দু সমাজের বর্ণপ্রথার সাথে সাদৃশ্যপূর্ণ কিনা তা নির্ধারণ করা উচিত? আমরা যদি একদিকে মুসলিম, শিখ এবং খ্রিস্টানদের বর্ণপ্রথা এবং অন্যদিকে হিন্দুদের বর্ণপ্রথা পরীক্ষা করি, তাহলে আমরা দেখতে পাব যে অ-হিন্দু সমাজের বর্ণপ্রথা হিন্দু সমাজের বর্ণপ্রথা থেকে অনেক আলাদা। প্রথম কারণ হল, হিন্দু সমাজে এমন কোনও উপাদান বা অনুভূতি নেই যা বিভিন্ন বর্ণের মানুষের মধ্যে ঘনিষ্ঠতা বৃদ্ধি করে এবং বন্ধন তৈরি করে, যেখানে অ-হিন্দু সমাজে এমন অনেক জিনিস এবং সম্পর্ক রয়েছে যা তাদের একত্রিত করে এবং ঐক্যে আবদ্ধ করে। যেকোনও সমাজের শক্তি নির্ভর করে সমাজে উপস্থিত বিভিন্ন বর্ণ ও শ্রেণীর মধ্যে যোগাযোগ ও আদান-প্রদানের সম্ভাবনার উপর। দার্শনিক কার্লাইল এগুলির নাম দিয়েছিলেন 'জৈব তন্তু' অর্থাৎ নমনীয় তন্তু। এগুলি হল রাবারের মতো সুতো বা সম্পর্ক বা সমাজের ভাঙা অংশগুলিকে একে অপরের কাছাকাছি নিয়ে আসে এবং তাদের একসাথে সংযুক্ত করে।হিন্দু সমাজে, বর্ণপ্রথার কারণে সমাজে যে বিভাজন ও খণ্ডিত অবস্থা তৈরি হয়েছে, তা দূর করার জন্য কোনও বড় শক্তি নেই। অ-হিন্দু সমাজে, এমন অনেক স্থিতিস্থাপক জৈব তন্তু রয়েছে যা মানুষকে ঐক্যের বন্ধনে আবদ্ধ করে। এছাড়াও, এটা মনে রাখা গুরুত্বপূর্ণ যে হিন্দু সমাজের মতো, অ-হিন্দু সমাজেও বর্ণ রয়েছে, কিন্তু অ-হিন্দু সমাজে, বর্ণের সামাজিক গুরুত্ব বা মর্যাদা হিন্দুদের মতো নয়। একজন মুসলিম বা শিখকে জিজ্ঞাসা করুন তিনি কে, তিনি আপনাকে বলবেন হয় তিনি মুসলিম না হয় শিখ। তিনি তার উত্তরে তার জাত উল্লেখ করেনি যদিও সে জাতটি জানে, আর আপনিও এই উত্তরেই সন্তুষ্ট। যখন তিনি আপনাকে বলে যে সে একজন মুসলিম, তখন আপনি তাকে আর জিজ্ঞাসা করেন না যে সে শিয়া না সুন্নি, শেখ না সৈয়দ, খটিক না পিঞ্জারা? যখন তিনি বলেন যে তিনি একজন শিখ, তখন আপনি কিন্তু তাকে জিজ্ঞাসা করেন না যে সে কি জাট নাকি অরোরা, মাজহাবি নাকি রামদাসী? কিন্তু যদি কেউ বলে যে সে একজন হিন্দু,

তাহলে আপনি এই উত্তরে সন্তুষ্ট নন, আপনি তার জাত জিজ্ঞাসা করতে বাধ্য বোধ করেন এবং তার জাত না জানা পর্যন্ত আপনি শান্তি বোধ করেন না। কেন এমন হল? কারণ হিন্দুদের কাছে বর্ণের এত তাৎপর্য রয়েছে যে, তা না জেনে বিশ্বাস করাই যায় না যে তিনি কী ধরণের ব্যক্তি। জাতপাতের বন্ধন ভাঙার পরিণতি বিবেচনা করলে এটা স্পষ্ট হয়ে ওঠে যে হিন্দু সমাজে বর্ণের বিশেষ প্রভাব অ-হিন্দু সমাজে নেই। শিখ এবং মুসলমানদের মধ্যে জাতিভেদ আছে, কিন্তু যদি কোনও শিখ বা মুসলমান তার জাতপাতের সীমা বা সীমাবদ্ধতা ভঙ্গ করে তবে তাকে জাতপাত থেকে বাদ দেওয়া হয় না। সত্য হল, শিখ বা মুসলিম সম্প্রদায়ের সামাজিক বয়কটের মধ্যে কোনও দূরবর্তী সম্পর্ক নেই, কিন্তু হিন্দুদের ক্ষেত্রে পরিস্থিতি সম্পূর্ণ ভিন্ন। হিন্দুরা খুব ভালো করেই জানে যে, যদি সে বর্ণের বন্ধন ছিন্ন করে, তাহলে তাকে অবশ্যই বর্ণ থেকে বহিষ্কার করা হবে।এটি হিন্দু এবং অহিন্দু উভয়ের জন্য বর্ণের সামাজিক তাৎপর্য প্রকাশ করে। এটি উভয়ের মধ্যে পার্থক্যের দ্বিতীয় কারণ, তবে তৃতীয় এবং আরও গুরুত্বপূর্ণ পার্থক্যও রয়েছে। অ-হিন্দু সমাজে বর্ণের কোনও ধর্মীয় পবিত্রতা নেই, কিন্তু হিন্দুদের মধ্যে বর্ণের ধর্মীয় গুরুত্ব অপরিসীম। অহিন্দুদের মধ্যে, জাতপাত কোনও পবিত্র প্রতিষ্ঠান নয় বরং কেবল একটি প্রথা বা অনুশীলন; তারা জাতপাতকে একটি পবিত্র প্রতিষ্ঠান বলে মনে করে না। তারা কোনও জাতি সৃষ্টি করেনি, তাই তাদের কাছে এটি কেবল একটি অস্তিত্ব। তারা জাতপাতকে ধর্মীয় মতবাদ হিসাবে বিবেচনা করে না। ধর্ম হিন্দুদেরকে হিন্দু সমাজের জন্য বিচ্ছিন্নতা এবং বর্ণের বিচ্ছিন্নতাকে একটি ভালো দিক হিসাবে মেনে নিতে বাধ্য করে, কিন্তু ধর্ম অ-হিন্দুদের এইভাবে বাধ্য করে না। যদি কোনও হিন্দু তার জাত ত্যাগ করতে চায় অথবা সীমানা লঙ্ঘন করতে চায়, তাহলে তার ধর্ম তার পথে বাধা হয়ে দাঁড়ায়, কিন্তু একজন অহিন্দু ব্যক্তির ক্ষেত্রে এটি প্রযোজ্য হবে না। অতএব, অ-হিন্দুদের জীবনে বর্ণের স্থান কী এবং সেই সমাজে এমন জৈব তন্তু আছে কি না যা সামাজিক অনুভূতিকে বর্ণের অনুভূতির উপরে নিয়ে যায় কিনা তা না বুঝে, অ-হিন্দুদের মধ্যেও বর্ণ বিদ্যমান এই সত্য নিয়ে খুশি হওয়া হিন্দুদের জন্য একটি অত্যন্ত বিপজ্জনক ভ্রম। হিন্দুরা যত তাড়াতাড়ি এই মানসিক ভ্রম থেকে মুক্তি পাবে, ততই মঙ্গল।

হিন্দুদের আরেকটি অংশ দৃঢ়ভাবে অস্বীকার করে যে বর্ণ প্রথা হিন্দুদের জন্য একটি সমস্যা। এই ধরনের লোকেরা সন্তুষ্টি প্রকাশ করে। তারা বিশ্বাস করে যে হিন্দুরা এখনও বিদ্যমান এবং এটিকে হিন্দু সমাজের অব্যাহত অস্তিত্বের প্রমাণ হিসাবে বিবেচনা করে। প্রো. এস. রাধাকৃষ্ণণ তাঁর 'জীবনের হিন্দু দৃষ্টিভঙ্গি' বইতে

এটি খুব সুন্দরভাবে উপস্থাপন করেছেন। হিন্দু ধর্ম সম্পর্কে তিনি বলেন যে হিন্দু সভ্যতা একটি অত্যন্ত প্রাচীন সভ্যতা, এর ইতিহাস চার হাজার বছরেরও বেশি পুরানো এবং সেই সময়েও এই সমাজ সভ্যতার পর্যায়ে পৌঁছেছিল। সেই থেকে আজ পর্যন্ত এই সভ্যতার গতিতে মাঝেমধ্যে কিছু বাধা এসেছে, কিন্তু তবুও এই সভ্যতার গতি আজও অব্যাহত রয়েছে। এই চার-পাঁচ হাজার বছর ধরে, এই সভ্যতা আধ্যাত্মিক চিন্তাভাবনা এবং অভিজ্ঞতার চাপ এবং সংগ্রামের চাপ সহ্য করেছে।যদিও ইতিহাসের শুরু থেকেই বিভিন্ন জাতি, সভ্যতা এবং সংস্কৃতির মানুষ ভারতে এসেছে, তবুও হিন্দু ধর্মের আধিপত্য অক্ষুণ্ণ রয়েছে, এমনকি রাজনৈতিক ক্ষমতার সাহায্যে ধর্মান্তরিত করার চেষ্টাকারী ধর্ম এবং সম্প্রদায়গুলিও হিন্দুদের তাদের মতামত গ্রহণ করতে বাধ্য করতে পারেনি। হিন্দু সভ্যতায় অবশ্যই কিছু প্রাণশক্তি রয়েছে যা অন্যান্য শক্তিশালী প্রভাবকেও নিরপেক্ষ করে। হিন্দু সভ্যতাকে ছিন্নভিন্ন করা গাছ কাটার সাথে তুলনা করা যেতে পারে, শুধু দেখার জন্য যে গাছে রস এখনও প্রবাহিত হচ্ছে কিনা, তা দেখা।

এই বিষয়ে অধ্যাপক রাধাকৃষ্ণণের নাম খুবই জনপ্রিয়, তাই তিনি যা বলেন তা গুরুত্ব সহকারে বিবেচনা করা হয় এবং পাঠকদের মনে গভীর প্রভাব ফেলে। কিন্তু আমি আমার মনের কথা বলতে দ্বিধা করব না। আমার আশঙ্কা, তার বক্তব্য হয়তো এই মিথ্যা যুক্তির ভিত্তি হয়ে দাঁড়াবে যে, বেঁচে থাকার বিষয়টিই ভবিষ্যতে বেঁচে থাকা বা বিলুপ্তির একমাত্র প্রশ্ন নয়, বরং প্রশ্ন হল, সম্প্রদায়টি কীসের ভিত্তিতে মর্যাদার সাথে বসবাস করছে? অস্তিত্বের অনেক উপায় আছে, কিন্তু সবগুলিই সমানভাবে সম্মানজনক নয়। প্রতিটি ব্যক্তি এবং সমাজের জন্য, জীবনযাপন এবং যোগ্যভাবে জীবনযাপনের মধ্যে বিরাট পার্থক্য রয়েছে। যুদ্ধে কঠোর লড়াই করা এবং একটি গৌরবময় জীবনযাপন করা একটি উপায়। যুদ্ধে পরাজিত হওয়া, আত্মসমর্পণ করা এবং বন্দীর জীবনযাপন করাও জীবনের একটি ধারা। হিন্দুদের এই ভেবে খুশি হওয়া অর্থহীন যে তাদের সমাজ টিকে আছে। তাদের বিবেচনা করা উচিত যে তাদের বেঁচে থাকার মূল্য অর্থাৎ জীবনের মান কী? আর যদি এমন চিন্তা মাথায় আসে, তাহলে আমার বিশ্বাস হিন্দুরা হিন্দুধর্মের অস্তিত্ব নিয়ে গর্ব করা বন্ধ করে দেবে। একজন হিন্দুর জীবন হল ক্রমাগত পরাজয়ের গল্প এবং যা চিরস্থায়ী জীবন বলে মনে হয় তা আসলে তা নয়, কিন্তু বাস্তবে এটি এমন একটি জীবন যা ক্রমাগত শেষ হয়ে আসছে। এটি এমন একটি টিকে থাকার পদ্ধতি যার জন্য যেকোনও বিচক্ষণ হিন্দু লজ্জিত হবে এবং এই সত্য স্বীকার করতে ভয় পাবে না।

❍

২০

জাতপাতের দুর্গ কীভাবে ভাঙবেন?

আমি দৃঢ়ভাবে বিশ্বাস করি যে, সামাজিক ব্যবস্থা পরিবর্তন না করলে আপনি অগ্রগতি করতে পারবেন না; আপনি যদি আপনার সমাজের কাঠামো পরিবর্তন না করেন, তাহলে আপনি আত্মরক্ষা বা আক্রমণের জন্য আপনার সমাজকে সংগঠিত করতে পারবেন না। সমাজ ব্যবস্থার পরিবর্তন ছাড়া, না কোনও জাতি গড়ে তোলা যায়, না নৈতিকতা ও সদ্গুণ তৈরি করা যায়। বর্ণপ্রথার ভিত্তির উপর আপনি যা-ই নির্মাণ করুন না কেন, তা ভেঙে যাবে, ভেঙে পড়বে এবং কখনও নিখুঁত হবে না।

একমাত্র প্রশ্ন যা এখনও বিবেচনা করা বাকি তা হল হিন্দু সমাজ ব্যবস্থার সংস্কার এবং বর্ণ প্রথার বিলোপ কীভাবে করা যায়? এটি সবচেয়ে গুরুত্বপূর্ণ প্রশ্ন। এই সমস্যা সম্পর্কে, কিছু লোক বিশ্বাস করেন যে বর্ণ ব্যবস্থার সংস্কারের দিকে প্রথম পদক্ষেপ নেওয়া উচিত। অর্থাৎ, উপ-বর্ণ বিলুপ্ত করা উচিত কারণ বর্ণের তুলনায়, জীবনধারা, আচরণ এবং স্তরের দিক থেকে উপ-বর্ণের মধ্যে বেশি মিল রয়েছে, কিন্তু আমার মতে এটি একটি ভুল ধারণা। সামাজিকভাবে, উত্তর ও মধ্য ভারতের ব্রাহ্মণরা দক্ষিণ ভারতীয় ব্রাহ্মণদের তুলনায় নিম্ন স্তরের। পূর্ববর্তী ধরণের ব্রাহ্মণরা খাবার রান্না, জল বহন এবং ভর্তি করার কাজ করে, যেখানে দক্ষিণ ভারতীয় ব্রাহ্মণরা সমাজে উচ্চতর অবস্থানে থাকে।

অন্যদিকে, উত্তর ভারতীয় বৈশ্য এবং কায়স্থদের বৌদ্ধিক ও সামাজিক মর্যাদা দক্ষিণ ভারতীয় ব্রাহ্মণদের সমান। তারপর খাবারের দিক থেকেও, দক্ষিণ ভারতীয় নিরামিষভোজী ব্রাহ্মণদের সাথে উত্তর ভারতীয় কাশ্মীরি ও বাঙালি ব্রাহ্মণদের মধ্যে কোনও মিল নেই কারণ দক্ষিণ ভারতীয় ব্রাহ্মণরা নিরামিষভোজী এবং কাশ্মীর ও বাংলার ব্রাহ্মণরা আমিষভোজী। বিপরীতে, খাদ্যাভ্যাসের দিক থেকে,

দক্ষিণ ভারতীয় ব্রাহ্মণ, গুজরাটি, মাড়োয়ারি, বেনে এবং জৈনদের মধ্যে আরও মিল এবং ঘনিষ্ঠতা রয়েছে। সুতরাং, এক বর্ণের সাথে অন্য বর্ণের মিশ্রণকে সহজতর করার জন্য, উত্তর ভারতের কায়স্থ এবং দক্ষিণ ভারতের অন্যান্য অ-ব্রাহ্মণদের দক্ষিণ ও দ্রাবিড় অঞ্চলের অ-ব্রাহ্মণ বর্ণের সাথে একত্রিত করা সহজ এবং আরও বাস্তবসম্মত।

যদিও বর্ণের মিল হতে অনেক অসুবিধা আছে, তবুও যদি মিল করা হয়, তাহলে উপ-বর্ণের মিলনের মাধ্যমে বর্ণগুলি যে বিলুপ্ত হবে তার গ্যারান্টি কী? উপ-বর্ণ বিলুপ্তির পরে এই প্রক্রিয়াটি অব্যাহত থাকার সম্ভাবনা কম বলে মনে হয়। এর বিপরীতটিও ঘটতে পারে, এই প্রক্রিয়াটি উপ-প্রজাতির সমাপ্তির সাথে সাথে বন্ধ হয়ে যায়। যদি এটি ঘটে, অর্থাৎ, যদি এই প্রক্রিয়াটি জাতিগুলিতে পৌঁছানোর পরে শেষ হয়ে যায়, তবে এর বিরূপ প্রভাব হবে যে জাতিগুলি আরও শক্তিশালী এবং দুষ্টু হয়ে উঠবে। অতএব, সমস্যার এই সমাধানটি ব্যবহারিক বা কার্যকর নয়। এমন পরিস্থিতিতে এই সমাধান ভুল প্রমাণিত হবে।

বর্ণ প্রথার অবসানের আরেকটি সমাধান হল বিভিন্ন বর্ণের মধ্যে একসাথে খাওয়া-দাওয়া শুরু করা। কিন্তু আমার মতে, এই সমাধানটিও সম্পূর্ণ কার্যকর নয় কারণ কিছু বর্ণের মধ্যে, আন্তঃবর্ণ উৎসব ইতিমধ্যেই প্রচলিত, কিন্তু অভিজ্ঞতা থেকে বলা যায় যে এই আন্তঃবর্ণ উৎসবগুলি জাতিভেদ এবং জাতিভেদের অনুভূতি দূর করতে সফল হয়নি।

আমি বিশ্বাস করি যে আন্তঃবর্ণ বিবাহই আসল চিকিৎসা। রক্তের সম্পর্কের মাধ্যমেই কেবল আত্মীয়তা এবং পারস্পরিক ভ্রাতৃত্ববোধ তৈরি হতে পারে এবং যতক্ষণ না এই ভ্রাতৃত্ববোধ গড়ে উঠছে, যতক্ষণ না এই আত্মীয়তা এবং সংযুক্ত থাকার অনুভূতি (আত্মীয়স্বজন) সর্বোপরি না হয়, ততক্ষণ বর্ণ দ্বারা সৃষ্ট বিচ্ছিন্নতার অনুভূতি, বিচ্ছিন্ন হওয়ার অনুভূতি কখনই দূর হবে না। অন্যান্য ধর্মের তুলনায় হিন্দুদের সামাজিক জীবনে আন্তঃবর্ণ বিয়ে বেশি প্রভাবশালী প্রমাণিত হবে। কারণ, যে সমাজে অন্যান্য সম্পর্কের কারণে ইতিমধ্যেই অনেক বেশি সমস্যা রয়েছে, সেখানে বিবাহিত জীবন একটি সাধারণ ঘটনা। কিন্তু যেখানে সমাজ খণ্ডিত হয়ে পড়েছে, সেখানে ঐক্যবদ্ধ শক্তি হিসাবে বিবাহ অপরিহার্য। তাই আন্তঃবর্ণ বিবাহই এই রোগের একমাত্র সঠিক চিকিৎসা। অন্য কোনও সমাধান জাতিভেদ প্রথার কুপ্রথা নির্মূল করতে পারে না। আপনাদের জাতিভেদ ভাঙার দলটি জাতিভেদ প্রথাকে আক্রমণ করার জন্য এই পথ অবলম্বন করেছে; এটি একটি সরাসরি এবং সম্মুখ আক্রমণ। এই রোগটি সঠিকভাবে শনাক্ত করার জন্য আমি আপনাকে অভিনন্দন

জানাই। হিন্দুদের সমাজের আসল দোষ কী তা বলার সাহস দেখানোর জন্য আমি আপনাকে আরও অভিনন্দন জানাই। সামাজিক অত্যাচারের তুলনায় রাজনৈতিক অত্যাচার কিছুই নয়, তাই সমাজের অন্যায়ের বিরোধিতা এবং মোকাবিলাকারী একজন সমাজ সংস্কারককে সরকারের বিরুদ্ধে বিদ্রোহকারী রাজনীতি বিদদের তুলনায় অনেক বেশি সাহস সঞ্চয় করতে হয়।

আমরা বলতে পারি যে আপনি রোগের স্পন্দন বুঝতে পেরেছেন এবং আপনার বিশ্বাস ঠিক যে জাতপাতের রোগ তখনই শেষ হবে যখন আন্তঃবর্ণের খাওয়া-দাওয়া এবং আন্তঃবর্ণের বিবাহ একটি সাধারণ রীতিতে পরিণত হবে। আপনি রোগের মূল কারণ আবিষ্কার করেছেন, কিন্তু আপনার প্রস্তাবিত সমাধান কি এটি নিরাময় করতে পারবে? আপনার নিজেকে জিজ্ঞাসা করা উচিত যে কেন বেশিরভাগ হিন্দু একসাথে খেতে পছন্দ করেন না এবং একে অপরকে বিয়েও করেন না? আপনার কাজ জনপ্রিয় না হওয়ার কারণ কী? এর উত্তর হল, হিন্দুরা যেসব নীতি, বিশ্বাস এবং ধর্মীয় রীতিনীতিকে পবিত্র মনে করে, সেই গুলি বাদ দিয়ে নিজেদের মধ্যে খাওয়া-দাওয়া এবং আন্তঃবর্ণ বিবাহ তাদের জন্য ঘৃণ্য কাজ। জাতপাত কোনও ইটের দেয়াল বা কাঁটাতারের বেড়ার মতো কোনও বাস্তব জিনিস নয় যা হিন্দুদের একে অপরের সাথে মিশতে বাধা দেয়, তাই এই বাধা ভেঙে ফেলতে হবে। জাতপাত হল একটি ধারণা, বিশ্বাস অর্থাৎ মানসিক অবস্থা। অতএব, জাতপাতের বিলোপের অর্থ কোনও শারীরিক বাধা অপসারণ নয় বরং এর অর্থ একটি ধারণাগত পরিবর্তন।

জাতিভেদ প্রথা খারাপ হতে পারে, জাতিভেদ এমন একটি মানসিকতার জন্ম দেয় যা মানবতার জন্য মারাত্মক, এটি একটি অমানবিক ব্যবস্থা। কিন্তু এটা বলা যাবে না যে হিন্দুরা বর্ণপ্রথা অনুসরণ করে কারণ তারা অমানবিক, মানসিকভাবে অস্থির অথবা মানবতার শত্রু। আসলে তারা এটা বিশ্বাস করে কারণ তারা গভীরভাবে ধর্মীয়। অতএব, বর্ণপ্রথায় বিশ্বাস করার জন্য মানুষের কোনও দোষ নেই, আমার মতে দোষ তাদের ধর্মের, যা বর্ণপ্রথার জন্ম দিয়েছে। যদি এটা সত্য হয়, তাহলে বর্ণপ্রথার অনুসারীদের সাথে তর্ক করার পরিবর্তে, আপনার উচিত হিন্দু ধর্মগ্রন্থগুলির বিরোধিতা করা, যা তাদেরকে বর্ণভিত্তিক ধর্ম শেখায়। অতএব, হিন্দু সমাজে রুটি-বেটি সম্পর্ক বজায় না রাখার জন্য বা আন্তঃবর্ণের মধ্যে খাওয়া-দাওয়া এবং বিবাহ না করার জন্য হিন্দুদের উপহাস বা সমালোচনা করা নিরর্থক এবং অপ্রয়োজনীয়। এর সঠিক সমাধান হল ধর্মগ্রন্থের প্রতি মানুষের বিশ্বাস এবং পবিত্রতা নিয়ে যে সংস্কার আছে দূর করা। যদি আপনি মানুষের ধর্মীয় বিশ্বাস, আস্থা

এবং চিন্তাভাবনাকে কলুষিত করতে থাকেন, তাহলে কীভাবে আপনি সাফল্যের আশা করতে পারেন? ধর্মগ্রন্থের গ্রহণযোগ্যতা, সেই গুলির পবিত্রতা এবং সেই গুলির নিয়মের প্রতি শ্রদ্ধা প্রদর্শনের অর্থ হল সেই দুলি সম্পর্কে আপত্তি না জানানো এবং আপনি সেই একই হিন্দুদের সমালোচনা করে বলছেন যে তাদের মতামত অমানবিক, অযৌক্তিক এবং বিবেকহীন সমাজ সংস্কারের একটি ভুল এবং অসঙ্গত উপায়।

এমনকি মহাত্মা গান্ধীর মতো মানুষ, যারা অস্পৃশ্যতা বিলোপের আন্দোলনে নিয়োজিত ছিলেন, তারাও বুঝতে পারেননি যে মানুষের কর্মকাণ্ড এবং আচরণ তাদের মনের মধ্যে থাকা ধর্মগ্রন্থ গুলির ধর্মীয় বিশ্বাসের ফল, এবং যতক্ষণ না ধর্মগ্রন্থের উপর থেকে তাদের বিশ্বাস দূর হচ্ছে, তাদের আচরণ কখনই পরিবর্তন হতে পারে না। এমন পরিস্থিতিতে সমাজ সংস্কারকদের প্রচেষ্টা সফল না হলে অবাক হওয়ার কিছু নেই। আর আপনাদের জাতপাত ভাঙা সংস্কারকরাও একই ভুল করতে চলেছে, তাই আপনাদের প্রচেষ্টার ফলাফল অস্পৃশ্যতা দূর করার চেষ্টাকারী সংস্কারকদের মতোই হবে। পারস্পরিক ভোজন এবং বিবাহের জন্য আন্দোলন সংগঠিত করা এবং প্রচার করা হিন্দুদের জোর করে বিষ খাওয়ানোর মতো। কিন্তু যদি আপনারা নারী ও পুরুষদের শাস্ত্রের বন্ধন থেকে মুক্ত করেন, শাস্ত্রের ক্ষতিকর প্রভাব দূর করে তাদের মন পরিষ্কার রাখেন, তাহলে মানুষ আপনাদের জিজ্ঞাসা না করেই আনন্দের সাথে তাদের নিজস্ব ইচ্ছায় আন্তঃবর্ণভোজ এবং আন্তঃবর্ণ বিবাহ গ্রহণ করবে।

দ্বিমুখী নীতি অবলম্বন করে এবং বাঁকা কথা বলে কোনও লাভ নেই। মানুষকে এটা বলে কোনও লাভ নেই যে ধর্মগ্রন্থগুলি যা বোঝে তা বলে না, ব্যাকরণ অনুসারে পড়া হোক বা যুক্তির ভিত্তিতে ব্যাখ্যা করা হোক। গুরুত্বপূর্ণ বিষয় হল আমরা ধর্মগ্রন্থগুলিকে বিশেষ কোনও অর্থে গ্রহণ করি। আপনাকে গৌতম বুদ্ধের মতো দৃঢ় এবং কঠোর হতে হবে। গুরু নানক যে পদক্ষেপ নিয়েছিলেন, আপনাকেও সেই পদক্ষেপ নিতে হবে। কেবল ধর্মগ্রন্থ উপেক্ষা করলেই হবে না, বরং বুদ্ধ ও নানকের মতো আপনাকে সেগুলিকে ভুল ঘোষণা করতে হবে এবং তাদের কর্তৃত্ব ও আদেশ প্রত্যাখ্যান করতে হবে। হিন্দুদের বলার সাহস আপনার থাকা উচিত যে আসল দোষ আপনার ধর্মের, যে ধর্ম আপনার মনে এই ধারণা জাগিয়েছে যে বর্ণপ্রথা পবিত্র। আপনি কি এত সাহস সঞ্চয় করতে পারবেন?

২১

সর্বোপরি, কেন বর্ণ প্রথা ধ্বংস হয় না?

আপনি কতদূর সফল হবেন বলে আশা করেন? সামাজিক সংস্কার অনেক ধরণের। প্রথমত, যেগুলি জনগণের ধর্মীয় দৃষ্টিভঙ্গির সাথে সম্পর্কিত নয় বরং সম্পূর্ণরূপে ধর্মনিরপেক্ষ এবং সাধারণ সমস্যার সাথে সম্পর্কিত, অন্যদিকে কিছু সংস্কার ধর্মীয় দৃষ্টিভঙ্গি বা একটি নির্দিষ্ট ধর্মের সমস্যার সাথে সম্পর্কিত। এই ধরণের সংস্কার আরও দুই ধরণের। ধর্মের নিয়ম অনুসারে একটি সংস্কার ঘটে এবং যারা মূল ধর্ম ত্যাগ করেছিল তাদের ফিরে আসার এবং তা অনুসরণ করার জন্য আমন্ত্রণ জানায়। দ্বিতীয় সংস্কারটি কেবল ধর্মীয় নিয়মগুলিকেই প্রভাবিত করে না বরং সম্পূর্ণরূপে সেই নিয়মগুলির বিরুদ্ধেও। তাদের সমর্থকরা মানুষকে সেই ধর্মীয় নীতিগুলি অমান্য করতে, তাদের আদেশগুলি বর্জন করতে এবং তাদের বিপরীত আচরণ করতে উৎসাহিত করে। বর্ণপ্রথা এই ধরণের কিছু ধর্মীয় বিশ্বাসের একটি স্বাভাবিক ফলাফল। ধর্মগ্রন্থ গুলিতে যার স্বীকৃতি আছে। ধর্মগ্রন্থগুলি ঐশ্বরিকভাবে অনুপ্রাণিত ঋষিদের দ্বারা লিখিত, যাদের অতিপ্রাকৃত জ্ঞান ছিল। সেই সাধুদের অলৌকিক বুদ্ধি ছিল এবং তাই তাদের নির্দেশ অনুসরণ না করা মহাপাপ। মানুষকে জাতিভেদ প্রথা ত্যাগ করতে বলা মানে তাদের ধর্ম ত্যাগ করে মহাপাপ করতে বলা। জাতিভেদ প্রথা উচ্ছেদ করা একটি সংস্কার যা তৃতীয় ধরণের সংস্কারের আওতায় আসে। সংস্কারের প্রথম এবং দ্বিতীয় পথগুলি সহজ, কিন্তু তৃতীয় ধরণের সংস্কার কেবল কঠিনই নয়, প্রায় অসম্ভব। হিন্দুরা তাদের সমাজ ব্যবস্থাকে অত্যন্ত পবিত্র বলে মনে করে এবং বর্ণ প্রথাকে ঐশ্বরিক আইনের ভিত্তি হিসাবে বিবেচনা করা হয়, তাই বর্ণের সাথে সম্পর্কিত পবিত্রতা এবং ঐশ্বরিক আইনের অনুভূতি দূর করা খুবই গুরুত্বপূর্ণ। আমার বিশ্লেষণের অর্থ হল, আপনাকে ধর্মগ্রন্থ এবং বেদের সত্যতা এবং বৈধতার প্রতিটি চিহ্ন মুছে ফেলতে হবে।

আমি বর্ণপ্রথার অবসানের উপায় এবং পদ্ধতির উপর জোর দিয়েছি কারণ সঠিক পথ জানার জন্য সঠিক পদ্ধতিগুলি জানা খুবই গুরুত্বপূর্ণ। যদি আপনি সঠিক পদ্ধতি এবং উপায়গুলি না জানেন, তাহলে আপনার সমস্ত প্রচেষ্টা ব্যর্থ হবে। তাহলে যদি এই সমস্যার জন্য আমার ফলাফল সঠিক হয়, তাহলে আপনার কাজটি খুবই কঠিন। আপনি এতে সাফল্য অর্জন করতে সক্ষম কিনা তা কেবল আপনিই বলতে পারবেন।

আমার মতে, এই কাজটি প্রায় অসম্ভব। আপনি নিশ্চই জানতে চাইবেন কেন আমি এমনটা মনে করি। এর অনেক কারণ আছে, প্রথম কারণ হল ব্রাহ্মণদের এই সমস্যার প্রতি তাদের বিরূপ মনোভাব। দেশের প্রায় সকল রাজনৈতিক সংস্কার এবং কিছু অর্থনৈতিক সংস্কারের আন্দোলনের নেতৃত্বদানকারী ছিলেন ব্রাহ্মণরা। কিন্তু যে সেনাবাহিনী জাতপাতের বন্ধন ভেঙে দেয়, নেতা হওয়া তো দূরের কথা, তাদের পিছনে দাঁড়িয়ে থাকতেও দেখা যায় না। ভবিষ্যতে কি ব্রাহ্মণরা এই আন্দোলনের নেতৃত্ব দেবে বলে আশা করা যেতে পারে? আমি বলি না। আপনি হয়তো জিজ্ঞেস করতে পারেন কেন? আপনি হয়তো বলবেন যে ব্রাহ্মণরা কেন চিরতরে সামাজিক সংস্কার থেকে দূরে সরে যাচ্ছে, তার কারণ বোধগম্য নয়। আর তারা সম্ভবত আর তা করবে না। আপনি হয়তো বলতে পারেন যে ব্রাহ্মণরা খুব ভালো করেই জানে যে বর্ণপ্রথা হিন্দুদের জন্য একটি অভিশাপ এবং বুদ্ধিমান শ্রেণী হিসাবে তারা এই অভিশাপের পরিণতি সম্পর্কে উদাসীন হতে পারে না। কেউ কেউ হয়তো এটাও বলতে পারেন যে ব্রাহ্মণদের মধ্যে দুই ধরণের মানুষ রয়েছে।

প্রথমত, যারা পুরোহিতত্ব করেন অথবা সনাতন ধর্মীয় (পুরোহিত) হন, দ্বিতীয়ত, এমন ব্রাহ্মণ আছেন যারা গোঁড়া রক্ষণশীল নন এবং ধর্মনিরপেক্ষ প্রগতিশীল ব্রাহ্মণ। যদি পুরোহিতরা গোঁড়া ব্রাহ্মণ বর্ণপ্রথা ভাঙতে প্রস্তুত না হন, তাহলে আধুনিক চিন্তাভাবনা সম্পন্ন ব্রাহ্মণরা অবশ্যই এই আন্দোলনে যোগ দেবেন। আপনার যুক্তিগুলি খুবই আকর্ষণীয়, লোভনীয় এবং গ্রহণযোগ্য মনে হচ্ছে কিন্তু এই সমস্ত যুক্তিতে এটা ভুলে যাওয়া হয়েছে যে বর্ণ প্রথার বিলোপ ব্রাহ্মণদেরই সবচেয়ে বেশি ক্ষতি করবে। তাহলে কি আমাদের আশা করা উচিত যে ব্রাহ্মণরা বর্ণ প্রথা বিলোপের আন্দোলনে নেতৃত্ব দেবেন? কারণ বর্ণপ্রথার অবসান মানে ব্রাহ্মণদের ক্ষমতা এবং সামাজিক প্রতিপত্তির অবসান। আধুনিক চিন্তাধারার ব্রাহ্মণদের কাছ থেকে আপনার আশা থাকতে পারে কিন্তু তাদের

কাছ থেকে আশা করা কি ঠিক? কারণ বর্ণপ্রথার অবসানের আন্দোলন আমাদের নিজেদের ভাই পুরোহিত ব্রাহ্মণদের বিরুদ্ধে হবে?

এমন পরিস্থিতিতে, প্রগতিশীল ব্রাহ্মণদের কাছ থেকেও কোনও কিছু আশা করা অর্থহীন। দুই ব্রাহ্মণের মধ্যে পার্থক্য খুঁজে বের করা অর্থহীন। আসলে উভয় ব্রাহ্মণ একই বর্ণের অংশ এবং নিকটাত্মীয়। উভয় ব্রাহ্মণ একই দেহের দুটি অংশ। যদি এক বাহু আক্রমণের শিকার হয়, তবে অন্য বাহু অবশ্যই তা রক্ষার জন্য উঠে দাঁড়াবে। এই বিষয়ে অধ্যাপক ডাইসির 'দ্য ইংলিশ কনস্টিটিউশন' বইতে লেখা একটি গুরুত্বপূর্ণ কথা আমার মনে আছে। সংসদের সর্বোচ্চ আইন প্রণয়নের ক্ষমতার উপর কার্যত বিধিনিষেধ আরোপের কথা বলতে গিয়ে অধ্যাপক ডাইসি লিখেছেন, "যেকোনও শাসকের সার্বভৌমত্বকে তার অধিকার প্রয়োগের ক্ষেত্রে দুটি বাধার সম্মুখীন হতে হয়। এর মধ্যে একটি হল অভ্যন্তরীণ বাধা এবং অন্যটি হল বাহ্যিক (অভ্যন্তরীণ এবং বহিরাগত সীমাবদ্ধতা)। যেকোনও সার্বভৌমত্বের বাহ্যিক সীমা নির্ভর করে তার প্রজা বা প্রজাদের মধ্যে বেশিরভাগ মানুষ তার আদেশ ও আইন অমান্য করবে অর্থাৎ আইন ভঙ্গ করবে বা বাস্তবায়নে বাধা দেবে কিনা তার সম্ভাবনার উপর।" বিপরীতে, অভ্যন্তরীণ সার্বভৌমত্ব শাসকের ক্ষমতার প্রকৃতি এবং চরিত্র থেকে উদ্ভূত হয়। এমনকি একজন স্বৈরশাসক যিনি সমস্ত কর্তৃত্ব ধারণ করেন তিনি যে পরিস্থিতিতে বাস করেন সেই অনুযায়ী তার ক্ষমতা প্রয়োগ করেন এবং তার ক্ষমতা এবং প্রকৃতি তার সমাজের অবস্থা এবং নৈতিক মূল্যবোধের উপর গঠিত হয়।

সুলতান চাইলেও মুসলমানদের ধর্ম পরিবর্তন করা যেত না। কিন্তু যদি তিনি তা করতেও পারতেন, তবুও মুসলিম ধর্মের প্রধানের পক্ষে কখনই মুসলিম ধর্মকেই ধ্বংস করার ইচ্ছা পোষণ করা সম্ভব ছিল না। এভাবে সুলতানের ক্ষমতা প্রয়োগের ক্ষেত্রে অভ্যন্তরীণ সীমাবদ্ধতাগুলি বাহ্যিক সীমাবদ্ধতার মতোই শক্তিশালী ছিল। কিছু মানুষ মাঝে মাঝে অযথা প্রশ্ন করে, যেমন পোপ কেন একটি নির্দিষ্ট সংস্কার বাস্তবায়ন করেন না? উত্তর হল, বিপ্লবী আদর্শধারী ব্যক্তিরা পোপ হন না, আর যারা পোপ হন তাদের বিপ্লবী হওয়ার কোনও ইচ্ছা থাকে না।''আমার মতে, অধ্যাপক ডাইসির এই বক্তব্য ভারতীয় ব্রাহ্মণদের ক্ষেত্রেও সমানভাবে প্রযোজ্য এবং কেউ বলতে পারে যে, পোপ হওয়া একজন ব্যক্তির যদি বিপ্লবী হওয়ার ইচ্ছা না থাকে, তাহলে ব্রাহ্মণ পরিবারে জন্মগ্রহণকারী ব্যক্তির ক্ষেত্রে তা আরও কম থাকে। সত্য কথা হল, একজন ব্রাহ্মণকে সমাজ সংস্কারের ক্ষেত্রে বিপ্লবী হিসাবে আশা করা

ঠিক ততটাই বৃথা, যতটা লেসলি স্টিফেন ব্রিটিশ পার্লামেন্টকে একটি আইন পাস করতে বলেছিলেন, যাতে সমস্ত নীল চোখের শিশুদের হত্যা করতে বলা হয়েছিল।

আপনাদের মধ্যে কেউ কেউ হয়তো বলবে যে, জাতিভেদ প্রথার বিরুদ্ধে আন্দোলনে ব্রাহ্মণরা এগিয়ে আসবে কিনা, তা খুব একটা চিন্তার বিষয় নয়। আমার মতে, এই পদ্ধতি গ্রহণের অর্থ হল সমাজের বুদ্ধিজীবী শ্রেণীর প্রভাবের দিকে মনোযোগ না দেওয়া। আপনি স্বীকার করুন বা না করুন যে ইতিহাস মহান ব্যক্তিদের দ্বারা রচিত, আপনাকে মেনে নিতে হবে যে প্রতিটি দেশে, বুদ্ধিজীবী শ্রেণী সমাজকে নিয়ন্ত্রণ বা শাসন নাও করতে পারে, তবে তারা অবশ্যই সমাজকে অনেকাংশে প্রভাবিত করে। কেবলমাত্র বুদ্ধিজীবী শ্রেণীই ভবিষ্যতের দিকে তাকাতে পারে এবং সমাজকে সঠিক দিকনির্দেশনা ও নেতৃত্ব প্রদান করতে পারে। যেকোনও দেশের জনসংখ্যার অধিকাংশই বিচক্ষণ, চিন্তাশীল এবং সক্রিয় নয়। বেশিরভাগই বুদ্ধিজীবীদের দেখানো পথ অনুসরণ করে। এটা বললে অত্যুক্তি হবে না যে দেশের ভবিষ্যৎ তার বুদ্ধিজীবী শ্রেণীর উপর নির্ভর করে। বুদ্ধিজীবীরা যদি সৎ, স্বাধীন এবং নিঃস্বার্থ হন, তাহলে দেশের সংকটের সময়ে স্ব-প্রণোদনা এবং বিচক্ষণতার সাথে সমাজকে সঠিক নেতৃত্ব প্রদানের জন্য তাদের উপর আস্থা রাখা যেতে পারে।

বুদ্ধিজীবী শ্রেণীর এই গুরুত্বের পাশাপাশি, আরেকটি বিবেচ্য বিষয় হল যে এটি বুদ্ধিজীবীদের জীবিকা নয়, কোনও গুণ নয়, এটি কেবল একটি উপায় এবং এটি বুদ্ধিমান ব্যক্তি কোনও উদ্দেশ্যে এই উপায় অর্থাৎ তার বুদ্ধিমত্তা ব্যবহার করে তার উপর নির্ভর করছে। একজন বুদ্ধিজীবী একজন ভালো মানুষ হতে পারে কিন্তু একই সাথে সে একজন দুর্বৃত্তও হতে পারে। একইভাবে, বুদ্ধিজীবী শ্রেণীও উচ্চ ধারণাসম্পন্ন লোকদের একটি শ্রেণী হতে পারে যারা সর্বদা অসুখী ও দুঃখী মানুষের কল্যাণের জন্য কাজ করতে প্রস্তুত। অন্যদিকে, বুদ্ধিজীবী শ্রেণীও একদল দুর্বৃত্ত হতে পারে অথবা নিজেদের স্বার্থসিদ্ধির জন্য এই দলের সমর্থক হতে পারে। এটা ভারতবর্ষের জন্য একটা বিদ্রূপ, বলা হবে যে এখানকার বুদ্ধিজীবী শ্রেণী ব্রাহ্মণ বর্ণেরই অপর নাম। আপনি হয়তো আফসোস করতে পারেন যে তারা দুজনেই একই অর্থাৎ ব্রাহ্মণ এবং বুদ্ধিজীবী শ্রেণী একে অপরের সমার্থক হয়ে উঠেছে। এছাড়াও, ভারতে বুদ্ধিজীবী শ্রেণী শুধুমাত্র একটি ব্রাহ্মণ বর্ণের মধ্যে সীমাবদ্ধ।

এই কারণে, ভারতের বুদ্ধিজীবী শ্রেণী, দেশের স্বার্থের রক্ষক হওয়ার পরিবর্তে, নিজের জাতের আকাঙ্ক্ষা এবং স্বার্থের চাবিকাঠি ধরে রাখতে বেশি আগ্রহী। এটা

খুবই দুঃখজনক, কিন্তু এটাই সত্য। ভারতের ব্রাহ্মণ হিন্দুদের বুদ্ধিজীবী শ্রেণীই নয়, অন্যান্য হিন্দুরাও তাদের অনেক সম্মান করে। হিন্দুদের সর্বদা শেখানো হয় যে ব্রাহ্মণরা 'ভূদেব' অর্থাৎ পৃথিবীর দেবতা এবং কেবল ব্রাহ্মণরাই তাদের গুরু হতে পারেন। শাস্ত্রে বলা হয়েছে 'বর্ণনাম ব্রাহ্মণে গুরু'। মনু ব্রাহ্মণদের সম্পর্কে বলেছেন:

অনমনাতেষু ধর্মাশু কথম স্যরিতি চেদমাভেত।
যং শিষ্টা ব্রাহ্মণা ব্রুয়ু: সধর্ম স্যাদশঙ্কিত:।।

যদি জিজ্ঞাসা করা হয় যে ধর্মের যে সব বিষয়ে সুনির্দিষ্টভাবে ব্যাখ্যা করা হয়নি বা খুব বেশি কিছু বলা হয়নি, সেসব বিষয়ে কী করা যেতে পারে, তাহলে উত্তর হবে যেহেতু ব্রাহ্মণই শ্রেষ্ঠ, তাই ব্রাহ্মণ যে সিদ্ধান্তই নেবেন না কেন, তা আইনগতভাবে কার্যকর হবে। এর অর্থ হল একজন সভ্য ব্রাহ্মণ যা বলবেন তাই ধর্ম হবে, তাই ব্রাহ্মণদের কথাই হল প্রকৃত ধর্ম (আইনি শক্তি)।" যখন হিন্দু সমাজের বাকি অংশ নিয়ন্ত্রণকারী বুদ্ধিজীবী শ্রেণী বর্ণপ্রথা ভাঙার আন্দোলনের বিরোধিতা করে, তখন আন্দোলনের সাফল্যের সম্ভাবনা খুবই কম হয়ে যায়।

মণ্ডলের জাতপাত ভাঙার আন্দোলনের সাফল্য নিয়ে সন্দেহের দ্বিতীয় কারণ ব্যাখ্যা করার আগে, এটা বলা গুরুত্বপূর্ণ যে জাতিভেদ ব্যবস্থার দুটি দিক রয়েছে। প্রথমত, এটি সমাজকে বিভিন্ন সম্প্রদায়ে বিভক্ত করে এবং দ্বিতীয়ত, এটি সেই সম্প্রদায়গুলিকে তাদের সামাজিক মর্যাদা অনুসারে বিভিন্ন শ্রেণীতে বিভক্ত করে, যেখানে একটি বর্ণের সামাজিক মর্যাদা অন্য বর্ণের তুলনায় উচ্চ বা নিম্ন ঘোষণা করা হয়। এই ব্যবস্থায়, প্রতিটি বর্ণেরই এই সন্তুষ্টি এবং গর্ব থাকে যে তারা কোনও না কোনও বর্ণের চেয়ে শ্রেষ্ঠ। এই ধরণের বর্ণবিন্যাসের কারণে, বাহ্যিক বৈশিষ্ট্য হিসাবে সামাজিক ও ধর্মীয় অধিকার, যাকে শাস্ত্র অনুসারে অষ্টাধিকার এবং সংস্কার বলা হয়, সেগুলিকেও শ্রেণীতে ভাগ করা হয়েছে।একটি বর্ণের মর্যাদা যত বেশি হবে, তার অধিকার তত বেশি হবে এবং একটি বর্ণের মর্যাদা যত কম হবে, তার অধিকার তত কম হবে। এই বর্ণবিন্যাস ব্যবস্থা বর্ণভঙ্গকারীদের একটি যৌথ ফ্রন্ট হিসাবে সংগঠিত হতে দেয় না। যদি কোনও জাতি উচ্চ বর্ণের সাথে তাদের কন্যা-পুত্র সম্পর্ক থাকার দাবি করে, তাহলে ধূর্ত, দুষ্টু এবং চালাক লোকেরা (দুষ্ট বুদ্ধি সম্পন্ন) যারা সেই জাতিকে পৃষ্ঠপোষকতা করে তারা তা বন্ধ করে দেয় এবং অবিলম্বে বলে যে এটি করার আগে, সেই জাতিকে প্রথমে তার চেয়ে নিম্ন বর্ণের সাথে কন্যা-পুত্র সম্পর্ক রাখার জন্য প্রস্তুত থাকতে হবে। এই ধরনের দুষ্টু ও ধূর্ত

লোকদের মধ্যে ব্রাহ্মণদের সংখ্যা বেশি। সুতরাং, হিন্দুধর্মে সকল মানুষ বর্ণ ব্যবস্থার দাস কিন্তু সকল দাস তাদের সামাজিক মর্যাদায় একই বা সমান নয়।

কার্ল মার্কস, তাঁর সময়ের শ্রমিক শ্রেণীকে (সর্বহারা শ্রেণীকে) বিপ্লবের জন্য অনুপ্রাণিত করার সময় বলেছিলেন, "তোমার দাসত্বের শৃঙ্খল ছাড়া তোমার হারানোর আর কিছুই নেই।" কিন্তু ভারতের বর্ণপ্রথা দাসত্বের শৃঙ্খলকে সামাজিক ও ধর্মীয় অধিকারের রূপ দিয়েছে এতটাই শৈল্পিকভাবে যে কার্ল মার্ক্সের এই বিপ্লবী স্লোগানের ডাক এখানে অকেজো হয়ে পড়ে কারণ এখানে প্রতিটি বর্ণেরই তার নীচের বর্ণের তুলনায় বিশেষ এবং আরও বেশি কিছু রয়েছে, যা তারা হারানোর ভয় পায়। এখানকার বর্ণগুলি সার্বভৌমত্বের একটি ব্যবস্থায় রয়েছে, উপরে এবং নীচে, অর্থাৎ, উচ্চতর এবং নিকৃষ্ট, তাদের মধ্যে কিছু উচ্চতর এবং কিছু নিম্নতর, তাই শ্রেষ্ঠত্বের এই ক্রম অনুসারে, প্রতিটি বর্ণ তার বর্ণ এবং তার সামাজিক মর্যাদার সুরক্ষা সম্পর্কে উদ্বিগ্ন। তারা জানে যে যদি বর্ণ প্রথা বিলুপ্ত করা হয়, তাহলে এই বর্ণগুলির মধ্যে কিছু বর্ণ অন্যান্য বর্ণের তুলনায় মর্যাদা, অধিকার এবং ক্ষমতার দিক থেকে বেশি ক্ষতিগ্রস্থ হবে। অতএব, আমরা আশা করতে পারি না যে সমস্ত হিন্দু বর্ণপ্রথার বিরুদ্ধে সেনাবাহিনীর মতো শক্তিশালী আক্রমণে যোগ দেবেন।

❍

২২

কেন হিন্দু ধর্মগ্রন্থ যুক্তি, বিবেক এবং নীতি থেকে দূরে?

যুক্তির পরীক্ষায় উত্তীর্ণ হতে না পারার কারণেই কি হিন্দুদের কাছ থেকে বর্ণপ্রথা বিলোপ করতে ইচ্ছুক থাকার আশা করা যেতে পারে? প্রশ্ন জাগে যে, কোনও হিন্দু কি তার নিজস্ব যুক্তিশক্তি অনুসারে কাজ করার স্বাধীনতা রাখে? মনু প্রতিটি হিন্দুর দৈনন্দিন আচরণের জন্য তিনটি আদেশ দিয়েছেন যা প্রতিটি হিন্দুকে অবশ্যই মেনে চলতে হবে। বেদ: স্মৃতি: গুণ: উ উবাস্য চ প্রিয়াত্মন: অর্থাৎ, একজন হিন্দুর উচিত বেদ, স্মৃতি এবং নীতিশাস্ত্রের নিয়মগুলি ক্রমানুসারে অনুসরণ করা। এর বাইরে কোনও উপায় নেই। সুতরাং, হিন্দুদের জীবনে বিচক্ষণতা এবং যুক্তির কোনও স্থান নেই। বেদ এবং স্মৃতিতে লেখা শব্দের অর্থ সম্পর্কে যখনই কোনও সন্দেহ বা প্রশ্ন দেখা দেয়, তখন কীভাবে তাদের সঠিক অর্থ বোঝা সম্ভব। এই গুরুত্বপূর্ণ প্রশ্নে মনুর নির্দেশ স্পষ্ট। তিনি বলেন-

যোদ্বামন্যতে তে মূলে হেতুশাস্ত্রাশ্রয়ত দ্বিজঃ।
স সাধুভিরবহিষ্কারয়ো নাস্তিকো বেদনিন্দকঃ।।

অর্থাৎ, যারা বেদ ও স্মৃতিতে লেখা বিষয় নিয়ে তর্ক করে এবং সেগুলিকে সম্মান করে না, তাদের উচিত বেদবিরোধী এবং নাস্তিকদের সামাজিকভাবে বয়কট করে শাস্তি দেওয়া।

মনুর এই নিয়ম অনুসারে, বেদ ও স্মৃতি ব্যাখ্যা বা বোঝার ক্ষেত্রে যুক্তির ব্যবহার সম্পূর্ণরূপে নিন্দনীয় এবং নিষিদ্ধ। এটাকে নাস্তিক হওয়ার মতো খুবই পাপ কাজ বলে মনে করা হয়। অতএব, একজন হিন্দুর যুক্তি বা যুক্তি ব্যবহার

করার অনুমতি নেই। মজার বিষয় হল, যদি একই বিষয়ে বেদ ও স্মৃতিতে পরস্পরবিরোধী নির্দেশনা বা কোনও বিরোধ থাকে, তবুও একজন হিন্দু তার বুদ্ধিমত্তা এবং বিচক্ষণতা ব্যবহার করে পরস্পরবিরোধী নির্দেশাবলীর মধ্যে থেকে তার জন্য উপযুক্তটি বেছে নিতে স্বাধীন নন। এমন পরিস্থিতিতেও মনু স্পষ্ট নির্দেশ দিয়েছেন যে, যখন কোনও বিষয়ে দুটি শ্রুতির মধ্যে বিরোধ দেখা দেয়, তখন উভয়কেই সমান স্বীকৃতি দেওয়া উচিত এবং উভয়ের যেকোনও একটি অনুসরণ করা যেতে পারে। এই দুটির মধ্যে কোনটি যুক্তির পরীক্ষায় উত্তীর্ণ হবে তা নির্ধারণ করার জন্য নিজের মাথা ঘোমানোর দরকার নেই। চিন্তা না করেই মেনে নাও। মনু এই বলে আরও স্পষ্ট করেছেন- শ্রুতিদ্বৈশম তু যত্র স্যাপ্তত্র ধারবভুধঃ স্মৃতঃ। অর্থাৎ, যদি শ্রুতি এবং স্মৃতির মধ্যে কোনও দ্বন্দ্ব বা বিরোধ থাকে, তাহলে শ্রুতিই প্রামাণিক বলে বিবেচিত হবে এবং কেবল শ্রুতির আদেশই বৈধ হবে। এখানেও দুজনের মধ্যে কে সঠিক তা নিয়ে তর্ক করার দরকার নেই। মনু এটি নিম্নরূপ উল্লেখ করেছেন:

ইয়া বেদবাহ্যঃ স্মৃতিয়ো য়াশ্চ কশ্চা কৃধিষ্টঃ।
সর্বাস্তা নিস্ফলা: প্রেত্য: তমোনিষ্ঠা হিত: স্মৃত:।।

যেসব স্মৃতি খারাপ এবং বেদের উপর ভিত্তি করে না, সেগুলিকে অকেজো বলে মনে করা হয়, সেগুলি কেবল অজ্ঞতার উপর ভিত্তি করে তৈরি। এছাড়াও, যদি স্মৃতিতে কোনও অসঙ্গতি থাকে তবে কেবল মনুস্মৃতিই বিবেচিত হবে। কিন্তু এখানে আবার এই দুটি যুক্তির মধ্যে কোনটি সত্য এবং সঠিক তা খুঁজে বের করার চেষ্টা করা হবে না। এই বিষয়ে বৃহস্পতি যে ব্যাখ্যা দিয়েছেন তা নিম্নরূপ:

বেদায়াতভয়নিবধ্রবৎ প্রমণ্যম্ হি মনোঃ স্মৃতং।
মানবতাবিপরিতা তু যা স্মৃতিঃ সা ন শস্যতো।।

অর্থাৎ, শ্রুতি বা স্মৃতিতে যেসব বিষয়ে স্পষ্ট নির্দেশনা রয়েছে, সেসব বিষয়ে কোনও হিন্দু তার যুক্তি এবং বিচক্ষণতা ব্যবহার করতে স্বাধীন নয়। মহাভারতেও একই বিন্যাস দেওয়া আছে যেখানে লেখা আছে-

পুরাণ মানবো ধর্মঃ সাংগো বেদশ্চিকিৎসিত।
অজ্ঞানসিদ্ধিনী চৎবারি ন ইন্তব্যনি হেতুভি:।।

অর্থাৎ, পুরাণ, মনুর শিক্ষা, ছয়টি অংশসহ বেদ এবং হিকমত চারটি নির্দেশের মতো এবং এগুলি নিয়ে তর্ক করা উচিত নয়। হিন্দুদের এই নির্দেশাবলী মেনে চলতে হবে। জাতি এবং শ্রেণী হল বেদ এবং স্মৃতিতে ব্যাখ্যা করা বিষয়, তবুও যদি

কোনও হিন্দুকে তাদের সাথে তর্ক করতে বলা হয় তবে তাতে কোনও পার্থক্য থাকবে না। জাতি ও বর্ণের প্রশ্নে, ধর্মগ্রন্থ কখনই কোনও হিন্দুকে এই বিষয়টি বিবেচনা করে সিদ্ধান্ত নেওয়ার অনুমতি দেয় না। প্রকৃতপক্ষে, যুক্তির মাপকাঠিতে জাতপাত ও বর্ণের প্রতি তার বিশ্বাসের ভিত্তি পরীক্ষা করার সুযোগ তাকে না দেওয়ার জন্য ব্যবস্থা করা হয়েছে। অহিন্দুদের কাছে এটা মজার হতে পারে যে লক্ষ লক্ষ হিন্দু বিশেষ বিশেষ অনুষ্ঠানে যেমন ট্রেনে ভ্রমণের সময়, বিদেশ ভ্রমণের সময় বর্ণপ্রথা ভেঙে ফেলে এবং তারপরে তাদের বাকি জীবন ধরে বর্ণপ্রথা বজায় রাখার চেষ্টা চালিয়ে যায়। এই ধারণাটি ব্যাখ্যা করা হলে জানা যাবে যে হিন্দুদের বিবেক এবং যুক্তি শক্তির উপর আরেকটি তালা রয়েছে। মানুষের জীবন সাধারণত অভ্যাসগত এবং প্রতিফলনহীন। অর্থাৎ, তার জীবনের বেশিরভাগ কাজই চিন্তা না করেই করা হয়। যেকোনও ধর্ম, বিশ্বাস, কাল্পনিক ব্যবস্থা বা জ্ঞানকে সমর্থন করার জন্য এবং তার প্রবণতা অর্জনে সহায়তা করার জন্য সক্রিয় এবং সচেতন চিন্তাভাবনা খুব কমই করা হয় এবং কেবল ধর্মীয় সংকটের ক্ষেত্রেই করা হয়। রেল ভ্রমণ এবং বিদেশ ভ্রমণ যেকোনও হিন্দুর জীবনে ধর্মীয় দ্বিধা।

স্বাভাবিকভাবেই একজন হিন্দুর নিজেকে এই প্রশ্নটি জিজ্ঞাসা করতে হবে: যদি দৈনন্দিন জীবনে সর্বদা বর্ণ ব্যবস্থার বন্ধন মেনে চলা সম্ভব না হয়, তাহলে কেন একজন ব্যক্তি তাদের দ্বারা আবদ্ধ থাকবে? কিন্তু তিনি এটা নিয়ে প্রশ্ন তোলেন না। সে প্রতিদিন এক জায়গায় বর্ণের নিয়ম ভাঙে এবং দ্বিধা ছাড়াই অন্য জায়গায় বা অনুষ্ঠানে সেগুলি অনুসরণ করতে শুরু করে। এই জঘন্য আচরণের কারণ হল এই বিষয়ে শাস্ত্রে প্রদত্ত নিয়ম, যা তাকে তার সুবিধা অনুযায়ী যখন খুশি বর্ণ প্রথা অনুসরণ করার নির্দেশ দেয় এবং তা না মানলে প্রায়শ্চিত্তের ব্যবস্থা করে। এইভাবে, প্রায়শ্চিত্তের এই নীতির মাধ্যমে ধর্মগ্রন্থগুলি যে আপোষের মনোভাব গ্রহণ করেছে তা বর্ণপ্রথার জন্য চিরস্থায়ী ইজারা হিসাবে কাজ করেছে এবং বর্ণপ্রথা আজও বিদ্যমান। এটি প্রতিফলিত চিন্তার প্রকাশকে দমিয়ে দেয়; অন্যথায়, এই প্রতিফলিত চিন্তাভাবনার দ্বারা বর্ণের ধারণাটিই ধ্বংস হয়ে যায়।

বর্ণপ্রথা এবং অস্পৃশ্যতা দূর করার জন্য অনেক মানুষ কাজ করেছেন। এর মধ্যে, যাদের গর্বের সাথে উল্লেখ করা যেতে পারে, কবীর, রামানুজ এবং অন্যান্যদের নাম উঠে আসে। আপনি কি এই সমাজ সংস্কারকদের কাজকে সমর্থন করতে পারেন এবং হিন্দুদের তাদের ধারণা এবং পথ অনুসরণ করতে রাজি করাতে পারেন? এটা সত্য যে মনু শ্রুতি এবং স্মৃতির সাথে সদ্গুণকেও একটি

শৃঙ্খলা হিসাবে অন্তর্ভুক্ত করেছিলেন। প্রকৃতপক্ষে, ধর্মগ্রন্থের চেয়ে নীতিশাস্ত্রকে উচ্চতর স্থান দেওয়া হয়েছে।

যদ্যদ্দাচার্যতে যেন ধর্ম্য বধর্ম্যমেব ভা।
দেশস্যচরণম্ নিত্যম চরিত্রম্ তদ্বি কীর্তিতম্॥

অর্থাৎ, একজন ব্যক্তি তার নিজ দেশ এবং পরিবেশে যে সঠিক বা ভুল পদ্ধতি গ্রহণ করে তাকে নৈতিক আচরণ বলা হয়। শ্লোক অনুসারে, একজনকে অবশ্যই সদাচার অনুসরণ করতে হবে, তা সে ধর্ম (ধার্মিকতা) হোক বা অধর্ম, তা সে শাস্ত্র অনুসারে হোক বা এর বিরুদ্ধে হোক। কিন্তু নীতিশাস্ত্র বলতে কী বোঝায়? যদি কেউ মনে করে যে নৈতিকতা সঠিক অথবা সৎকর্ম, যেমন সৎ ও ভদ্রলোকদের কাজ, তাহলে তা হবে বিরাট ভুল। নৈতিকতা বলতে মহৎ বা সৎকর্ম বা মহৎ বা ভদ্র লোকদের কাজ বোঝায় না। নীতি বলতে প্রাচীন রীতিনীতি বা ঐতিহ্য বোঝায়, তা সে সঠিক হোক বা ভুল। এই আয়াতে স্পষ্টভাবে বলা হয়েছে –

পস্মিন দেশে ইয়া আচারঃ ঐতিহ্য।
বর্ণানাং কিল সর্বেষাং সদাচার উচ্চতে॥

অর্থাৎ, একটি দেশের সকল বর্ণের দ্বারা অনুসরণ করা ঐতিহ্যবাহী রীতিনীতি এবং পদ্ধতিগুলিকে সদাচার বলা হয়।

স্মৃতিতে হিন্দুদের স্পষ্টভাবে নির্দেশ দেওয়া হয়েছে যে, দেবতাদের কর্ম যদি শ্রুতি ও স্মৃতির পরিপন্থীও হয়, তবুও সেগুলি অনুসরণ করা উচিত নয়। এটা যেন মানুষকে সাবধান করে দেওয়া হয়েছে যাতে তারা ভালো কাজ এবং ভালো মানুষের কাজকে নৈতিকতা বলে ভুল না করে এবং এমন আশঙ্কাও রয়েছে যে মানুষ হয়তো ভালো মানুষকে অনুসরণ করতে শুরু করবে, কারণ এটাই নৈতিকতার অর্থ। স্মৃতি ও ধর্মগ্রন্থগুলিতে, হিন্দুদের স্পষ্টভাবে নির্দেশ দেওয়া হয়েছে যে, যদি তারা স্মৃতি, শ্রুতি এবং সদাচারের বিরুদ্ধে হয়, তাহলে তারাও দেবতাদের সৎকর্ম অনুসরণ করবে না। এটা খুব অদ্ভুত, খুব বিকৃত শোনাতে পারে, কিন্তু এটা সত্য যে ধর্মগ্রন্থ হিন্দুদের আদেশ দেয় –

'ন দেব চরিতম্ চরেৎ।'

যেকোনও সংস্কারকের অস্ত্রাগারে যুক্তি এবং নৈতিকতা হল দুটি সবচেয়ে শক্তিশালী অস্ত্র, এবং তাকে এগুলির ব্যবহার থেকে বিরত রাখার মানে তাকে কর্মে অক্ষম করে তোলা। যখন মানুষের যুক্তি ও বুদ্ধিমত্তা অনুসারে চিন্তা করার স্বাধীনতা নেই, তখন আপনি কীভাবে বর্ণপ্রথার অবসান করবেন বা তা ভাঙাবেন?

যদি আপনি বর্ণের যুক্তি এবং নীতি বিবেচনা করার স্বাধীনতা না পান, তাহলে আপনি কীভাবে বর্ণ বিলুপ্ত করতে পারবেন? জাতপাতের চারপাশে যে প্রাচীর তৈরি করা হয়েছে তা অবিনশ্বর; এটি দুর্ভেদ্য, এবং যে উপাদান থেকে এটি তৈরি করা হয়েছে তাতে যুক্তি ও নীতির মতো কোনও দাহ্য পদার্থ নেই যা এটিকে পুড়িয়ে ফেলতে পারে। এই সত্যের সাথে সাথে, এটাও যোগ করা উচিত যে এই শক্তিশালী প্রাচীরের পিছনে দাঁড়িয়ে আছে ব্রাহ্মণদের একটি বাহিনী, যাদেরকে সমাজের বুদ্ধিজীবী শ্রেণী বলা হয়। ব্রাহ্মণরা সহজেই এবং স্বাভাবিকভাবেই হিন্দু সমাজের নেতৃত্ব দখল করেছে। এখানে কোনও ভাড়াটে সৈনিক নেই, তারা এমন এক বাহিনী যারা তাদের মাতৃভূমির জন্য মরতে প্রস্তুত।

এখন তুমি বুঝতে পারছো কেন আমি মনে করি যে হিন্দুদের মধ্যে বর্ণের প্রাচীর ভাঙা প্রায় অসম্ভব। যাই হোক না কেন, এই ব্যবস্থা ভাঙতে অনেক যুগ লেগে যাবে। এই কাজটি সম্পন্ন হতে সময় লাগতে পারে অথবা দ্রুত সম্পন্ন হতে পারে, কিন্তু আপনার ভুলে যাওয়া উচিত নয় যে যদি আপনাকে কোনও ফাটল তৈরি করতে হয়, তাহলে আপনাকে সেইসব বেদ এবং ধর্মগ্রন্থগুলিকে ডিনামাইট দিয়ে উড়িয়ে দিতে হবে যারা যুক্তি এবং নীতিতে বিশ্বাস করে না। আপনাদের শ্রুতি ও স্মৃতিগুলি ধর্ম ধ্বংস করতে হবে যারা পুণ্য গ্রহণ করা সম্ভব না। এর চেয়ে বেশি কিছু বলে লাভ নেই। এই বিষয়ে আমার সুচিন্তিত দৃষ্টিভঙ্গি এটি।

২৩

ধর্মগ্রন্থে সংস্কারের প্রয়োজন কেন?

ধর্ম ধ্বংস করার কথা বলতে আমি কী বোঝাতে চাইছি, তা হয়তো কেউ কেউ বুঝতে পারছেন না। আমার এই ধারণাটি কারো কারো কাছে বিদ্রোহী এবং কারো কারো কাছে বিপ্লবী মনে হতে পারে, তাই আমার দৃষ্টিভঙ্গি স্পষ্ট করা প্রয়োজন। আমি জানি না আপনারা নীতি এবং নিয়মের মধ্যে কোনও পার্থক্যে বিশ্বাস করেন কিনা, তবে আমি অবশ্যই এতে বিশ্বাস করি। আমি কেবল তাদের মধ্যে পার্থক্য বিশ্বাস করি না, বরং আমি এই পার্থক্যটিকে বাস্তব এবং গুরুত্বপূর্ণ বলেও বিশ্বাস করি। নিয়মগুলি ব্যবহারিক, নির্দিষ্ট আদর্শ অনুসারে একজন ব্যক্তির অভ্যাসগত আচরণকে প্রতিফলিত করে, অন্যদিকে নীতিগুলি বুদ্ধিবৃত্তিক, যা বিচারের কার্যকর মাধ্যম। এই নিয়মগুলি একজন ব্যক্তিকে বলে যে কোনও নির্দিষ্ট কাজ করার জন্য কোন পদ্ধতি, উপায় বা উপায় গ্রহণ করা উচিত। নীতিমালা কোনও নির্দিষ্ট কাজের পদ্ধতি নির্ধারণ করে না। রান্নার রেসিপির মতো, নিয়মগুলি আমাদের কী করতে হবে এবং কীভাবে করতে হবে তা বলে। বিপরীতে, ন্যায়বিচারের নীতির মতো, তত্ত্বটি মূল বিষয়টি তুলে ধরে যার জন্য ব্যক্তির আকাঙ্ক্ষা এবং উদ্দেশ্যের দিক বিবেচনা করা প্রয়োজন। নীতিগুলি একজন ব্যক্তিকে পথ দেখায় এবং তাকে বলে যে, কোনও কিছু বিবেচনা করার সময় কোন গুরুত্বপূর্ণ বিষয়গুলি মনে রাখা উচিত।

নিয়ম ও নীতির এই পার্থক্যের কারণে, যে কাজ সম্পন্ন করা হয়েছে তার মান এবং বিষয়বস্তুর পার্থক্য স্পষ্ট হয়ে ওঠে। নিয়মানুসারে ভালো কাজ করা আর নীতি অনুসারে ভালো কাজ করা আলাদা। তত্ত্বটি ভুল হলেও, এর অধীনে করা কাজটি দায়িত্বশীল, সচেতন এবং গুরুত্বপূর্ণ হতে পারে। একইভাবে, একটি নিয়ম সত্য হতে পারে এবং এর অধীনে সম্পাদিত কাজ বা ক্রিয়া যান্ত্রিক। যেকোনও ধর্মীয়

কার্যকলাপ বা কর্ম সঠিক কর্ম নাও হতে পারে, কিন্তু কর্মের জন্য দায়িত্ব থাকা উচিত। এই দায়িত্বের কারণেই ধর্মীয় কর্মকাণ্ড কেবল নীতির মধ্যেই বিবেচিত হবে, একে নিয়ম হিসাবে বিবেচনা করা যাবে না, এবং এই কর্ম অবনমিত হয়ে নিয়মে পরিণত হওয়ার সাথে সাথেই এর ধর্মীয় রূপ হারিয়ে যায়, কারণ নিয়মের আওতায় ধর্মের দায়িত্বের অপরিহার্য উপাদানটি এর থেকে অদৃশ্য হয়ে যায়।

হিন্দুধর্ম কি? এটা কি নীতিমালার একটি সেট নাকি নিয়মের একটি কোড? বেদ ও স্মৃতি অনুসারে, হিন্দুধর্ম পশুবলি, সামাজিক, রাজনৈতিক এবং পরিচ্ছন্নতার সাথে সম্পর্কিত নিয়ম ও বিধিনিষেধের একটি সংগ্রহ ছাড়া আর কিছুই নয়। সবকিছু যেন এলোমেলো। হিন্দুরা যাকে ধর্ম বলে, তা কেবল আদেশ-নিষেধের সমষ্টি ছাড়া আর কিছুই নয়। হিন্দুধর্ম এমন কোনও প্রকৃত ধর্ম নয় যার আধ্যাত্মিক নীতিমালা রয়েছে যা বিশ্বজুড়ে সকল সম্প্রদায়ের জন্য সর্বদা এবং সকল উদ্দেশ্যে সর্বজনীনভাবে কার্যকর। এই উপাদানগুলি হিন্দুধর্মে একেবারেই নেই, এবং সামান্য হলেও হিন্দুদের জীবনে এগুলি কোনও নিয়ন্ত্রক ভূমিকা পালন করে না। হিন্দুদের জীবনে এর কোনও দৃশ্যমান প্রভাব নেই। একজন হিন্দুর জন্য, বেদ ও স্মৃতিতে 'ধর্ম' শব্দটি যেভাবে ব্যবহার করা হয়েছে এবং এর ব্যাখ্যাকারদের দ্বারা ব্যাখ্যা করা হয়েছে, তাতে এটা স্পষ্ট যে একজন হিন্দুর জন্য ধর্মের অর্থ 'শৃঙ্খলা ও বন্ধন'। বেদে ব্যবহৃত 'ধর্ম' শব্দের অর্থ ধর্মীয় রীতিনীতি বা আচার।

দার্শনিক জৈমিনি তাঁর পূর্ব মীমাংসা গ্রন্থে ধর্মকে "বৈদিক অনুচ্ছেদে বর্ণিত ইচ্ছার লক্ষ্য বা ফলাফল, অথবা বেদ দ্বারা নির্দেশিত" হিসাবে সংজ্ঞায়িত করেছেন। সহজ ভাষায়, আমরা বলতে পারি যে হিন্দুরা যাকে ধর্ম বলে তা আসলে একটি আইন বা নিয়ম অথবা সর্বাধিক বৈধ জাতি নীতি। সত্যি কথা বলতে, আমি এই ধরণের অধ্যাদেশকে ধর্ম হিসাবে মেনে নিতে অস্বীকার করি।

হিন্দুদের এই আইনি সংগ্রহকে ধর্ম হিসাবে ভুলভাবে উপস্থাপন করা হয়েছে। এর প্রথম খারাপ দিক হল এটি মানুষের নৈতিক জীবন এবং যুক্তি ও বিচক্ষণতা ব্যবহারের স্বাধীনতা ধ্বংস করে। তার উপর থেকে আরোপিত নিয়মের দাস রয়ে হয়েই রয়েছে। এতে কারো আদেশের প্রতি কোনও আনুগত্য নেই এবং কেবল নিয়ম ও আদেশ অনুসরণ করা প্রয়োজন। এছাড়াও, এর সবচেয়ে বড় ক্ষতি হল, যে নিয়মগুলি আগে প্রযোজ্য ছিল, আজও প্রযোজ্য এবং ভবিষ্যতেও একই নিয়ম সবসময় প্রযোজ্য থাকবে। তাছাড়া, যেহেতু নিয়ম সকল শ্রেণীর জন্য সমান নয়, তাই এগুলি অন্যায্য এবং অযৌক্তিক। এখন যেহেতু এই নিয়মগুলি চিরকালের

জন্য তৈরি করা হয়েছে, এই অবিচারও চিরস্থায়ী হয়ে উঠেছে, অর্থাৎ ভবিষ্যৎ প্রজন্মকেও একইভাবে এর ভোগান্তি পোহাতে হবে। আপত্তি এই বিষয়ে নয় যে এই ব্যবস্থাটি ঐশ্বরিক সত্তা, আসলে তা স্মৃতি লেখক, নবী বা আইন প্রণেতাদের দ্বারা তৈরি, বরং আপত্তি এই যে এই আইনি কোডটি চূড়ান্ত এবং স্থির করা হয়েছে।

সব মানুষের মনের সুখ একই রকম হয়না। এটি ব্যক্তির অবস্থা এবং পরিস্থিতি অনুসারে পরিবর্তিত হতে থাকে। মনের সুখ বিভিন্ন সময়ে বিভিন্ন মানুষের জন্য পরিবর্তিত হয়। যখন এই অবস্থা, তখন কীভাবে সম্ভব যে সমাজ এবং এই চিরন্তন ব্যবস্থা সহ্য করার পরেও মানুষ খোঁড়া এবং সংকীর্ণ (পঙ্গু) হয়ে যাবে না? যদি এমনটা ঘটে, তাহলে সে নিশ্চিতভাবেই পঙ্গু হয়ে যাবে। অতএব, আমার বলতে কোনও দ্বিধা নেই যে এই ধরণের ধর্মকে অবশ্যই নিশ্চিহ্ন এবং ধ্বংস করতে হবে। আমি বলব যে এই ধরণের ধর্ম ধ্বংস করাকে কোনও অন্যায় বা পাপ বলা হবে না। আসলে, আমি মনে করি ধর্মের এই প্রতারণামূলক ছদ্মবেশ বা মুখোশ ছিঁড়ে ফেলা এবং এই আইনকে ধর্ম বলে ভুল করে যে মিথ্যা প্রচার করা হচ্ছে তা দূর করা আপনার সর্বোচ্চ কর্তব্য। এই মুখোশটি খুলে ফেলা আপনার জন্য খুবই গুরুত্বপূর্ণ। একবার আপনি মানুষের মন থেকে এই ভুল ধারণাটি দূর করে দিন এবং তাদের বোঝান যে, যে ব্যবস্থাকে ধর্ম বলা হয়েছে তা ধর্ম নয় বরং কেবল নিয়ম এবং আইন, তাহলে আপনি সহজেই তাদের বোঝাতে পারবেন যে অন্যান্য নিয়মের মতো, এগুলিও তাদের ব্যবহারের উপর নির্ভর করে সংশোধন বা পরিবর্তন করা যেতে পারে। আপনি তাদের এটা করার জন্য উৎসাহিত করতে পারেন। কারণ ধর্ম সম্পর্কে মানুষের ধারণা হল এটি পরিবর্তন করা যাবে না। অতএব, যখন মানুষ এটিকে ধর্ম হিসাবে বিবেচনা করে, তখন তারা এটি সংশোধন বা পরিবর্তন করতে প্রস্তুত হবে না। অথচ মানুষের এই ধারণা যে আইন পরিবর্তন করা যেতে পারে, তা ভিত্তি হীন যায়। অতএব, যতক্ষণ মানুষ ধর্মগ্রন্থের আদেশ ও নিয়মকে ধর্ম হিসাবে বিবেচনা করবে, ততক্ষণ তারা এতে কোনও পরিবর্তনে রাজি হবে না, কিন্তু যতক্ষণ না তারা বুঝতে পারবে যে তারা যাকে তাদের ধর্ম বলে মনে করে তা ধর্ম নয় বরং একটি আইন যা ঐতিহ্যবাহী এবং পুরাতন। তখন তারা একমত হবে এবং পরিবর্তন করতে প্রস্তুত থাকবে কারণ তারা জানে এবং বিশ্বাস করে যে আইন পরিবর্তন করা যেতে পারে।

২৪

ধর্ম এবং পুরোহিতদের নতুন রূপ কী হওয়া উচিত?

যখন আমি ধর্মের সমালোচনা করি যা নিয়ম ও আইনে পরিপূর্ণ, তখন এর অর্থ এই নয় যে আমার মতে মানব জীবনে ধর্মের কোনও প্রয়োজন নেই। বিপরীতে, আমি চিন্তাবিদ স্নোর বক্তব্যের সাথে সম্পূর্ণ একমত, যিনি বলেছেন, "সত্য ধর্ম হল সমাজের ভিত্তি যার উপর প্রকৃত সামাজিক কর্তৃপক্ষ (নাগরিক সরকার) স্থাপিত হয় এবং যার গ্রহণযোগ্যতা সমাজের। অতএব, যখন আমি জোর দিয়ে বলি যে জীবনের পুরাতন ঐতিহ্যবাহী ধর্মের নিয়মগুলি ধ্বংস করা উচিত, তখন আমিও নিয়মের ধর্মের পরিবর্তে নীতির ধর্ম প্রতিষ্ঠিত হওয়ার ব্যাপারেই আগ্রহ দেখাই। এই ধরণের ধর্মই নিজেকে সত্য ধর্ম বলে দাবি করতে পারে। আমি এই সত্যের সাথে সম্পূর্ণ একমত যে ধর্ম মানুষের জন্য অত্যন্ত গুরুত্বপূর্ণ। অতএব, আমি আপনাকে বলতে চাই যে আমি ধর্মের সংস্কারকে একটি অত্যন্ত গুরুত্বপূর্ণ কাজ বা দিক বলে মনে করি। আমার মতে, ধর্মের সংস্কারের মূল বিষয়গুলি নিম্নরূপ হওয়া উচিত।

১. হিন্দুধর্মের একটি মাত্র খাঁটি ধর্মীয় গ্রন্থ থাকা উচিত, যা সকল হিন্দুর দ্বারা গৃহীত এবং সকল হিন্দুর দ্বারা স্বীকৃত হওয়া উচিত। এর অর্থ হল হিন্দু ধর্মের অন্যান্য সমস্ত গ্রন্থ, যেমন বেদ, শাস্ত্র, পুরাণ, যা পবিত্র এবং প্রামাণিক বলে বিবেচিত, আইন দ্বারা তাদের ধর্মীয় বৈধতা বাতিল করা উচিত, নিষিদ্ধ করা উচিত এবং এই গ্রন্থগুলিতে লিখিত সামাজিক ও ধর্মীয় শিক্ষা প্রচার করা একটি শাস্তিযোগ্য অপরাধ হিসাবে বিবেচিত হওয়া উচিত।

২. হিন্দুদের পুরোহিত পেশা বিলুপ্ত করা হলে খুব ভালো হবে। কিন্তু এটা অসম্ভব বলে মনে হচ্ছে, তাই পুরোহিতত্বে বংশগত ঐতিহ্য বন্ধ করতে হবে। হিন্দু বলে দাবি করা প্রত্যেক ব্যক্তির পুরোহিত হওয়ার অধিকার থাকা উচিত। এমন একটি আইন থাকা উচিত যে কোনও হিন্দু পুরোহিত হতে পারবেন না যদি না তিনি সরকার কর্তৃক নির্ধারিত পরীক্ষায় উত্তীর্ণ হন এবং যদি না তার কাছে সরকার কর্তৃক প্রদত্ত পুরোহিতত্ব অনুশীলনের জন্য কোনও সার্টিফিকেট, ডিগ্রি বা লাইসেন্স থাকে।

৩. লাইসেন্স বা সার্টিফিকেট বা সার্টিফিকেটবিহীন পুরোহিত কর্তৃক সম্পাদিত যেকোনও প্রথা, আচার বা ধর্মীয় অনুষ্ঠান অবৈধ বলে গণ্য করা উচিত এবং সার্টিফিকেটবিহীন পুরোহিতের কাজকে শাস্তিযোগ্য অপরাধ হিসাবে বিবেচনা করা উচিত।

৪. পুরোহিতদের সরকারের কর্মচারী হতে হবে এবং সাধারণ নাগরিকদের মতো দেশের নাগরিক আইনের অধীন হতে হবে এবং রাষ্ট্রীয় কর্মচারীদের মতো তাদের আচরণ, বিশ্বাস এবং উপাসনার ক্ষেত্রে সরকারের শৃঙ্খলার অধীন হতে হবে।

৫. ভারতীয় সিভিল সার্ভিস অফিসারদের মতো, সরকার কর্তৃক প্রয়োজন অনুসারে পুরোহিতের সংখ্যাও সীমিত করা উচিত।

কিছু লোক আমার এই কথাগুলি উগ্র এবং বিপ্লবী মনে করতে পারে, কিন্তু আমার বোধগম্যতায় এতে বিপ্লব বলে কিছু আছে, এমনটা আমার মনে হয় না। ভারতের প্রায় সকল ব্যবসাই নিয়ম মেনে চলে। ডাক্তার, ইঞ্জিনিয়ার এবং অ্যাডভোকেটদের তাদের পেশা শুরু করার আগে একটি ডিগ্রি অর্জন করতে হবে, তবেই তারা তাদের ব্যবসা শুরু করার অনুমতি পাবে। তাদের সমগ্র কর্মজীবনে, এই ব্যক্তিদের কেবল দেশের দেওয়ানি এবং ফৌজদারি আইন মেনে চলতে হয় না, বরং তাদের নিজ নিজ পেশার বিশেষ নিয়ম এবং নৈতিক শৃঙ্খলাও মেনে চলতে হয়। কিন্তু হিন্দু পুরোহিতের পেশাই একমাত্র পেশা যা কোনও ধরণের শৃঙ্খলার অধীন নয়; এটিই একমাত্র পেশা যেখানে কোনও আইন নেই এবং কোনও বিধিনিষেধ নেই। এতে পেশাদার শৃঙ্খলা এবং দক্ষতার কোনও প্রয়োজন নেই। মানসিকভাবে একজন পুরোহিতও বোকা হতে পারেন। শারীরিকভাবে একজন পুরোহিত সিফিলিস বা গনোরিয়ার মতো জঘন্য রোগে ভুগতে পারেন। সে নৈতিকভাবে দুর্নীতিগ্রস্ত চরিত্রের অথবা দেউলিয়া হতে পারে। কিন্তু এত

কিছুর পরেও, হিন্দুদের ধর্মীয় আচার-অনুষ্ঠান পালনের পাশাপাশি, তাকে পবিত্র স্থানগুলির গর্ভগৃহে পৌঁছানোর এবং দেবতাদের পূজা করার জন্য সম্পূর্ণ যোগ্য বলে মনে করা হয়। হিন্দুদের মধ্যে এই সবই সম্ভব কারণ একজন পুরোহিতের জন্য পুরোহিত বর্ণে জন্মগ্রহণ করাই যথেষ্ট।

অতএব, এই সমগ্র ব্যবস্থা ঘৃণার যোগ্য এবং এই কারণেই হিন্দুদের পুরোহিত শ্রেণী কোনও আইনের দ্বারা আবদ্ধ নয় এবং কোনও নৈতিক অনুশাসনের দ্বারাও আবদ্ধ নয়। পুরোহিতের জন্য কোনও নির্দিষ্ট কর্তব্য নেই। যদি এর জন্য কর্তব্য তৈরি না করা হয়, তাহলে সেগুলি নিয়ে ভাবাও সম্ভব নয়। এটি কেবল অধিকার এবং সুযোগ-সুবিধার কথা বলে। এটি একটি পরজীবী কীট যাকে দেবতাগণ সমাজের মানসিক ও নৈতিক দিকগুলিকে কাজে লাগানোর জন্য ছেড়ে দিয়েছেন। অতএব, উপরে বর্ণিত আইনগুলির মতো আইন তৈরি করে পুরোহিত শ্রেণীকে নিয়ন্ত্রণ করা খুবই গুরুত্বপূর্ণ। যদি এটি ঘটে, তাহলে এই শ্রেণী জনসাধারণকে বিভ্রান্ত করতে এবং তাদের ক্ষতি করতে পারবে না। আইন প্রণয়নের পর, এই পেশার পথ সকলের জন্য উন্মুক্ত করে দেওয়ার মাধ্যমে, সকলেই পুরোহিত হওয়ার সুযোগ পাবে এবং পুরোহিত পেশা গণতান্ত্রিক রূপ পাবে। কেবলমাত্র এই ধরনের আইনই ব্রাহ্মণ্যবাদ নির্মূল করতে সাহায্য করবে এবং বর্ণপ্রথার অবসানেও সাহায্য করবে কারণ ব্রাহ্মণ্যবাদই বর্ণপ্রথার জননী। ব্রাহ্মণ্যবাদের বিষ হিন্দু সমাজকে ধ্বংস করে দিয়েছে, তাই ব্রাহ্মণ্যবাদকে নির্মূল করে আপনি হিন্দু ধর্মকে রক্ষা এবং পুনরুজ্জীবিত করতে পারেন। আমার সংস্কারের বিরুদ্ধে কারোরই কোনও আপত্তি বা প্রতিবাদ থাকা উচিত নয়। এমনকি আর্য সমাজীদেরও এটিকে স্বাগত জানানো উচিত কারণ এটি তাদের গৃহীত 'গুণ কর্ম' নীতি অনুসারে চলছে এবং এরই একটি রূপ।

এই সংস্কারগুলি বাস্তবায়ন করলেও, আপনাকে অবশ্যই আপনার ধর্মকে একটি নতুন মতবাদ হিসাবে গড়ে তুলতে হবে, যা স্বাধীনতা, সাম্য এবং ভ্রাতৃত্বের সাথে সঙ্গতিপূর্ণ, অর্থাৎ, সেই ভিত্তি গণতান্ত্রিক হওয়া উচিত। আমি এই বিষয়ে বিশেষজ্ঞ নই, তবে আমার জ্ঞানের ভিত্তিতে আমি আপনাকে বলতে পারি যে এই ভিত্তি তৈরি করার জন্য আপনাকে কোনও বিদেশী ধর্মীয় গ্রন্থের আশ্রয় নিতে হবে না, আর এই নীতিটি আপনার নিজস্ব উপনিষদে বিদ্যমান। হ্যাঁ, এই মৌলিক ভিত্তির জন্য আপনাকে উপনিষদে প্রদত্ত তথ্যগুলি পরিষ্কার করতে হবে এবং খুব বেশি কাটা-কাটা না করে এটিকে একটি নতুন রূপ দিতে হবে। এর ফলে জীবনের মৌলিক

ধারণার পরিবর্তন হবে। এর অর্থ হল জীবনের মূল্যবোধের সম্পূর্ণ পরিবর্তন এবং এর অর্থ হবে মানুষ এবং জিনিসপত্রের আচরণ ও দৃষ্টিভঙ্গির সম্পূর্ণ পরিবর্তন। এর অর্থ হবে ধর্মান্তর, কিন্তু যদি আপনি এই শব্দটি পছন্দ না করেন তবে আমি বলব এর অর্থ হবে সম্পূর্ণ নতুন জীবন। কিন্তু মৃত দেহে নতুন জীবন প্রবেশ করতে পারে না। নতুন জীবনের জন্য নতুন শরীরের প্রয়োজন হবে। সহজ ভাষায় বলতে গেলে, এটা কেটে ফেলা যেতে পারে যে, একটি নতুন জীবন অস্তিত্বে আসার (সজীবিত হওয়ার) আগে এবং তাতে প্রবেশ করে স্পন্দিত হওয়ার আগে পুরাতন দেহের মৃত্যু অবশ্যই হতে হবে। আমি যা বলতে চাইছি তা হল, আপনাদের ধর্মগ্রন্থের আদেশ-নিষেধ অস্বীকার করতে হবে এবং ধর্মগ্রন্থের ধর্ম ধ্বংস করতে হবে।

❍

২৫

হিন্দুদের বিচার করা উচিত, এমন কিছু প্রশ্ন

আমি আপনার অনেক সময় নিয়েছি, তাই এখানেই বক্তৃতা শেষ করা উপযুক্ত হবে। এখানেই থেমে যাওয়া আমার জন্য উপযুক্ত হবে, কিন্তু হিন্দুদের জন্য অত্যন্ত গভীর এবং গুরুত্বপূর্ণ এই বিষয়ে হিন্দু শ্রোতাদের কাছে এটিই হবে আমার শেষ বক্তৃতা। আমার বক্তৃতা শেষ করার আগে, নিজেকে অনুমতি দেওয়ার আগে, আমি কিছু প্রশ্ন উত্থাপন করতে চাই যেগুলি জীবন ও মৃত্যুর মতোই গুরুত্বপূর্ণ বলে আমি মনে করি এবং হিন্দুদের সেগুলি গুরুত্ব সহকারে বিবেচনা করার জন্য আমন্ত্রণ জানাচ্ছি।

প্রথমত, হিন্দুদের অবশ্যই বিবেচনা করতে হবে যে নৃবিজ্ঞানীদের এই সংযত এবং মৃদু মতামত মেনে নেওয়াই যথেষ্ট কিনা যে বিশ্বের বিভিন্ন জাতির বিশ্বাস, ভরসা, অভ্যাস, মেজাজ, নীতি এবং জীবন সম্পর্কে দৃষ্টিভঙ্গি সম্পর্কে বলার মতো আর কিছুই নেই, তবে এই সমস্ত জিনিস একেক ব্যক্তির ক্ষেত্রে একেক রকম; কোন ধরণের বিশ্বাস, আচরণ, মেজাজ, চিন্তাভাবনা, নীতি এবং জীবন সম্পর্কে দৃষ্টিভঙ্গি মানব সমাজের জন্য উপকারী এবং সৎকর্মের দিকে পরিচালিত করেছে তা খুঁজে বের করার চেষ্টা করা কি প্রয়োজনীয় নয়? আর যাদের মধ্যে তা উপস্থিত ছিল তারা পড়তে, লিখতে, বিকাশ করতে, মানব সমাজকে শক্তিশালী করতে, পৃথিবীকে জনবহুল করতে এবং তাতে সাম্রাজ্য প্রতিষ্ঠা করতে সক্ষম হয়েছিল। অধ্যাপক কার্ভারের মতে, "নৈতিকতা এবং ধর্ম, যা নৈতিক চুক্তি এবং মতবিরোধের মিলনের প্রতিনিধিত্ব করে, নৈতিকতার সংগ্রামে ব্যবহৃত হাতিয়ার হিসাবে গ্রহণ করা উচিত, ঠিক যেমন দাঁত এবং নখ, শিং এবং খুর, ঠোঁট এবং

পালক আক্রমণ এবং প্রতিরক্ষার জন্য অস্ত্র হিসাবে ব্যবহৃত হয়।”যেসব গোষ্ঠী, সম্প্রদায়, উপজাতি এবং জাতি এতটাই ব্যর্থ নীতিগত পরিকল্পনা তৈরি করে যা কার্যকর করা যায় না অথবা যা সমাজকে দুর্বল এবং অস্তিত্বের জন্য অযোগ্য করে তোলে, যে অভ্যাসের কারণে গ্রহণযোগ্যতার অনুভূতি তৈরি হয়, অন্যদিকে যেসব সামাজিক ক্রিয়াকলাপ তাদের শক্তিশালী করে এবং বিকাশে সহায়তা করে, তারা অভ্যাসের কারণে প্রত্যাখ্যানের অনুভূতি তৈরি করে এবং শেষ পর্যন্ত অস্তিত্বের সংগ্রামে ধ্বংস হয়ে যায়। ধর্ম ও নৈতিকতার দানস্বরূপ এই সমাজগুলিকে পছন্দ বা অপছন্দ করার এই অভ্যাসটি একটি সম্প্রদায় বা জাতিকে ঠিক একইভাবে পঙ্গু করে দেয় যেমন মাছির শরীরের একপাশে যদি দুটি ডানা থাকে এবং অন্যপাশে যদি একটাও ডানা না থাকে, তাহলে তারা উড়তে পারবে না।

একটি ব্যবস্থা ভালো হলে অন্যটিও ভালো হবে, এই বিতর্ক করা অর্থহীন। অতএব, নীতি এবং ধর্ম কেবল পছন্দ-অপছন্দের বিষয় নয়। আপনি হয়তো এমন একটি নীতিশাস্ত্র এবং ন্যায়বিচার ব্যবস্থাকে খুব অপছন্দ করেন যা একটি সম্পূর্ণ জাতিকে বিশ্বের সবচেয়ে শক্তিশালী জাতিতে পরিণত করতে পারে। আপনার অপছন্দ সত্ত্বেও এমন একটি জাতি শক্তিশালী হয়ে উঠবে। আপনি হয়তো এমন একটি নীতিশাস্ত্র এবং ন্যায়বিচারের ব্যবস্থা পছন্দ করেন, যা যদি একটি সমগ্র জাতির উপর প্রয়োগ করা হয়, তাহলে সেই জাতিকে জাতিসমূহের মধ্যে বেঁচে থাকার সংগ্রামে অজেয় করে তুলবে। আর আপনার ইচ্ছা এবং পছন্দ যাই হোক না কেন, সেই দেশটি অবশেষে ধ্বংস হয়ে যাবে। তাই হিন্দু সমাজকে সমাজের অস্তিত্ব বজায় রাখার লক্ষ্যে তার ধর্ম ও নৈতিকতা পরীক্ষা করতে হবে।

দ্বিতীয়ত, হিন্দু সমাজের বিবেচনা করা উচিত যে তারা কি তাদের সম্পূর্ণ সামাজিক ঐতিহ্য সংরক্ষণ করতে চায়, নাকি তাদের কেবল সেইসব জিনিস নির্বাচন করা উচিত যা কার্যকর এবং কেবল সেই জিনিসই ভবিষ্যৎ প্রজন্মের কাছে হস্তান্তর করা উচিত, এর বেশি নয়। প্রো. কলম্বিয়া বিশ্ববিদ্যালয়ে আমার শিক্ষক এবং যার কাছে আমি অত্যন্ত ঋণী, ডিউই বলেছিলেন, “প্রতিটি সমাজ মৃত এবং বিকৃত ঐতিহ্যবাহী তুচ্ছ বিষয়ের ভারে ভারাক্রান্ত। যখন একটি সমাজে আধুনিক এবং প্রগতিশীল ধারণার আলো ছড়িয়ে পড়ে, তখন সমাজ বুঝতে শুরু করে যে তার সমস্ত বর্তমান অর্জনগুলিকে সংরক্ষণ করা এবং ভবিষ্যত প্রজন্মের কাছে সেগুলি যেমন আছে তেমন হস্তান্তর করা ঠিক হবে না। এমন অর্জনগুলি হস্তান্তর করা ঠিক হবে যা একটি উন্নত ভবিষ্যতের সমাজ তৈরি করতে পারে।”

ফরাসি বিপ্লবের ভিত্তিপ্রস্তর পরিবর্তনের নীতিগুলির তীব্র বিরোধিতা সত্ত্বেও, বিপ্লবী বার্ক স্বীকার করতে বাধ্য হন যে "যদি কোনও সরকার পরিবর্তন করতে সক্ষম না হয়, তবে তার অস্তিত্বের কোনও সুযোগ নেই। এই ধরণের উপায়ের অভাবের কারণে, সরকার সংবিধানের সেই অংশটিও হারাতে পারে যা তারা যেকোনও মূল্যে সংরক্ষণ করতে চায়।" সরকার সম্পর্কে বার্কের বক্তব্য সমাজের জন্যও সমানভাবে প্রযোজ্য।

তৃতীয় বিষয় হল, হিন্দু সমাজের বিবেচনা করা উচিত যে তারা কি সেই পুরনো আমলের পূজা বন্ধ করবে, যেগুলিকে তারা তাদের আদর্শ বলে মনে করে। অধ্যাপক কেবল অতীত সময়ের উপাসনা করার প্রভাব সম্পর্কে কথা বলেছেন। ডিউই ঠিকই বলেছেন, "একজন ব্যক্তি কেবল বর্তমানেই বেঁচে থাকতে পারে, বর্তমানের অর্থ কেবল অতীতের পরে আসে তা না। বর্তমান অবশ্যই অতীত দ্বারা সৃষ্ট কিছু নয়। জীবন হল অতীতকে বর্তমানে রেখে যাওয়া। অতীত এবং এর জ্ঞান এবং ঐতিহ্যের গুরুত্ব কেবল তখনই থাকে যখন এটি বর্তমানে প্রবেশ করে, অন্যথায় এর কোনও গুরুত্ব থাকে না। কিন্তু পুরাতন নথি, অবশেষ এবং রেকর্ডকে শিক্ষার মূল বিষয় করে, অতীত ভুল করে বর্তমানের বিপরীত হয়ে যায় এবং বর্তমান কমবেশি অতীতের একটি নিরর্থক অনুকরণে পরিণত হয়।" যে তত্ত্ব বর্তমানের জীবনযাপন ও অগ্রগতির কাজকে অবজ্ঞা করে এবং অবমূল্যায়ন করে, তা স্বাভাবিকভাবেই বর্তমানকে শূন্য এবং ভবিষ্যৎকে দূরবর্তী বলে মনে করে। এই ধরনের তত্ত্ব অগ্রগতির প্রতিকূল এবং জীবনের একটি শক্তিশালী ও স্থিতিশীল প্রবাহকে বাধাগ্রস্ত করে।

আর এখন চতুর্থ বিষয় হল, হিন্দুদের বিবেচনা করা উচিত যে, তাদের কি সেই সময় আসেনি যখন তারা বুঝতে পারবে যে এই পৃথিবীতে কিছুই স্থিতিশীল নয়, কিছুই চিরস্থায়ী নয় অর্থাৎ শাশ্বত নয়, সবকিছুই পরিবর্তনশীল, পৃথিবীর সবকিছুই পরিবর্তনশীল। একটি পরিবর্তিত সমাজে, পুরানো বিশ্বাস এবং ঐতিহ্যের ক্ষেত্রে বৈপ্লবিক পরিবর্তন আসা উচিত এবং হিন্দুদের বুঝতে হবে যে যদি মানুষের কর্ম পরিমাপের জন্য কোনও মানদণ্ডের প্রয়োজন হয়, তাহলে সেই মানদণ্ডগুলিও পরিবর্তন বা উন্নত করার জন্য প্রস্তুত থাকতে হবে।

২৬

বর্ণ প্রথা নির্মূল করা দরকার

আমি স্বীকার করছি যে আমার বক্তৃতা অনেক দীর্ঘ হয়ে গিয়েছে। এখন বক্তৃতার দৈর্ঘ্যের কথা না ভেবে তা কতটা বক্তৃতার বিষয়বস্তুর প্রশস্ত করেছে এবং গুরুত্ব কতটা পূরণ করেছে তা সিদ্ধান্ত নেওয়ার দায়িত্ব আপনার। আমি কেবল দাবি করছি যে আমি আমার ধারণাগুলি আপনার সামনে অকপটে তুলে ধরেছি; কিন্তু আমি আপনাকে এগুলি গ্রহণ করতে বলতে পারি না, তবে আমি অবশ্যই আপনাকে অনুরোধ করব যে আপনি আপনার ভাগ্যের কথা ভেবে এবং তা বিচার করার জন্য এগুলি পুঙ্খানুপুঙ্খভাবে অধ্যয়ন করুন। যদি আপনি আমাকে বলতে দেন, আমি বলব যে এই চিন্তাভাবনা এমন একজন ব্যক্তির চিন্তাভাবনা যিনি কোনও কর্তৃপক্ষ বা ক্ষমতার হাতিয়ার নন বা কোনও বড় লোকের তোষামোদকারী নন। এই ভাবনাগুলি এমন একজন ব্যক্তির কথা যার সমগ্র জীবন দরিদ্র ও নিপীড়িতদের স্বাধীনতার জন্য লড়াই করে কেটেছে। কিন্তু সম্মান ও পুরষ্কারের আকারে তিনি জাতীয় সংবাদপত্র, ম্যাগাজিন এবং জাতীয় নেতাদের কাছ থেকে ক্রমাগত অপবাদ এবং গালিগালাজ ছাড়া আর কিছুই পাননি। এই ধরণের পুরষ্কারের একটাই কারণ ছিল, আর তা হল আমি তাদের এই অলৌকিক কাজের অংশ হতে রাজি হইনি (এটাকে প্রতারণা বা প্রতারণার খেলা বলে আমি আপনাকে বিরক্ত করতে চাই না)। আমি অত্যাচারীদের টাকা দিয়ে নিপীড়িতদের মুক্ত করা এবং ধনীদের টাকা দিয়ে গরীবদের উন্নয়নের অলৌকিক কাজের অংশ ছিলাম না। আমি ঐ সংবাদপত্র এবং নেতাদের সমর্থন করতে অস্বীকার করেছি।

আমার মতামতকে গুরুত্ব দেওয়ার জন্য এই সব বিষয় যথেষ্ট নাও হতে পারে, এবং আমি এটাও বুঝতে পারি যে এতে আপনার দৃষ্টিভঙ্গি পরিবর্তন হওয়ার

সম্ভাবনা কম, তবে আপনার দৃষ্টিভঙ্গি পরিবর্তন হবে কিনা তা সম্পূর্ণ আপনার উপর নির্ভর করে। যদি আমার মত ঠিক বলে মনে না হয়, তাহলে অবশ্যই আপনার নিজস্ব উপায়ে বর্ণপ্রথা উপড়ে ফেলার চেষ্টা করা উচিত। আমি দুঃখিত কারণ আমি আপনার সাথে সহমত হতে পারব না। আমি ধর্মান্তরিত হওয়ার সিদ্ধান্ত নিয়েছি এবং এর কারণ ব্যাখ্যা করার জন্য এটি সঠিক জায়গা বা উপলক্ষ নয়, তবে আমি যদি আপনার অঞ্চলের বাইরে যাই তবে আমি গভীর আগ্রহ এবং সহানুভূতির সাথে আপনার গতিবিধি এবং কার্যকলাপ পর্যবেক্ষণ করতে থাকব এবং সেক্ষেত্রে যতদূর সম্ভব আপনি আমার সহায়তা পেতে থাকবেন। আপনার উদ্দেশ্য একটি জাতীয় অনুভূতির সাথে সম্পর্কিত। এই নিয়ে কোনও সন্দেহ নেই যে বর্ণ প্রথা মূলত হিন্দুদের একটি সমস্যা কারণ এটি সমাজের একটি পিছে যাওয়া ব্যবস্থা। হিন্দুরা পুরো পরিবেশকে দূষিত করেছে যার কারণে শিখ, মুসলিম, খ্রিস্টান সকলেই এর শিকার হচ্ছে। অতএব, আমরা আশা করি যারা এই সংক্রামক রোগে ভুগছেন তাদের সকলের কাছ থেকে সহায়তা পাব। যেমন স্বরাজ্য যুদ্ধে অর্থাৎ দেশের স্বাধীনতায় সমগ্র জাতি একত্রিত হয় কিন্তু আপনার লক্ষ্য জাতির স্বাধীনতার প্রশ্নের চেয়েও কঠিন। বর্ণপ্রথার বিরুদ্ধে যুদ্ধে আপনাকে সমগ্র জাতির বিরুদ্ধে লড়াই করতে হবে, তাও একা, কিন্তু এটি স্বরাজ আন্দোলনের চেয়েও গুরুত্বপূর্ণ। আমরা স্বাধীনতা পেলেও, যতক্ষণ না আমরা তা রক্ষা করতে সক্ষম হই, ততক্ষণ পর্যন্ত তা আমাদের কোনও উপকারে আসবে না। স্বরাজ্যের অধীনে, স্বরাজ্য অর্জনের চেয়ে হিন্দুদের সুরক্ষা বেশি গুরুত্বপূর্ণ। আমার মতে, যদি হিন্দু সমাজ জাতিভেদ থেকে মুক্ত হয়, তাহলে তাদের নিজেদের রক্ষা করার জন্য যথেষ্ট শক্তি থাকবে। এই অভ্যন্তরীণ শক্তি ছাড়া, হিন্দুদের জন্য স্বরাজ দাসত্বের দিকে আরও একটি পদক্ষেপ মাত্র হত। আপনার সাফল্যের জন্য আমার শুভকামনা রইল, বিদায়!

পরিশিষ্ট - ১

বর্ণপ্রথার পক্ষে মহাত্মা গান্ধীর সমর্থন (গান্ধীজি সম্পাদিত 'হরিজন' পত্রিকায় প্রকাশিত তার তিনটি প্রবন্ধ)

১. ডঃ আম্বেদকরের বিরুদ্ধে আরোপ/অভিযোগ

পাঠকরা নিশ্চয়ই মনে রাখবেন যে গত মে, ১৯৩৬ সালে, ডঃ আম্বেদকরের লাহোরে ''জাত-পান্ত তাড়োক মণ্ডল''-এর বার্ষিক সম্মেলনে সভাপতিত্ব করার কথা ছিল। কিন্তু সেই সম্মেলন বাতিল করা হয় কারণ ডঃ আম্বেদকরের সভাপতিত্বের ভাষণটি তাদের অভ্যর্থনা কমিটি গ্রহণ করেনি। তার বক্তব্য অভ্যর্থনা কমিটির কাছে অনুপযুক্ত হতে পারে, কিন্তু প্রশ্ন ওঠে যে অভ্যর্থনা কমিটি নিজের ইচ্ছায় তাকে চেয়ারম্যান হিসাবে বেছে নিয়েছে এবং শুধুমাত্র তার বক্তব্যের কারণে পরবর্তীতে তাকে চেয়ারম্যান হিসাবে প্রত্যাখ্যান করা কতটা যুক্তিসঙ্গত? কমিটি হিন্দু ধর্মগ্রন্থ এবং বর্ণ প্রথা সম্পর্কে ডঃ আম্বেদকরের দৃষ্টিভঙ্গি সম্পর্কে ভালভাবে অবগত ছিল। আর এটাও জানত যে ডঃ আম্বেদকর খুব স্পষ্ট ভাষায় ঘোষণা করেছিলেন যে তিনি কয়েক দিনের মধ্যে হিন্দু ধর্ম ত্যাগ করবেন। ডঃ আম্বেদকরের ভাষণের জন্য তিনি যে বক্তৃতা প্রস্তুত করেছিলেন, তার চেয়ে কম কিছু আশা করা কমিটির উচিত ছিল না। মনে হচ্ছে অভ্যর্থনা কমিটি জনসাধারণকে এমন একজন ব্যক্তির মূল মতামত শোনার সুযোগ দিতে চায়নি যিনি সমাজে নিজের জন্য একটি বিশেষ স্থান তৈরি করেছিলেন। ভবিষ্যতে ডঃ আম্বেদকরের নামের সাথে যে ধর্মেরই নাম যুক্ত হোক না কেন, তিনি কিন্তু এমন কোনও ব্যক্তি নন, যাকে সমাজ নিজে থেকে ভুলে যেতে পারে।

ডঃ আম্বেদকর অভ্যর্থনা কমিটির উপর হাল ছেড়ে দেওয়ার মতো ব্যক্তি ছিলেন না। কমিটির বক্তৃতা বাতিলের সিদ্ধান্তের প্রতিক্রিয়ায় তিনি নিজের খরচে এটি মুদ্রণ করিয়েছিলেন। তিনি এর দাম আট আনা রেখেছেন। আমি এই দাম কমিয়ে দুই আনা অথবা সর্বোচ্চ চার আনা করার পরামর্শ দেব। কোনও সমাজ সংস্কারক

এই ভাষণ উপেক্ষা করতে পারবেন না। এমনকি রক্ষণশীল মানুষরাও এটি পড়ে উপকৃত হবেন। কিন্তু এর অর্থ এই নয় যে, এই বক্তৃতা নিয়ে কোনও আপত্তির জায়গা নেই। যদি এতে গুরুতর আপত্তির সুযোগ থাকে বলে মনে হয়, তাহলে এটি অবশ্যই পড়া উচিত। ডঃ আম্বেদকর হিন্দুধর্মের প্রতি এটি একটি চ্যালেঞ্জ। তিনি একজন হিন্দু হিসাবে বেড়ে ওঠেন এবং একজন হিন্দু রাজার সাহায্যে শিক্ষা লাভ করেন। উচ্চবর্ণের হিন্দুদের কাছ থেকে তিনি এবং তাঁর সমাজের লোকেদের যে আচরণ লাভ করেছিলেন, তার কারণে ডঃ আম্বেদকরের মনে ঘৃণা তৈরি হয়। তাই, তারা কেবল তাদেরই নয়, বরং হিন্দু ধর্মকেও ত্যাগ করার সিদ্ধান্ত নিয়েছে, যা তাদের এবং উচ্চবর্ণের হিন্দুদের ঐতিহ্য ছিল। তিনি সেই ধর্মের অনুসারীদের একটি অংশের প্রতি তার তীব্র ঘৃণাকে ধর্মের বিরুদ্ধেই অস্ত্রে পরিণত করেছিলেন। কিন্তু এতে অবাক হওয়ার কিছু নেই। সর্বোপরি, একটি ঐতিহ্য বা প্রতিষ্ঠানকে তার উত্তরসূরি এবং নেতাদের আচরণ দ্বারা বিচার করা যেতে পারে। তাছাড়া, ডঃ আম্বেদকর বলেছিলেন যে, উচ্চ বর্ণের হিন্দুদের একটি বিশাল অংশ তাদের ধর্মের অস্পৃশ্যদের সাথে অমানবিক আচরণ করত এবং শুধু তাই নয়, তারা তাদের আচরণকে তাদের ধর্মগ্রন্থের আদেশ বলে চালানোর চেষ্টা করত। ডঃ আম্বেদকর যখন এই ধর্মগ্রন্থগুলির অনুসন্ধান শুরু করেন, তখন তিনি অস্পৃশ্যতার প্রতি হিন্দু বিশ্বাস এবং এর ফলে সৃষ্ট সমস্যার বিরুদ্ধে প্রচুর প্রমাণ পান। বক্তৃতার লেখক তার বক্তব্যের সমর্থনে ধর্মগ্রন্থের অধ্যায় এবং পদ থেকে উদাহরণ দিয়ে তিনটি অভিযোগ করেছেন। প্রথমত, অমানবিক আচরণ; দ্বিতীয়ত, নৃশংসতার অপরাধীরা নির্লজ্জভাবে তাদের আচরণকে ন্যায্য বলে দাবি করেছে; এবং তৃতীয়ত, তারা বলেছিল যে হিন্দু ধর্মীয় শাস্ত্রেও এই ধরনের আচরণ ন্যায্য।

যেকোনও হিন্দু তার ধর্মকে তার জীবনের চেয়েও মূল্যবান বিষয় বলে মনে করে এবং এই অভিযোগের গুরুত্বকে অবমূল্যায়ন করার সাহস করতে পারে না। ডঃ আম্বেদকরই একমাত্র ব্যক্তি নন যিনি এই অমানবিক আচরণকে ঘৃণা করেছিলেন। আসলে তিনি তাদের মধ্যে সবচেয়ে সক্ষম ব্যক্তি এবং কোনও ধরণের আপস করতে চান না। ঈশ্বরকে ধন্যবাদ যে ডঃ আম্বেদকর তাঁর অনন্য স্বভাবের সাথে নেতাদের সামনের সারিতে একা দাঁড়িয়ে আছেন এবং একটি ক্ষুদ্র সংখ্যালঘুর প্রতিনিধিত্ব করছেন। কিন্তু তিনি যাই বলুন না কেন, দলিত শ্রেণীর সকল নেতাই কমবেশি শক্তিশালী বা দুর্বলভাবে একই কণ্ঠস্বর উত্থাপন করেন। রাম বাহাদুর এম.সি. রাজা এবং দিওয়ান বাহাদুর শ্রীনিবাসন কেবল হিন্দু ধর্ম ত্যাগ করার

হুমকিই দেন না, বরং বিপুল সংখ্যক হরিজনদের উপর নির্যাতন ও অবিচারের প্রতিশোধ নেওয়ার জন্য তাদের নিজস্ব ধর্মের প্রতি এক উষ্ণ অনুভূতিও অনুভব করেন। অনেক অস্পৃশ্য নেতা এখনও হিন্দু ধর্ম অনুসরণ করছেন, তবে তার মানে তারা ডঃ আম্বেদকরের কথাকে উপেক্ষা করছেন তা কিন্তু নয়। উচ্চবর্ণের হিন্দুদের অবশ্যই তাদের বিশ্বাস এবং আচরণ সংস্কার করতে হবে। প্রথমত, উচ্চবর্ণের মধ্যে বিদ্বান এবং প্রভাবশালী ব্যক্তিদের তাদের ধর্মীয় গ্রন্থগুলির সঠিকভাবে ব্যাখ্যা করা উচিত। ডঃ আম্বেদকর তাঁর অভিযোগে নিম্নলিখিত প্রশ্নগুলি উত্থাপন করেছেন –

১. ধর্মতত্ত্ব কী? ২. মুদ্রিত লেখাগুলিকে এই ধর্মগ্রন্থের অংশ হিসাবে বিবেচনা করা হবে কিনা, নাকি এর কোনও অংশ আক্রমণাত্মকভাবে যুক্ত করা হয়েছে বলে প্রত্যাখ্যান করা যেতে পারে? ৩. মানুষের মধ্যে অস্পৃশ্যতা, জাতপাত, বৈষম্য এবং রুটি-বেটির সম্পর্কের প্রশ্নগুলির স্বীকৃত এবং গৃহীত বিশুদ্ধ ধর্মীয় গ্রন্থগুলির উত্তর কী? (ডঃ আম্বেদকর তাঁর বক্তৃতায় এই সমস্ত বিষয় পরীক্ষা করে দেখেছেন।) আমি 'হরিজন' পত্রিকার পরবর্তী সংখ্যায় এই প্রশ্নগুলির উত্তর এবং ডঃ আম্বেদকরের গবেষণা করা প্রবন্ধের অন্তত কিছু প্রধান ত্রুটি সম্পর্কে আমার মন্তব্য ব্যক্ত চেষ্টা করব।

(হরিজন, ১১ জুলাই ১৯৩৬)

২. ধর্মের সাথে বর্ণ প্রথার কোনও সম্পর্ক নেই

বেদ, উপনিষদ, স্মৃতি এবং পুরাণ, যার মধ্যে রামায়ণ এবং মহাভারতও রয়েছে, হিন্দুদের ধর্মগ্রন্থ হিসাবে পরিচিত। কিন্তু এই তালিকাটি চূড়ান্ত অর্থাৎ সম্পূর্ণ নয়। প্রতিটি যুগ এবং প্রজন্ম তার নিজস্ব মোড় যোগ করে এই তালিকায় যুক্ত হয়েছে। অতএব, এটা স্বীকার করতে হবে যে প্রতিটি মুদ্রিত পাণ্ডুলিপি ধর্মীয় গ্রন্থ নয়। উদাহরণস্বরূপ, স্মৃতিতে এরকম অনেক কিছু আছে কিন্তু সেগুলিকে কখনই ঈশ্বরের বাণী হিসাবে বিবেচনা করা যাবে না। আর সেই কারণে, স্মৃতি থেকে ডঃ আম্বেদকরের প্রদত্ত অনেক শ্লোককে খাঁটি বলে বিবেচনা করা যায় না। যা চিরন্তন এবং যা মানুষের মনকে আকর্ষণ করে এবং রূপান্তরিত করে। এমন কিছু ঈশ্বরের বাণী হিসাবে গ্রহণ করা যাবে না যা আধ্যাত্মিক অভিজ্ঞতার যোগ্য নয় এবং যুক্তি দ্বারা পরীক্ষা করা যাবে না। যখন আপনি এই লেখাগুলির একটি বিশুদ্ধ সংস্করণ খুঁজে পাবেন তখন আপনাকে এটি ব্যাখ্যা করতে হবে। সেরা দোভাষী

কে? অবশ্যই কোনও সাধারণ মানুষ এমন হতে পারে না। বৃত্তি আবশ্যক, কিন্তু ধর্ম এর উপর টিকে থাকতে পারে না। ধর্ম তার সাধু-সন্তদের অভিজ্ঞতা, জীবন এবং বাণীর মধ্যে বাস করে। এমনকি যখন মানুষ ধর্মীয় গ্রন্থের বিদ্বান ভাষ্যকারদের সম্পূর্ণরূপে ভুলে যাবে, তখনও ঋষি ও সাধু-সন্তদের সঞ্চিত অভিজ্ঞতা থেকে যাবে এবং ভবিষ্যৎ প্রজন্মের জন্য অনুপ্রেরণা হিসাবে কাজ করবে।

ধর্মের সাথে বর্ণ প্রথার কোনও সম্পর্ক নেই। জাতপাত এমন একটি প্রথা যার উৎপত্তি আমি জানি না, এবং আমার আধ্যাত্মিক ক্ষুধা মেটানোর জন্য এটি জানার প্রয়োজন বোধ করি না। কিন্তু আমি খুব ভালো করেই জানি যে জাতপাত আধ্যাত্মিক এবং জাতীয় উন্নয়নের জন্য খুবই ক্ষতিকর। বর্ণ এবং আশ্রম এমন দুটি প্রতিষ্ঠান যার বর্ণ প্রথার সাথে কোনও সম্পর্ক নেই। বর্ণ প্রথার নিয়ম আমাদের শিক্ষা দেয় যে প্রতিটি ব্যক্তির পূর্বপুরুষের পেশা গ্রহণ করে জীবিকা নির্বাহ করা উচিত। এই নিয়মগুলি আমাদের অধিকার সম্পর্কে নয় বরং আমাদের কর্তব্য সম্পর্কে বলে। বর্ণ ব্যবস্থা মূলত এমন পেশার উপর ভিত্তি করে তৈরি যা মানবতার কল্যাণ বৃদ্ধি করতে পারে। এটা ছাড়া আর কিছুই না। এই ব্যবস্থা আমাদের আরও বলে যে কোনও পেশাই খুব নিচু বা খুব উঁচু নয়। সবই ভালো, সবই আইনের চোখে ন্যায্য এবং সামাজিক মর্যাদার দিক দিয়ে সবই সমান। একজন ব্রাহ্মণ অর্থাৎ একজন আধ্যাত্মিক গুরু এবং একজন মেথর-এর পেশা সমান এবং ঈশ্বরের কাছে তাদের নির্ধারিত কাজ সমান গুরুত্বপূর্ণ এবং মনে হয় যে, এক পর্যায়ে তারা মানুষের দৃষ্টিতেও একই পুরস্কার বা ক্ষতিপূরণ পায়। ব্রাহ্মণ এবং ঝাড়ুদার উভয়ই তাদের নিজ নিজ জীবিকা অর্জনের অধিকারী। আজও গ্রামের কিছু জায়গায় এই ব্যবস্থার সুস্থ ঐতিহ্যের একটি ঝাপসা ছবি দেখা যায়।

৬০০ জনসংখ্যার একটি ছোট গ্রামে থাকার সময়, আমি দেখতে পেলাম যে ব্রাহ্মণ সহ বিভিন্ন পেশায় নিয়োজিত মানুষের আয়ের ক্ষেত্রে কোনও উল্লেখযোগ্য পার্থক্য নেই। আমি আরও লক্ষ্য করেছি যে সামাজিক অবক্ষয়ের এই সময়েও, এমন সত্যিকারের ব্রাহ্মণ আছেন যারা স্বেচ্ছায় প্রদত্ত দানের উপর জীবনযাপন করেন এবং একইভাবে তাদের আধ্যাত্মিক জ্ঞান অন্যদের কাছে পৌঁছে দেন। বর্ণপ্রথার নীতি বিচার করা ভুল এবং অনুচিত হবে এর নিয়মগুলির বিকৃত রূপ দেখে কারণ প্রায়শই দেখা যায় যে মানুষ এর কুফল এবং ভুলগুলি গ্রহণ করে। কোনও বর্ণের পক্ষে অন্য বর্ণের চেয়ে নিজেকে উন্নত বা শ্রেষ্ঠ বলে গর্ব করা তার আইনের পরিপন্থী, এবং বর্ণ ব্যবস্থার আইনে অস্পৃশ্যতা প্রমাণের কোনও জায়গা

নেই। হিন্দুধর্মের সারমর্ম নিহিত রয়েছে এক এবং একমাত্র পরম সত্তার স্বীকৃতি এবং অহিংসাকে মানব পরিবারের আইন হিসাবে বা বীরত্বপূর্ণ স্বীকৃতি দানের মধ্যে। আমি জানি যে ডঃ আম্বেদকর ছাড়াও, আরও অনেক মানুষ আমার হিন্দুধর্মের এই ব্যাখ্যার বিরোধিতা করবেন। কিন্তু তাতে আমার পরিস্থিতির কোনও পরিবর্তন হবে না। এই ব্যাখ্যার ভিত্তিতেই আমি প্রায় পঞ্চাশ বছর ধরে আমার জীবনযাপন করেছি এবং আমি এই বিশ্বাসগুলিকে আমার জীবনে সম্পূর্ণরূপে অন্তর্ভুক্ত করার এবং সেগুলিকে নিয়মিত রাখার চেষ্টা করেছি।

আমার মতে ডঃ আম্বেদকর তাঁর বক্তৃতায় সবচেয়ে বড় ভুল যেটি করেছেন তাহল সন্দেহজনক সত্যতা বেছে নেওয়া এবং পতিত হিন্দুদের বেছে নেওয়া। কারণ তথাকথিত উচ্চবর্ণের হিন্দুরা যারা ধর্ম অনুসরণ করার দাবি করে, তারা অবমানিত, দুঃখজনকভাবে ভুলভাবে উপস্থাপন করা হিন্দু যারা ধর্মের প্রকৃত উদাহরণ নয়। ডঃ আম্বেদকর যে মানদণ্ডে ধর্ম পরীক্ষা করেছেন, সেই মানদণ্ডের ভিত্তিতে বিচার করা হলে সমস্ত জীবন্ত ধর্ম ব্যর্থ হবে। তাঁর দক্ষ বক্তৃতায়, পণ্ডিত ডঃ আম্বেদকর অত্যন্ত অতিরঞ্জিতভাবে বিষয়টি প্রমাণ করেছেন। চৈতন্য, জ্ঞানেশ্বর, তুকারাম, তিরুবল্লুবর, রামকৃষ্ণ পরমহংস, রাজা রামমোহন রায়, মহর্ষি দেবেন্দ্রনাথ ঠাকুর, বিবেকানন্দ এবং আরও অনেক মহাপুরুষ যে ধর্ম অনুসরণ করেছিলেন, ডক্টর আম্বেদকর তাঁর বক্তৃতায় যে ধর্মের কথা বলেছেন, তার কি কোনও যোগ্যতা নেই? যেকোনও ধর্মকে তার সবচেয়ে খারাপ উদাহরণ দিয়ে নয় বরং তার সেরা ফলাফল দিয়ে বিচার করা উচিত। যদি আমরা এটি উন্নত না করি, তাহলে কেবল এই ধরনের মাপদন্ডই আশা করা যেতে পারে।

(হরিজন, ১৮ জুলাই ১৯৩৬)

৩. বর্ণ বনাম জাতপাত

লাহোরের ''জাত-পান্ত তাড়োক মণ্ডল''-এর শ্রী সন্তরামজী চান যে আমি তাঁর মন্তব্য প্রকাশ করি। আমি (সন্তরাম) জাতপাত, মন্ডল এবং ডঃ আম্বেদকর সম্পর্কে আপনার (গান্ধীজীর) মন্তব্য পড়েছি। এই প্রসঙ্গে, আমি অনুরোধ করতে চাই-

ডঃ আম্বেদকরকে আমাদের সম্মেলনে সভাপতিত্ব করার জন্য আমন্ত্রণ জানানোর কারণ এই ছিল না যে তিনি দলিত শ্রেণীর ছিলেন, কারণ আমরা হিন্দুরা

স্পর্শ এবং অস্পৃশ্যের মধ্যে বৈষম্য করি না৷ তা সত্ত্বেও, আমরা তাঁকে বেছে নিয়েছি কারণ হিন্দু সমাজের মারাত্মক রোগ, বর্ণ, নিরাময়ের ক্ষেত্রে তাঁর ধারণা আমাদের মতোই, অর্থাৎ, তাঁর মতামতও একই যে বর্ণ ব্যবস্থাই হিন্দুদের বিপর্যয় ও পতনের মূল কারণ৷ ডঃ আম্বেদকরের পিএইচডি৷ যেহেতু এর জন্য লেখা গবেষণামূলক প্রবন্ধের বিষয়বস্তুও ছিল বর্ণপ্রথা, তাই তিনি এই বিষয়টি গভীরভাবে অধ্যয়ন করেছেন৷ আমাদের সম্মেলনের মূল লক্ষ্য ছিল হিন্দুদের বর্ণপ্রথা নির্মূলে এগিয়ে আসতে রাজি করা৷ কিন্তু সামাজিক ও ধর্মীয় বিষয়ে, কোনও অহিন্দু ব্যক্তির বক্তব্য তাদের উপর কোনও প্রভাব ফেলবে না৷ ডঃ আম্বেদকর তাঁর বক্তৃতার বর্ধিত অংশে বিশেষভাবে জোর দিয়েছিলেন যে হিন্দু হিসাবে এটিই তাঁর শেষ ভাষণ৷ এটি সম্মেলনের উদ্দেশ্য ও স্বার্থের জন্য ক্ষতিকর ছিল এবং অপ্রাসঙ্গিকও ছিল৷ তাই, আমরা ডঃ সাহেবকে অনুরোধ করেছিলাম যেন তিনি তাঁর বক্তৃতা থেকে এই অংশটি সরিয়ে দেন কারণ তিনি অন্য কোনও অনুষ্ঠানে এই কথা বলতে পারতেন কিন্তু তিনি তা করতে অস্বীকার করেন এবং তারপরে আমরা কেবল সম্মেলনের ভান করে কোনও লাভ হবে বলে মনে করিনি৷ এত কিছুর পরেও আমি তাঁর বক্তৃতার প্রশংসা না করে পারছি না৷ আমার জানা মতে, এই ভাষণটি এই বিষয়ের উপর একটি অত্যন্ত পাণ্ডিত্যপূর্ণ এবং গবেষণামূলক প্রবন্ধ এবং ভারতের প্রতিটি ভাষায় এটি অনুবাদ করা প্রয়োজন৷

এছাড়াও, আমি আপনার নজরে আনতে চাই যে জাত এবং বর্ণের মধ্যে আপনার দার্শনিক পার্থক্য এতটাই সূক্ষ্ম যে সাধারণ মানুষ তা বুঝতে পারে না কারণ হিন্দু সমাজে জাত এবং বর্ণ কার্যত একই জিনিস৷ কারণ হল, তারা দুজনেই একই কাজ করে অর্থাৎ তারা উভয়েই আন্তঃবর্ণ বিবাহ এবং আন্তঃবর্ণ ভোজের বিরুদ্ধে৷ আপনার (গান্ধীজীর) বর্ণ ব্যবস্থার তত্ত্ব এই যুগে অবাস্তব, অর্থাৎ এটি গ্রহণযোগ্য নয় এবং ভবিষ্যতে এর পুনরুজ্জীবনের কোনও আশা নেই কারণ হিন্দু জনগণ বর্ণ ব্যবস্থার দাস এবং এমনকি এটি নির্মূল করতেও চায় না৷ অতএব, যখনই আপনি আপনার আদর্শ বা কাল্পনিক বর্ণ ব্যবস্থার পক্ষে কথা বলেন, তারা মনে করেন যে বর্ণ ব্যবস্থার সাথে এগিয়ে চলাই সঠিক কাজ৷ এইভাবে, সমাজে বর্ণ বিভাজনের পক্ষে যুক্তি ও সমর্থন জানিয়ে, আপনি সমাজ সংস্কারের বিরাট ক্ষতি করছেন কারণ এটি আমাদের পথে বাধা সৃষ্টি করে৷

জাতিভেদ প্রথাকে উপড়ে না ফেলে অস্পৃশ্যতা নির্মূল করার চেষ্টা করা কেবল রোগের বাহ্যিক লক্ষণগুলির চিকিৎসা করার মতো অথবা জলের পৃষ্ঠে

রেখা টানার মতো। দ্বিজ (ব্রাহ্মণ) মানুষ তাদের হৃদয়ে কোনও কোণ থেকে তথাকথিত অস্পৃশ্য শূদ্রদের সামাজিক সমতা দিতে চায় না। তাই তারা বর্ণপ্রথা ভাঙতে অস্বীকৃতি জানায় বরং সমস্যাটি টিকিয়ে রাখার জন্য অস্পৃশ্যতা নির্মূলের জন্য উদারভাবে দান করে চলেছে। অস্পৃশ্যতা ও জাতিভেদ দূরীকরণের জন্য ধর্মগ্রন্থের সাহায্য নেওয়ার অর্থ হল কাদা দিয়ে কাদা ধুয়ে ফেলার চেষ্টা করা।

সন্তরামজির এই চিঠির শেষ অনুচ্ছেদটি প্রথম অনুচ্ছেদের সাথে সাংঘর্ষিক। যদি ''জাত-পান্ত তাড়োক মণ্ডল''-এর লোকেরা ধর্মগ্রন্থের সাহায্য গ্রহণ না করে, তাহলে তারা ডঃ আম্বেদকরের মতোই কাজ করছে, অর্থাৎ তারা চায় না যে মানুষ হিন্দু থাকুক, তাহলে তারা কীভাবে কেবল এই কারণে আম্বেদকরের বক্তৃতার বিরোধিতা করতে পারে? এটা কি কেবল এই কারণে যে তিনি বলেছিলেন যে এটিই একজন হিন্দু হিসাবে তাঁর শেষ ভাষণ?

যখন মা সন্তরামজি ডঃ আম্বেদকরের বক্তৃতার সমস্ত তথ্য এবং যুক্তির প্রশংসা করেছেন, তাই তাকে বক্তৃতা দেওয়া থেকে বিরত রাখা অর্থহীন বলে মনে হয়। এখানে প্রশ্ন করা প্রাসঙ্গিক যে, যদি মন্ডল ধর্মগ্রন্থ গ্রহণ না করে, তাহলে তারা কী বিশ্বাস করেন? যদি একজন মুসলিম কুরানে বিশ্বাস না করে, তাহলে সে কিভাবে মুসলিম থাকতে পারে? যে খ্রিস্টান বাইবেলে বিশ্বাস করে না, সে কীভাবে খ্রিস্টান থাকতে পারে? যদি জাতি এবং বর্ণ একই জিনিস হয়, এবং বর্ণ হিন্দু ধর্ম কী তা ব্যাখ্যা করে এমন ধর্মগ্রন্থের একটি গুরুত্বপূর্ণ অংশ, তাহলে আমি বুঝতে পারছি না যে ,যে ব্যক্তি জাতি বা বর্ণে বিশ্বাস করে না সে কীভাবে নিজেকে হিন্দু বলতে পারে? শ্রী মা। সন্তরাম ধর্মগ্রন্থগুলিকে কাদার সাথে তুলনা করেছেন। আমার জানা অনুসারে, ডঃ আম্বেদকর ধর্মগ্রন্থগুলিতে এত সুন্দর নাম দেননি। যখন আমি বলি যে ধর্মগ্রন্থগুলি যদি বর্তমান অস্পৃশ্যতার প্রথাকে সমর্থন করে তবে আমি নিজেকে হিন্দু বলা বন্ধ করব, আমি যুক্তি ছাড়াই এটি বলছিনা। একইভাবে, যদি ধর্মগ্রন্থগুলি বর্তমানের অস্পৃশ্যতা এবং জাতিভেদের জঘন্য রূপকে সমর্থন করে, তাহলে আমি নিজেকে হিন্দু বলব না এবং হিন্দুও থাকব না, কারণ আন্তঃবর্ণ বিবাহ এবং আন্তঃবর্ণ ভোজনে কোনও দ্বিধা নেই। ধর্মগ্রন্থ এবং তার ব্যাখ্যা সম্পর্কে আমার অবস্থান পুনর্ব্যক্ত করার দরকার নেই। আমি সন্তরামকে এই পরামর্শ দিতে সাহস করব যে এটিই একমাত্র দৃষ্টিভঙ্গি যা যুক্তিসঙ্গতভাবে সঠিক, নৈতিকভাবে সুস্থ এবং হিন্দু ঐতিহ্য দ্বারা প্রমাণিত।

('হরিজন', ১৫ আগস্ট, ১৯৩৬)

পরিশিষ্ট - ২

মহাত্মা গান্ধীকে ডঃ আম্বেদকরের উত্তর

১. "জাত-পান্ত তোড়ক মণ্ডল"-এর জন্য জাতপাতের উপর প্রস্তুত আমার বক্তৃতা নিয়ে মহাত্মাজী তাঁর সংবাদপত্র 'হরিজন'-এ একটি মন্তব্য লিখে আমাকে যে সম্মান দিয়েছেন, তার জন্য আমি তাঁর কাছে অত্যন্ত কৃতজ্ঞ। আমার বক্তৃতার সমালোচনা এবং বিবেচনা থেকে স্পষ্ট যে মহাত্মাজী জাতপাতের বিষয়ে আমার প্রকাশিত মতামতের সাথে সম্পূর্ণ একমত নন। আমার স্বভাব হল আমি সাধারণত আমার বিরোধীদের সাথে তর্ক করি না, যদি না কোনও বিশেষ কারণ আমাকে আমার স্বভাবের বিপরীত কিছু করতে বাধ্য করে। আমার প্রতিপক্ষ যদি একজন সাধারণ এবং অপরিচিত ব্যক্তি হত, তাহলে আমি তাকে পাত্তা দিতাম না, কিন্তু আমার প্রতিপক্ষ হলেন মহাত্মাজী, তাই আমার মনে হয় আমার প্রতিপক্ষকে জবাব দেওয়া উচিত। যদিও আমি কৃতজ্ঞ যে তিনি আমাকে সম্মান করেছেন, তবুও তিনি আমার বিরুদ্ধে যা অভিযোগ করেছেন তাতে আমি অবাক। তিনি অভিযোগ করেন যে লাহোরে ভাষণ না দেওয়া সত্ত্বেও আমি এটি প্রকাশ করেছি শুধুমাত্র যাতে আমি প্রচার পাই এবং মানুষ আমাকে ভুলে না যায়। মহাত্মাজী যাই বলুন না কেন, ভাষণটি প্রকাশের আমার উদ্দেশ্য ছিল হিন্দুদের চিন্তাভাবনা এবং বিবেচনা করতে বাধ্য করা এবং তাদের অবস্থান সম্পর্কে সঠিক জ্ঞান দেওয়া। এটা করার জন্য তাকে অনুপ্রাণিত হতে হয়েছিল। আমি কখনও প্রচারের জন্য ব্যাকুল হইনি এবং কখনও প্রচারের জন্য আকুল হইনি; আমি যা চাই এবং যা প্রয়োজন তার চেয়ে বেশি পেয়েছি। যদি ধরেও নেওয়া হয় যে আমি খ্যাতির লোভে ভাষণটি প্রকাশ করেছি, তবুও কে আমাকে পাথর ছুঁড়তে পারে? যারা মহাত্মাজীর মতো কাঁচের প্রাসাদে থাকেন, তারা অবশ্যই নন।

২. বক্তৃতাটি প্রকাশের পেছনে আমার উদ্দেশ্য কী ছিল, এই বিষয়টি যদি বাদ দেওয়া হয়, তবুও বক্তৃতায় আমার উত্থাপিত প্রশ্নগুলির বিষয়ে মহাত্মাজী কী বলেন? প্রথম কথা হল, যারা আমার বক্তৃতা পড়বে তারা বুঝতে পারবে যে মহাত্মাজী আমার উত্থাপিত প্রশ্নগুলিকে স্পর্শও করেননি এবং পিছু হটে গেছেন। তিনি যে প্রশ্নগুলি উত্থাপন করেছেন সেগুলি বিবেচনাধীন প্রশ্ন নয়, এবং এগুলি আমার বক্তৃতা থেকেও উদ্ভূত হয় না। আমার বক্তৃতায় আমি যে প্রধান বিষয়গুলি উত্থাপন করার চেষ্টা করেছি তা হল -

ক. বর্ণপ্রথা হিন্দুদের ধ্বংস করে দিয়েছে।

খ. চারটি বর্ণের ভিত্তিতে হিন্দু সমাজ পুনর্গঠন করা সম্ভব নয় কারণ বর্ণব্যবস্থা হল ভাঙা পাত্রের মতো, নাকের দিকে দৌড়ানো ব্যক্তির মতো, অথবা নিজের ত্রুটির কারণে নিজেকে সামলাতে অক্ষম ব্যক্তির মতো। বর্ণ ব্যবস্থায় এই প্রবণতা দেখা যায় যে, বর্ণের সীমা লঙ্ঘনকারীদের বিরুদ্ধে যদি কোনও আইনি ব্যবস্থা না থাকে, তাহলে বর্ণ বিভাগের অবনতি ঘটবে এবং বর্ণ বিভাজনের রূপ নেবে।

গ. বর্ণ ব্যবস্থার ভিত্তিতে হিন্দু সমাজ পুনর্গঠন করা বিপর্যয়কর হবে কারণ বর্ণ ব্যবস্থা প্রতিটি ব্যক্তিকে শিক্ষা অর্জনের অধিকার দেয় না এবং শিক্ষা থেকে বঞ্চিতদের নিম্নস্তরে নিক্ষেপ করা হয়। এছাড়াও, তাদের অস্ত্র বহনের অধিকার না দিয়ে, এটি তাদের পুরুষত্বহীন করে তোলার চেষ্টা।

ঘ. স্বাধীনতা, সাম্য এবং ভ্রাতৃত্বের উপর ভিত্তি করে ধর্মীয় চেতনার ভিত্তিতে হিন্দু সমাজকে পুনর্গঠিত করতে হবে।

ঙ. এই উদ্দেশ্য সফল করতে হলে বর্ণ ও বর্ণের আড়ালে ধর্মীয় পবিত্রতার অনুভূতি সম্পূর্ণরূপে দূর করতে হবে।

চ. জাতি ও শ্রেণীর পবিত্রতার অনুভূতি সম্পূর্ণরূপে তখনই শেষ হতে পারে যখন ধর্মগ্রন্থগুলিকে ঈশ্বরের বাণী অর্থাৎ ঐশ্বরিক কর্তৃত্ব হিসাবে বিবেচনা করা বন্ধ করা হবে। এই সব জেনে, পাঠকরা এখন বুঝতে পারবেন যে মহাত্মাজীর উত্থাপিত প্রশ্নগুলি বিষয়বস্তু থেকে সম্পূর্ণ আলাদা, অপ্রাসঙ্গিক এবং মনে হচ্ছে তিনি বক্তৃতার মূল যুক্তিটি স্পর্শও করেননি।

৩. আমি এখন মহাত্মাজী আমার বক্তৃতায় যেসব আপত্তি উত্থাপন করেছেন তা নিয়ে কথা বলব। মহাত্মাজীর প্রথম আপত্তি হল, আমি যে পদগুলি উপস্থাপন করেছি তা খাঁটি নয়। আমি স্বীকার করছি যে আমি এই বিষয়ে বিশেষজ্ঞ নই, তবুও আমি বলতে চাই যে আমি যে শ্লোকগুলি উপস্থাপন করেছি সেগুলি সবই প্রয়াত গঙ্গাধর তিলকের লেখা থেকে নেওয়া এবং তিলককে সংস্কৃত ভাষা এবং হিন্দু ধর্মগ্রন্থের একজন মহান পণ্ডিত হিসাবে বিবেচনা করা হত। মহাত্মাজীর দ্বিতীয় আপত্তি হল, এই ধর্মগ্রন্থগুলির অর্থ পণ্ডিতদের কথা অনুযায়ী নেওয়া উচিত নয় বরং ঋষি ও সাধুদের দেওয়া অর্থ অনুযায়ী নেওয়া উচিত কারণ পণ্ডিতরা ঋষি ও সাধুদের বোঝার মতো শ্লোকগুলির অর্থ বুঝতে অক্ষম। ধর্মগ্রন্থগুলি বর্ণপ্রথা এবং অস্পৃশ্যতা সমর্থন করে না।

প্রথম প্রশ্নের উত্তরে, আমি মহাত্মাজীকে জিজ্ঞাসা করতে চাই যে, যদি পরবর্তীতে ধর্মগ্রন্থে কোনও শ্লোক যুক্ত করা হয়, অথবা ঋষি-সন্তরা এর থেকে

বিভিন্ন অর্থ বের করে থাকেন, অথবা বিভিন্ন ব্যাখ্যা প্রদান করেন, তাহলে এর থেকে কেউ কী লাভবান হতে পারে? সাধারণ মানুষ মূল শ্লোক সম্বলিত ধর্মগ্রন্থ এবং পরে সংযোজিত শ্লোকের মধ্যে পার্থক্য বুঝতে পারে না। তারা এমনকি জানে না যে শ্লোক কী এবং ধর্মগ্রন্থ কী। তারা এতটাই নিরক্ষর বা কম শিক্ষিত যে তারা ধর্মগ্রন্থে কী লেখা আছে তাও জানে না। তারা কেবল তাই জানে যা তাদের বলা হয়েছে, এবং তাদের বলা হয়েছে যে জাতিভেদ এবং অস্পৃশ্যতার অনুশীলনের পিছনে ধর্মীয় অনুমোদন রয়েছে, এটি শাস্ত্রের আদেশ।

যতদূর সাধু-সন্তদের কথা, এটা মেনে নিতে হবে যে পণ্ডিতদের শিক্ষার সামনে তাদের শিক্ষা অর্থহীন প্রমাণিত হয়েছিল। এগুলি অর্থহীন হওয়ার দুটি কারণ আছে। প্রথম কারণ হল, সেই সকল সাধু-ঋষিরা বর্ণপ্রথায় বিশ্বাস করতেন। কোনও সাধু কখনও বর্ণপ্রথার উপর আক্রমণ করেননি। তারা বেশিরভাগ সময় তাদের নিজস্ব বর্ণের মধ্যেই বাস করত এবং তাদের নিজস্ব বর্ণের নামেই মারা যেত। সন্ত জ্ঞানদেবের উদাহরণ ধরুন, তিনি তাঁর ব্রাহ্মণ জাতির নামের প্রতি এতটাই আসক্ত ছিলেন যে, পৈথানের ব্রাহ্মণরা তাঁকে সম্প্রদায় থেকে বহিষ্কার করার পর, তিনি নিজেকে 'ব্রাহ্মণ' বলে অভিহিত করার জন্য যথাসাধ্য চেষ্টা করেছিলেন। 'ধর্মাত্মা' সিনেমায় অস্পৃশ্যদের স্পর্শ করার এবং তাদের সাথে খাবার খাওয়ার সাহস দেখানোর জন্য সন্ত একনাথকে একজন নায়ক হিসাবে চিত্রিত করা হয়েছে। তিনি জাতিভেদ এবং অস্পৃশ্যতার বিরুদ্ধে ছিলেন বলে তা করেননি, বরং তিনি বিশ্বাস করতেন যে এটি করার মাধ্যমে তিনি যে পাপ করবেন তা পবিত্র গঙ্গা নদীতে স্নান করলে ধুয়ে যাবে।

আমার অধ্যয়ন এবং জ্ঞান অনুসারে, কোনও সাধু কখনও বর্ণপ্রথা এবং অস্পৃশ্যতার বিরুদ্ধে লড়াই করেননি। তিনি মানুষের মধ্যে দ্বন্দ্ব নিয়ে চিন্তিত ছিলেন না; তিনি কেবল মানুষ এবং ঈশ্বরের মধ্যে সম্পর্ক নিয়েই চিন্তিত ছিলেন। তিনি কখনও শিক্ষা দেননি যে সকল মানুষ সমান, বরং প্রচার করেছেন যে ঈশ্বরের দৃষ্টিতে সকল মানুষ সমান। সাধু-ঋষিদের এই প্রচার ছিল একেবারেই ভিন্ন; এটি সরাসরি কারো ক্ষতি করেনি, এটি বিশ্বাস করার মধ্যে কোনও ভয় ছিল না এবং এটি বিশ্বাস করা কারো জন্য বিপজ্জনক ছিল না। তাই এটি একটি ভিন্ন এবং বিপর্যয়কর বিবৃতিতে পরিণত হয়। সামাজিক বর্ণপ্রথা এবং অস্পৃশ্যতার সাথে এর কোনও সম্পর্ক ছিল না।

ঋষি ও সাধুদের শিক্ষা নিষ্ফল প্রমাণিত হওয়ার আরেকটি কারণ হল, ধর্মগ্রন্থের মাধ্যমে সাধারণ মানুষকে শেখানো হয়েছে যে একজন ঋষি ও সাধু জাতি ও শ্রেণীর শৃঙ্খল ভাঙতে পারেন কিন্তু একজন সাধারণ মানুষ এই শৃঙ্খল ভাঙতে

পারেন না। এই কারণেই একজন সাধক কখনও উদাহরণ হয়ে ওঠেন না যার পথ সাধারণ মানুষ অনুসরণ করে। এই কারণে, মানুষের জাতিভেদ এবং অস্পৃশ্যতার প্রতি পূর্ণ বিশ্বাস ছিল এবং সাধু-সন্তরা সর্বদা ধার্মিক এবং সম্মানিত ধার্মিক মানুষ ছিলেন। জাতিভেদ এবং অস্পৃশ্যতার প্রতি মানুষের গভীর বিশ্বাস প্রমাণ করে যে, ব্রাহ্মণ শাস্ত্রের আদেশের বিরুদ্ধে ঋষি-সন্তদের ধার্মিক ও পবিত্র জীবন সাধারণ মানুষের উপর কোনও প্রভাব ফেলেনি। সুতরাং এটা সন্তোষজনক হতে পারে না যে একজন সাধু এরকম ছিলেন, একজন সাধু এইরকম ছিলেন অথবা এমন একজন মহাত্মা ছিলেন যিনি ধর্মগ্রন্থের ব্যাখ্যা কয়েকজন পণ্ডিত ব্যক্তি বা বিপুল সংখ্যক অজ্ঞ লোকের থেকে ভিন্নভাবে করেন। আমাদের এই বাস্তবটা মেনে নিতে হবে যে সাধারণ মানুষের ধর্মগ্রন্থ থেকে ভিন্ন মতামত রয়েছে। ধর্মগ্রন্থে থাকা কর্তৃত্ব বা আদেশগুলি এখনও জনসাধারণের আচরণকে নিয়ন্ত্রণ করে, এই সত্যটি উপেক্ষা করা যাবে না যদি না সেগুলি বিলুপ্ত করা হয়। এই প্রশ্নটিতে গান্ধীজি কোনও মনোযোগ দেননি। কিন্তু মহাত্মাজী ধর্মগ্রন্থের শিক্ষা থেকে জনগণকে মুক্ত করার কার্যকর উপায় হিসাবে যে পরিকল্পনাই উপস্থাপন করুন না কেন, তাঁকে মেনে নিতে হবে যে তাঁর কাছে একজন মহাপুরুষের পবিত্র জীবন প্রগতিশীল হতে পারে, কিন্তু ভারতের সাধারণ মানুষের ঋষি ও সাধুদের প্রতি সম্মান ও শ্রদ্ধার অনুভূতি আছে, কিন্তু তাদের দেখানো পথ অনুসরণ করার অনুভূতি নেই। এমন পরিস্থিতিতে, এই ধরনের স্কিম থেকে কোনও সুবিধা আশা করা উচিত নয়।

৪. মহাত্মাজীর তৃতীয় আপত্তি হল, যে ধর্মকে আমি এত মূল্যহীন বলে বর্ণনা করেছি, তা কীভাবে সেই ধর্মের মতো হতে পারে যা সন্ত চৈতন্য, জ্ঞানেশ্বর, তুকারাম, তিরুবল্লভর, রামকৃষ্ণ পরমহংস প্রমুখ বিশ্বাস করতেন এবং কোনও ধর্ম সম্পর্কে কোনও মতামত সেই ধর্মের সবচেয়ে খারাপ উদাহরণের ভিত্তিতে নয় বরং তার সেরা আদর্শের ভিত্তিতে তৈরি করা উচিত? গান্ধীজির এই চিন্তার প্রতিটি কথার সাথে আমি একমত, কিন্তু আমি বুঝতে পারছি না যে, এর মাধ্যমে গান্ধীজি ঠিক কী প্রমাণ করতে চান? এটা ঠিক যে, কোনও ধর্মের বিচার করার জন্য তার সবচেয়ে খারাপ উদাহরণ নয় বরং তার সর্বোত্তম আদর্শ গ্রহণ করা উচিত। কিন্তু ব্যাপারটা কি এখানেই শেষ? আমি বলি, না। আবার প্রশ্ন জাগে যে হিন্দুধর্মে সবচেয়ে খারাপ নমুনার সংখ্যা এত বেশি এবং সেরা নমুনার সংখ্যা এত কম কেন? আমার মতে এর দুটি মাত্র উত্তর হতে পারে -

ক. সবচেয়ে খারাপ মানুষ কি, কিছু আদি বিকৃতি বা সহজাত দোষের কারণে, আদর্শ ধর্ম হিসাবে শেখানো নৈতিক বিষয় গুলি পালন করতে

অক্ষম এবং তাই দূর-দূরান্তে প্রচারিত হওয়ার অযোগ্য? অথবা

খ. ধর্মীয় আদর্শগুলি সম্পূর্ণরূপে অপবিত্র এবং ভুল আদর্শ এবং এগুলি বিপুল সংখ্যক মানুষের মধ্যে অনৈতিকতা তৈরি করেছে৷ আর ভালো মানুষরা, এই অপবিত্র ও ভুল নৈতিক প্রবণতা থাকা সত্ত্বেও, এটিকে একটি ভালো অবস্থায় পরিবর্তন করেছে এবং ভালোই রয়ে গিয়েছে৷ সত্য হল, তারা কেবল ভুলকে সঠিক দিকে ঘুরিয়ে দিয়েই এটি করতে পারত৷

আমি এই দুটি সমাধানের প্রথমটি মেনে নিতে প্রস্তুত নই এবং আমি নিশ্চিত যে মহাত্মাজীও আমাকে অন্যথায় একমত হতে চাপ দেবেন না৷ কেন এত খারাপ মানুষ আর এত কম ভালো মানুষ? মহাত্মাজী যদি এই সমাধানের জন্য তৃতীয় বিকল্প প্রস্তাব না করেন, তাহলে আমার মনে হয় দ্বিতীয় যুক্তিটিই সঠিক সমাধান৷ আর যদি দ্বিতীয় যুক্তিটিই একমাত্র সমাধান হয়, তাহলে এটা স্পষ্ট যে মহাত্মাজীর এই বক্তব্য থেকে যে, একটি ধর্মকে কেবল তার সেরা অনুসারীদের দ্বারাই বিচার করা উচিত, আমরা কেবল এই সিদ্ধান্তে উপনীত হই যে, আমাদের অনেক ভুলের ভাগ্যের জন্য শোক করা উচিত৷ তারা ভুল কারণ তাদের ভুল আদর্শের পূজা করতে বাধ্য করা হয়৷

৫. মহাত্মাজীর যুক্তি যে, মানুষ যদি ঋষি-সন্তদের দেখানো পথ অনুসরণ করে, তাহলে হিন্দু ধর্ম সকলের জন্য সহনীয় হয়ে উঠবে৷ মহাত্মাজীর এই বক্তব্য আরেকটি কারণেও ভুল প্রমাণিত হয়৷ চৈতন্যের মতো মহান ব্যক্তিত্বের উদাহরণ দিয়ে আমি বিস্তৃত ও সহজভাবে ব্যাখ্যা করার চেষ্টা করেছি যে, যদি হিন্দু বর্ণ ব্যবস্থার উচ্চতর তিনটি বর্ণ, অর্থাৎ উচ্চবর্ণের হিন্দুদের নিম্নবর্ণের হিন্দুদের সাথে সদাচারী আচরণ করতে উদ্বুদ্ধ করা যায়, তাহলে হিন্দুদের কাঠামোতে কোনও মৌলিক পরিবর্তন না এনেই তাদেরকে সুখী, সমৃদ্ধ এবং সহনশীল করে তোলা সম্ভব৷ আমি সবসময় এই মতাদর্শের সম্পূর্ণ বিরোধী৷ আমি সেই উচ্চবর্ণের হিন্দুদের সম্মান করি যারা জীবনের উচ্চ সামাজিক আদর্শ স্থাপন করার চেষ্টা করে কারণ যদি ভারতে এই ধরণের মানুষ না থাকত, তাহলে দেশটি বর্তমানের চেয়ে অনেক বেশি কুৎসিত এবং কম সুখী হয়ে থাকত৷

যে ব্যক্তি উচ্চবর্ণের হিন্দুদের তাদের ব্যক্তিগত চরিত্রের মাধ্যমে আরও ভালো মানুষে পরিণত করতে চায়, সে কেবল তার সময়, শ্রম এবং শক্তি নষ্ট করে না, বরং একটি বিরাট ভ্রান্ত ধারণাও পোষণ করে৷ ব্যক্তিগত চরিত্র কি একজন অস্ত্র প্রস্তুতকারককে ভালো মানুষ করে তুলতে পারে? অর্থাৎ, এমন একজন মানুষ যে এমন বোমা তৈরি করে যা বিস্ফোরিত হয় না অথবা এমন গ্যাস তৈরি করে

যার বিষাক্ত প্রভাব নেই? যদি সে তা করতে না পারে, তাহলে তুমি কীভাবে আশা করতে পারো যে একজন সাবর্ণ (উচ্চ বর্ণ) যিনি তার ব্যক্তিগত চরিত্রের দ্বারা তার বর্ণ মর্যাদা সম্পর্কে সচেতন, তিনি এত ভালো মানুষ হয়ে উঠবেন যে তিনি তার সহকর্মীদের সাথে বন্ধুত্ব এবং সমতার সাথে আচরণ করবেন? সত্য কথা হল, সে পরিস্থিতি অনুযায়ী তার বন্ধুদের সাথে আচরণ করবে এবং বিভিন্ন বর্ণের মানুষকে তার নিজের থেকে শ্রেষ্ঠ বা নিকৃষ্ট মনে করবে৷ তার কাছ থেকে কখনই আশা করা যায় না যে সে তার সমবয়সীদের সাথে সম্মান এবং সমান আচরণ করবে৷ বাস্তবতা হল, একজন হিন্দু তার নিজের জাতের নয় এমন লোকদের সাথে বিদেশীদের মতো আচরণ করে৷ সে তাকে এমন একজন ব্যক্তি হিসাবে বিবেচনা করে যার বিরুদ্ধে আপনি এই ধরনের আচরণ করতে পারেন এবং যার বিরুদ্ধে আপনি লজ্জা ছাড়াই যেকোনও প্রতারণা ও জালিয়াতি করতে পড়েন। আমি যা বলতে চাইছি তা হল, একজন হিন্দু একটু ভালো বা একটু খারাপ হতে পারে কিন্তু ভালো হিন্দু হতে পারে না৷ এর কারণ এই নয় যে তার ব্যক্তিগত চরিত্রে কোনও ভুল আছে৷ আসলে যা মন্দ তা নিহিত তার মানবিকতার কাঠামোর মধ্যেই, যার উপর এটি প্রতিষ্ঠিত এবং তার সহ-মানুষের সাথে তার সম্পর্কের মধ্যেই৷ এমনকি সেরা মানুষরাও যদি অন্য মানুষের সাথে মূলত ভুল বিশ্বাসের উপর ভিত্তি করে সম্পর্ক তৈরি করে, তাহলে তারা সৎ থাকতে পারে না৷ একজন দাসের জন্য, তার প্রভু একটু ভালো বা একটু খারাপ হতে পারে, কিন্তু একজন দাসের প্রভু কখনই ভালো বা মহৎ ব্যক্তি হতে পারে না৷ একজন ভালো মানুষ কখনই প্রভু হতে পারে না এবং একজন প্রভু কখনই ভালো মানুষ হতে পারে না৷

উচ্চ ও নিম্ন বর্ণের সম্পর্কের ক্ষেত্রেও একই কথা প্রযোজ্য৷ নিম্ন বর্ণের একজন ব্যক্তির জন্য, উচ্চ বর্ণের একজন ব্যক্তি উচ্চ বর্ণের অন্য একজন ব্যক্তির চেয়ে কিছুটা ভালো বা কিছুটা খারাপ হতে পারে৷ একজন উচ্চ বর্ণের ব্যক্তি ততক্ষণ পর্যন্ত ভালো মানুষ হতে পারে না যতক্ষণ না তার উচ্চ বর্ণের পরিচয় প্রতিষ্ঠার জন্য একজন নিম্ন বর্ণের ব্যক্তির প্রয়োজন হয়৷ নিম্ন বর্ণের একজন ব্যক্তির এটা মনে করে কোনও লাভ নেই যে তার উপরে উচ্চ বর্ণের মানুষ আছে৷

আমি আমার বক্তৃতায় যুক্তি দিয়েছি যে বর্ণ ও বর্ণের উপর ভিত্তি করে তৈরি সমাজ ভুল আন্তঃসম্পর্কের উপর ভিত্তি করে তৈরি৷ আমি আশা করেছিলাম যে মহাত্মাজী আমার যুক্তি খণ্ডন করার চেষ্টা করবেন কিন্তু তা না করে তিনি চতুর্বর্ণ ব্যবস্থায় তার বিশ্বাস পুনর্ব্যক্ত করলেন, কোন ভিত্তির উপর তিনি দাঁড়িয়েছিলেন তা প্রকাশ না করেই৷

৬. মহাত্মাজী কি নিজে যা প্রচার করেন তা পালন করেন? সকলের জন্য প্রযোজ্য এমন একটি রেফারেন্স তার ব্যক্তিগত জীবনে উদ্ধৃত করা পছন্দ করেন না, কিন্তু যখন একজন ব্যক্তি কোনও ধারণা প্রচার করেন এবং এটিকে একটি মতবাদ বলে মনে করেন, তখন একজন ব্যক্তি জানতে আগ্রহী হন যে তিনি নিজে যা প্রচার করেন তা কতটা অনুশীলন করা যেতে পারে। এটা সম্ভব যে সে সেই অনুযায়ী কাজ করতে সফল নাও হতে পারে, কারণ তার নীতি বা আদর্শ এত উচ্চ যে সেগুলি অর্জন করা সম্ভব নয় অথবা সেই অনুযায়ী কাজ করতে ব্যর্থ হওয়ার আরেকটি কারণ হতে পারে এটি কেবল ব্যক্তির স্বাভাবিক অহংকার অথবা সহজাত ভণ্ডামি। যাই হোক না কেন, এই ধরনের ব্যক্তি তার আচরণ আমাদের তদন্তের জন্য উন্মুক্ত রেখে যান।

মহাত্মাজীকে যদি আমি জিজ্ঞাসা করি যে তিনি তাঁর আদর্শকে তাঁর নিজস্ব ব্যবস্থার মধ্যে কতটা বাস্তবসম্মত এবং খাঁটি করে তোলার চেষ্টা করেছেন, তাহলে নিশ্চয় আমাকে দোষ দেওয়া উচিত নয়। গান্ধীজি জন্মসূত্রে বেনে ছিলেন। তাঁর পূর্বপুরুষরা ব্যবসা ছেড়ে রাজ্যের মন্ত্রী হয়েছিলেন, যা ব্রাহ্মণদের পেশা। মহাত্মা হওয়ার আগে, যখন তাঁর জীবনে পেশা বেছে নেওয়ার সুযোগ এসেছিল, তখন তিনি দাঁড়িপাল্লা মাপার চেয়ে ব্যারিস্টারশিপের আইন অধ্যয়নকে ভালো মনে করেছিলেন। আইন পেশা ছেড়ে দেওয়ার পর, তিনি অর্ধেক সাধু এবং অর্ধেক রাজনীতিবিদ হয়ে ওঠেন। ব্যবসা তাঁর পূর্বপুরুষদের পেশা কিন্তু তিনি কখনও এটি স্পর্শ করেননি। তাঁর কনিষ্ঠ পুত্র, আমি আপনাকে কেবল তারই উদাহরণ দেব, কারণ সে ছিল পিতার বিশ্বস্ত অনুগামী, জন্মসূত্রে বৈশ্য, একজন ব্রাহ্মণের মেয়েকে বিয়ে করেছিল এবং একজন বড় পুঁজিপতির সংবাদপত্রের অধীনে কাজ করার পেশা বেছে নিয়েছিল। আমি জানি না মহাত্মাজী কখনও বলেছিলেন কিনা যে তাঁর ছেলে তার পূর্বপুরুষের পেশা গ্রহণ না করার জন্য সে খারাপ বা ভুল ছিল। যেকোনও আদর্শ পরীক্ষা করার জন্য সবচেয়ে খারাপ উদাহরণ গ্রহণ করা ভুল এবং কঠোর হতে পারে, কিন্তু মহাত্মাজীর চেয়ে ভালো উদাহরণ আর কিছু হতে পারে না। যদি তারা নিজেরাই এই আদর্শ গ্রহণে সফল না হয়, তাহলে তাদের আদর্শ অবশ্যই অসম্ভব এবং ব্যক্তির ব্যবহারিক জ্ঞানের ক্ষেত্রে সম্পূর্ণ বিপরীত।

যারা কার্লাইলের বই পড়েছেন তারা জানেন যে তিনি সবসময় কোনও বিষয় নিয়ে চিন্তা করার আগে কথা বলতেন। আমি অবাক হচ্ছি যে জাতিভেদের ক্ষেত্রে গান্ধীজির অবস্থাও কি একই রকম ছিল? নাহলে আমার মনে যে প্রশ্ন জাগেছে যেগুলি তিনি কোনওভাবেই এড়াতে পারবেন না। যদি কোনও ব্যক্তিকে কোনও

কাজ করতে বাধ্য করা হয়, তাহলে কি সেই পেশাকে পৈতৃক হিসাবে বিবেচনা করা যেতে পারে? একজন ব্যক্তির কি তার যোগ্যতা এবং যোগ্যতা অনুসারে না হলেও তার পৈতৃক পেশা অনুসরণ করা উচিত এবং একজন ব্যক্তির কি তার পৈতৃক পেশা অনুসরণ করা উচিত, যদি পেশাটি অনৈতিক হয়? যদি প্রত্যেক ব্যক্তির জন্য তার পূর্বপুরুষদের মতো একই পেশা অনুসরণ করা আবশ্যক হয়, তাহলে অবশ্যই এটা মেনে চলতে হবে যে যদি একজন ব্যক্তির ঠাকুরদাদা একজন দালাল হন, তাহলে তারও দালালির কাজ চালিয়ে যাওয়া উচিত, এবং যদি একজন মহিলার ঠাকুমা একজন পতিতা হন, তাহলে তারও পতিতা হওয়া উচিত। গান্ধীজি কি তাঁর বিশ্বাসের যৌক্তিক পরিণতি মেনে নিতে প্রস্তুত? আমার মতে, তাঁর আদর্শ অনুসারে, একজন ব্যক্তির তাঁর পূর্বপুরুষদের মতো একই পেশা গ্রহণ করা উচিত। এই আদর্শ কেবল অসম্ভব এবং অবাস্তবই নয়, বরং নৈতিকভাবে অমানবিক এবং অপ্রতিরোধ্যও।

৭. মহাত্মাজী মনে করেন একজন ব্রাহ্মণের সারা জীবন ব্রাহ্মণ থাকা খুবই ভালো। এটা ঠিক যে অনেক ব্রাহ্মণ আছেন যারা সারা জীবন ব্রাহ্মণ পুরোহিত থাকতে পছন্দ করেন না। আমরা এই ধরণের ব্রাহ্মণদের সম্পর্কে কিছু বলব না, তবে কিছু ব্রাহ্মণ আছেন যারা সারা জীবন ব্রাহ্মণ থাকতে চান এবং পূর্বপুরুষের পুরোহিতত্বের পেশা আঁকড়ে থাকতে চান। তারা কি এই আদর্শকে পবিত্র পেশা হিসাবে বিবেচনা করে এটা করে, নাকি টাকার লোভে? মনে হচ্ছে মহাত্মাজী এই ধরনের প্রশ্ন এবং কৌতূহলে আগ্রহী নন। তিনি এই সত্যে সন্তুষ্ট যে, "প্রকৃত ব্রাহ্মণরা হলেন তারাই যারা স্বেচ্ছায় দানের উপর বেঁচে থাকেন এবং খোলা মনে আধ্যাত্মিক সম্পদ দান করেন।" মহাত্মাজী ব্রাহ্মণ পুরোহিতদের ঐতিহ্যের এই রূপটিকে আধ্যাত্মিক ঐতিহ্যের (ধর্মীয় কোষাধ্যক্ষদের) বাহক বলে মনে করেন। কিন্তু এই সনাতন ব্রাহ্মণদের আরেকটি রূপও দেখা যায়।

একজন ব্রাহ্মণ প্রেমের দেবতা বিষ্ণুর উপাসক হতে পারেন অথবা প্রলয় বা ধ্বংসের দেবতা শঙ্করেরও উপাসক হতে পারেন। তিনি মানবতার সর্বশ্রেষ্ঠ শিক্ষক বুদ্ধের একজন ভক্তও হতে পারেন, যিনি প্রেম ও করুণার পবিত্র বার্তা শিক্ষা দিয়েছিলেন। একজন ব্রাহ্মণ কালী দেবীর পুরোহিতও হতে পারেন, যার রক্তের তৃষ্ণা প্রতিদিন পশু বলি দিয়ে মেটাতে হয়। তিনি রাম মন্দিরের পুরোহিত অথবা ক্ষত্রিয় দেবতা হতে পারেন এবং ক্ষত্রিয়দের ধ্বংস করার জন্য অবতারিত পরশুরামের মন্দিরের পুরোহিতও হতে পারেন। সে সেই মহাবিশ্বের স্রষ্টা ব্রহ্মার উপাসকও হতে পারে। সে এমন একজন পীরের উপাসকও হতে পারে যে ঈশ্বর,

আল্লাহ, ব্রহ্মার বিশ্বজগতের স্রষ্টা হওয়ার দাবি প্রত্যাখ্যান করেন। কেউ বলতে পারবে না যে জীবনের এই চিত্রায়ন সঠিক নয়। যদি সেই চিত্রটি সঠিক হয়, তাহলে একজন সৎ ব্যক্তি কীভাবে এমন পরস্পরবিরোধী বৈশিষ্ট্যসম্পন্ন দেব-দেবীদের প্রতি ভক্তিপূর্ণ বিশ্বাস বজায় রাখতে পারেন, কারণ তিনি তাদের সকলের ভক্ত হতে পারেন না। হিন্দুরা তাদের ধর্মের এই অদ্ভুত দিকটিকে ধর্মের সর্বশ্রেষ্ঠ গুণ বা মহান বৈশিষ্ট্য হিসাবে বিবেচনা করে এবং এটিকে মনের উদারতা এবং সহনশীলতার উদাহরণ হিসাবে উপস্থাপন করে।

এই দৃষ্টিভঙ্গির বিপরীতে বলা যেতে পারে যে উদারতা এবং সহনশীলতা আসলে উদাসীনতা এবং দোদুল্যমান বিশ্বাস ছাড়া আর কিছুই নয়। বাইরে থেকে দেখলে এই দুটি আবেগের মধ্যে পার্থক্য করা খুবই কঠিন, কিন্তু গভীরভাবে পরীক্ষা করলে দেখা যাবে যে, প্রকৃত গুণাবলীর দিক থেকে এগুলি একে অপরের থেকে অনেক আলাদা। যদি কেউ এগুলি মনোযোগ সহকারে পরীক্ষা করে, তাহলে সে একটিকে অন্যটির থেকে আলাদা করার ভুল করবে না। কিছু মানুষ অনেক দেব-দেবীর পূজা করতে ইচ্ছুক। এটি তার সহনশীল স্বভাবের প্রমাণ হিসাবে উপস্থাপন করা হচ্ছে কিন্তু এটি কি স্বার্থপর প্রতারণা, মিথ্যাচার, নাকি কেবল ভণ্ডামি? আমি বিশ্বাস করি এই সহনশীলতা কেবল অকৃতজ্ঞতা। যদি এই ধারণার একটি শক্তিশালী ভিত্তি এবং একটি সঠিক দৃষ্টিভঙ্গি থাকে, তাহলে কেউ জিজ্ঞাসা করতে পারে যে, যে ব্যক্তি তার স্বার্থপর আকাঙ্ক্ষা পূরণের জন্য যেকোনও দেব-দেবীর উপাসনা করতে ইচ্ছুক, তার মধ্যে কোন আধ্যাত্মিক গুণাবলী থাকবে? এই ধরণের ব্যক্তিকে আধ্যাত্মিক গুণাবলীর স্তরে দেউলিয়া বলে গণ্য করা উচিত এবং যারা কেবল বংশের ভিত্তিতে এবং বিশ্বাস, আস্থা এবং ভরসা ছাড়াই পিতার উত্তরাধিকার হিসাবে পুরোহিতের পবিত্র ও পুণ্যময় পেশা গ্রহণ করে, তারা আধ্যাত্মিক গুণাবলীর রক্ষক হতে পারে না। সে তার পিতার কাছ থেকে উত্তরাধিকারসূত্রে প্রাপ্ত পেশাটি চালিয়ে যায় কারণ এটি একটি পূর্বপুরুষের পেশা কিন্তু এতে গুণাবলী সংরক্ষণ করা যায় না। বাস্তবে, এটি ধর্মের সেবার নামে একটি মহান ও পবিত্র পেশাকে কলুষিত ও কলঙ্কিত করছে।

৮. মহাত্মাজী কেন প্রতিটি ব্যক্তির তার পূর্বপুরুষের পেশা গ্রহণের নীতিতে অটল থাকেন? তিনি এর কারণ বলেন না কিন্তু এমন কিছু কারণ আছে যা মহাত্মাজী প্রকাশ করতে চান না। বহু বছর আগে, তাঁর 'ইয়ং ইন্ডিয়া' পত্রিকায় 'জাত বনাম শ্রেণী' বিষয়ে লেখার সময়, তিনি বর্ণ প্রথাকে শ্রেষ্ঠ বলে বর্ণনা করেছিলেন কারণ এটি সমাজে সামাজিক স্থিতিশীলতা প্রতিষ্ঠা করে। যদি মহাত্মাজীর এই নীতির

পিছনে কারণ হয় যে একজন ব্যক্তি তার পূর্বপুরুষের পেশা চালিয়ে যাবেন, তাহলে তিনি সামাজিক জীবনের ভুল দৃষ্টিভঙ্গির পক্ষে কথা বলছেন। সকলেই সামাজিক স্থিতিশীলতা চায় এবং এই স্থিতিশীলতা অর্জনের জন্য ব্যক্তি এবং বর্ণ সম্পর্কের মধ্যে কিছু সমন্বয় স্থাপন করতে হবে। আমার মনে হয় দুটি জিনিস কেউ চায় না। প্রথমত, কেউই এমন একটি স্থির সম্পর্ক চায় না যা পরিবর্তন করা যায় না এবং যা চিরন্তন, অর্থাৎ অপরিবর্তনীয় এবং চিরকাল স্থির বলে বিবেচিত হয়। স্থিতিশীলতা প্রয়োজন কিন্তু পরিবর্তনের বিনিময়ে তা করা উচিত নয় কারণ পরিবর্তন অপরিহার্য। অর্থাৎ, যে পরিবর্তনটি অত্যন্ত প্রয়োজনীয়, তা যেকোনও মূল্যে ঘটা উচিত। দ্বিতীয় যে জিনিসটি কেউ চায় না তা হল কেবল সমন্বয়। সম্প্রীতি প্রয়োজন, কিন্তু সামাজিক ন্যায়বিচারের বিনিময়ে নয়। এটা কি বলা যেতে পারে যে বর্ণের ভিত্তিতে সমন্বয় সাধনের মাধ্যমে, অর্থাৎ পূর্বপুরুষের পেশার ভিত্তিতে সম্প্রীতি গ্রহণের মাধ্যমে এই দুটি মন্দ বিষয় এড়ানো সম্ভব? আমি বিশ্বাস করি এটা সম্ভব নয়। আমার কোনও সন্দেহ নেই যে এটি হবে সবচেয়ে খারাপ প্রচেষ্টা। কারণ এটি সামাজিক সংহতির মৌলিক ন্যায্য দাবিকে এবং প্রবাহকে ব্যাহত করবে।

৯. কিছু লোক হয়তো ভাবতে পারে যে মহাত্মাজীর চিন্তাভাবনা অনেক এগিয়েছে কারণ তিনি এখন বর্ণে বিশ্বাস করেন না, কেবল বর্ণ ব্যবস্থায় বিশ্বাস করেন। এটা সত্য যে একসময় মহাত্মা একজন কট্টর সনাতন হিন্দু ছিলেন এবং হিন্দুদের ধর্মীয় গ্রন্থ, বেদ, উপনিষদ, পুরাণ ইত্যাদিতে বিশ্বাস করতেন। তিনি বর্ণপ্রথায়ও বিশ্বাস করতেন এবং একজন গোঁড়া হিসাবে তাঁর সমস্ত শক্তি ও সামর্থ্য দিয়ে এটিকে সমর্থন করতেন। তিনি আন্তঃবর্ণের মেলামেশা, খাওয়া-দাওয়া এবং বিবাহেরও তীব্র বিরোধী ছিলেন। তিনি আন্তঃবর্ণ বিবাহ এবং আন্তঃবর্ণ ভোজের সমালোচনা করতেন। এ প্রসঙ্গে তিনি বলেন, "এটি ইচ্ছাশক্তির বিকাশ এবং সামাজিক সদ্গুণ বজায় রাখতে অনেক সাহায্য করে।" এটা ভালো যে তারা এই পবিত্র অর্থহীন কথা বিশ্বাস করা বন্ধ করে দিয়েছে এবং মেনে নিয়েছে যে জাতপাত আধ্যাত্মিক ও জাতীয় উন্নয়নের জন্য খুবই ক্ষতিকর। এটা সম্ভব যে তার ছেলের তার জাতের বাইরে বিয়ে এই চিন্তাভাবনার পরিবর্তনের ফলে হয়েছিল। কিন্তু মহাত্মা কি সত্যিই কোনও অগ্রগতি করেছেন? মহাত্মা যে বর্ণকে সমর্থন করেন তার প্রকৃতি কী? এটাই কি স্বামী দয়ানন্দ সরস্বতী এবং তাঁর আর্য সমাজের অনুসারীদের দ্বারা প্রচারিত বৈদিক বর্ণ ধারণা? বেদে বর্ণের ধারণার সারমর্ম হল, একজন ব্যক্তির তার সামর্থ্য এবং স্বাভাবিক ক্ষমতা অনুসারে পেশা গ্রহণ করা উচিত। বর্ণ সম্পর্কে মহাত্মাজীর নীতির সারমর্ম হল, একজন ব্যক্তির উচিত তার

স্বাভাবিক ক্ষমতা বা আগ্রহের চেয়ে তার পূর্বপুরুষের পেশা অনুসরণ করা।

মহাত্মাজীর দৃষ্টিভঙ্গি অনুসারে, জাতি এবং বর্ণের মধ্যে পার্থক্য কী? আমি কোনও পার্থক্য দেখতে পাচ্ছি না। তাঁর মতে, বর্ণ হল জাতির অপর নাম। এর অর্থ হল উভয়ের সারমর্ম একই অর্থাৎ পূর্বপুরুষের ব্যবসা পরিচালনা করা উচিত। মহাত্মাজী তাঁর চিন্তাভাবনায় কোনও অগ্রগতি না করে বরং পিছনের দিকে (পশ্চাদপসরণ) চলে গিয়েছেন। একটি ধারণা চাপিয়ে দেওয়ার চেষ্টা করে তারা একটি গুরুত্বপূর্ণ বিষয়কে হাস্যকর করে তুলেছেন। আমার বক্তৃতায় প্রদত্ত কারণগুলির জন্য আমি বৈদিক বর্ণ ব্যবস্থাকে প্রত্যাখ্যান করি। একই সাথে, আমি স্বীকার করি যে স্বামী দয়ানন্দ এবং আরও কয়েকজনের দ্বারা বর্ণিত বৈদিক বর্ণ তত্ত্বের ব্যাখ্যা যুক্তিসঙ্গত এবং অপ্রাসঙ্গিক। এই ব্যাখ্যাটি সমাজে একজন ব্যক্তির অবস্থান নির্ধারণের ক্ষেত্রে জন্মের নীতিকে নির্ধারক উপাদান হিসাবে গ্রহণ করে। বর্ণ সম্পর্কে মহাত্মাজীর দৃষ্টিভঙ্গি কেবল বৈদিক বর্ণকে উপহাস করে না এবং অযৌক্তিক করে তোলে না, বরং বর্ণকে অবজ্ঞারও করে তোলে। বর্ণ এবং জাত দুটি ভিন্ন ধারণা। বর্ণ ব্যক্তির যোগ্যতার উপর ভিত্তি করে যেখানে জাতি ব্যক্তির জন্মের উপর ভিত্তি করে। দুটো পনির এবং চকের মতোই আলাদা। আসলে দুটোই একে অপরের বিপরীত। মহাত্মাজী যদি বিশ্বাস করতেন যে প্রতিটি পুরুষ ও মহিলার তাদের পূর্বপুরুষের পেশা অনুসরণ করা উচিত, তাহলে তিনি অবশ্যই বর্ণপ্রথার পক্ষে ছিলেন কিন্তু এটিকে বর্ণব্যবস্থা বলে এবং ভুল শব্দ ব্যবহার করে, তিনি অর্থের ভুল ব্যাখ্যা করার জন্য দোষী ছিলেন এবং বিভ্রান্তিকে আরও জটিল করে তুলছিলেন।

তাঁর চিন্তাভাবনা সমস্ত বিভ্রান্তিকর কারণ মহাত্মার কোনও স্পষ্ট চিন্তাভাবনা নেই। তাদের ঠিকমতো বোঝার ক্ষমতা নেই যে বর্ণ কী এবং জাতি কী এবং হিন্দুধর্মকে বাঁচিয়ে রাখার জন্য এর মধ্যে কোনটি প্রয়োজন? তিনি বলেছেন যে জাতপাত হিন্দুধর্মের সারমর্ম নয়। আসুন আমরা আশা করি তিনি তাঁর দৃষ্টিভঙ্গি পরিবর্তনের জন্য অন্য কোনও কারণ খুঁজে পাবেন না। মহাত্মাজী কি বর্ণকে হিন্দুধর্মের সারাংশ মনে করেন? কেউই এর কোন চূড়ান্ত উত্তর দিতে পারবে না। 'হরিজন' পত্রিকায় প্রকাশিত তাঁর 'ডঃ আম্বেদকরের অভিযোগ' প্রবন্ধটি যারা পড়েছেন, তারাও এর উত্তর দিতে পারবেন না। সেই প্রবন্ধে তিনি লেখেননি যে বর্ণের নীতি হিন্দুধর্মের একটি অপরিহার্য অংশ, বর্ণকে হিন্দুধর্মের সারাংশ বলার পরিবর্তে তিনি বলেন, 'হিন্দুধর্মের সারমর্ম ঈশ্বরের মধ্যে সত্যের এক এবং একমাত্র রূপকে স্বীকৃতি দেয় এবং অহিংসাকে মানব পরিবারের আইন হিসাবে দৃঢ়ভাবে প্রতিষ্ঠিত করে।' কিন্তু যারা সন্তরামের উত্তর দেওয়ার জন্য লেখা তাঁর প্রবন্ধটি

পড়বেন তারা 'হ্যাঁ' বলবেন। প্রবন্ধে মহাত্মা বলছেন, 'যদি একজন মুসলিম কুরানে বিশ্বাস না করে, তাহলে সে কীভাবে মুসলিম থাকতে পারে?' অথবা যদি একজন খ্রিস্টান বাইবেল গ্রহণ না করে, তাহলে সে কীভাবে একজন খ্রিস্টান থাকতে পারে? একইভাবে, যদি জাতি এবং বর্ণ শব্দের অর্থ একই হয় এবং বর্ণ হিন্দু ধর্মগ্রন্থের একটি অপরিহার্য অংশ যা হিন্দুধর্মকে সংজ্ঞায়িত করে, তাহলে আমি বুঝতে পারছি না যে, যে ব্যক্তি জাতি এবং বর্ণে বিশ্বাস করে না সে কীভাবে নিজেকে হিন্দু বলতে পারে?

কেন এই প্রতারণা এবং গড়িমসি? মহাত্মা কেন দ্বিধা করছেন? সর্বোপরি, সে কাকে খুশি করতে বা সন্তুষ্ট করতে চায়? সন্ত (গান্ধী) কি সত্য জানতে ব্যর্থ হয়েছেন? নাকি রাজনীতিবিদ গান্ধী সন্ত গান্ধীর পথে বাধা? আসলে মহাত্মাজী দুটি কারণে এই বিভ্রান্তিতে আটকে আছেন। প্রথমত, মহাত্মার স্বভাব প্রায় প্রতিটি ক্ষেত্রেই শিশুসুলভ বলে মনে করা হয়, তার শিশুসুলভ সরলতা থেকে শুরু করে আত্মপ্রতারণা বা স্বার্থপরতা পর্যন্ত। শিশুর মতো, সে যা বিশ্বাস করতে চায় তাই বিশ্বাস করে। অতএব, আমাদের সেই সময়ের জন্য অপেক্ষা করতে হবে যখন তিনি বর্ণের প্রতি তার বিশ্বাস ত্যাগ করবেন, ঠিক যেমন তিনি নিজের ইচ্ছায় জাতির প্রতি তাঁর বিশ্বাস ত্যাগ করেছেন।

তাদের বিভ্রান্তির আরেকটি কারণ হল গান্ধীজি একই সাথে দুটি ভূমিকা পালন করতে চেয়েছিলেন, একজন মহাত্মার ভূমিকা এবং একজন রাজনীতিবিদের ভূমিকা। একজন মহাত্মা হিসাবে, তিনি রাজনীতিতে আধ্যাত্মিক স্বাদ যোগ করতে চান, অর্থাৎ, তিনি রাজনীতিকে আধ্যাত্মিক করতে চান। তিনি এতে সফল হোন বা না হোন, রাজনীতি অবশ্যই তাঁকে একজন ব্যবসায়ী করে তুলেছে। একজন রাজনীতিবিদের জানা উচিত যে সমাজ কখনই সম্পূর্ণ সত্য সহ্য করতে পারে না। এজন্যই তার কখনই সত্য কথা বলা উচিত নয়; যদি তিনি সম্পূর্ণ সত্য কথা বলেন, তাহলে তা তার রাজনীতির জন্য ক্ষতিকর হবে। মহাত্মাজী সর্বদা জাতপাত এবং শ্রেণীকে সমর্থন করেন কারণ তিনি খুব ভয় পান যে যদি তিনি এর বিরোধিতা করেন তবে রাজনীতিতে তাঁর কোনও স্থান থাকবে না। তাঁর বিভ্রান্তির কারণ যাই হোক না কেন, মহাত্মার এটা স্পষ্ট করে বলা উচিত যে বর্ণকে জাতির নাম দিয়ে এবং এটি প্রচার করে তিনি কেবল নিজেকেই নয়, জনসাধারণকেও প্রতারিত করছেন।

১০. মহাত্মাজী বলেন যে হিন্দু এবং হিন্দুধর্ম পরীক্ষা করার জন্য আমি (আম্বেদকর) যে মানদণ্ড গ্রহণ করেছি তা অত্যন্ত কঠোর এবং এই মানদণ্ডের ভিত্তিতে পরীক্ষা করা হলে, আজকের সকল ধর্মের বিশ্বাস ব্যর্থ হবে। আমার

বিচার-বিবেচনার মান খুব বেশি, এই অভিযোগ হয়তো সত্য। কিন্তু প্রশ্ন হল, এই মানদণ্ডগুলি কি যথাযথ নাকি অপ্রাসঙ্গিক? যেকোনও মানব গোষ্ঠী এবং তাদের ধর্মকে কেবল তাদের সামাজিক নীতি-নৈতিকতার উপর ভিত্তি করে সামাজিক মানদণ্ডের ভিত্তিতে বিচার করা উচিত। যদি কোনও ধর্মকে তার জনগণের কল্যাণের জন্য ভালো হতে হয়, তাহলে এগুলি ছাড়া অন্য কোনও মানদণ্ডই অকার্যকর হবে। অতএব, আমি আবারও দৃঢ়ভাবে বলছি যে হিন্দু এবং হিন্দুধর্ম মূল্যায়নের জন্য আমি যে মানদণ্ডগুলি ব্যবহার করেছি তা সম্পূর্ণ সঠিক এবং আমি এর চেয়ে ভাল মানদণ্ড আর দেখতে পাচ্ছি না। এই উপসংহারটি সঠিক হতে পারে যে যদি আমার মানদণ্ড প্রয়োগ করা হয় তবে আজকের সমস্ত ধর্মই ব্যর্থ হবে। কিন্তু হিন্দু এবং হিন্দুধর্মের একজন প্রবর্তক হিসাবে, মহাত্মাজী এর থেকে বেশি সন্তুষ্টি লাভ করতে পারবেন না,কারণ একজন পাগল আরেকজন পাগলের কাছ থেকে বা একজন অপরাধী আরেকজন অপরাধীর কাছ থেকে যতটা তৃপ্তি পায়, তার চেয়ে বেশি তৃপ্তি আর কিছুতেই পেতে পারেন না। আমি মহাত্মাজীকে আশ্বস্ত করছি যে তিনি আমাকে হিন্দু এবং হিন্দু ধর্মের প্রতি ঘৃণা এবং অবজ্ঞার অনুভূতিতে ভরা বলে অভিযুক্ত করেছেন। আমার মধ্যে এটি কেবল হিন্দু এবং হিন্দু ধর্মের ব্যর্থতার কারণে গড়ে ওঠেনি। আমি খুব ভালো করেই জানি যে পৃথিবী দোষমুক্ত নয়, এটি বিভিন্ন ত্রুটিতে পরিপূর্ণ এবং যে ব্যক্তি এতে বাস করতে চায় তাকে এই ত্রুটিগুলিও সহ্য করতে হবে। অতএব, আমি যে সমাজে বাস করার জন্য নির্ধারিত, সেই সমাজের দোষ-ত্রুটি এবং বিচ্যুতিগুলি সহ্য করতে প্রস্তুত, কিন্তু আমি এমন সমাজে বাস করতে চাই না যেখানে ভুল আদর্শ লালন করা হয় অথবা যাদের আদর্শ, উচ্চ হওয়া সত্ত্বেও, তাদের সামাজিক জীবনে সেই আদর্শ অনুসারে একটি সমাজ তৈরি করতে প্রস্তুত নয়। আমি হিন্দু এবং হিন্দুধর্মকে তীব্রভাবে ঘৃণা করি এবং ঘৃণা করি কারণ আমি নিশ্চিত যে এটি অত্যন্ত ভুল আদর্শ গ্রহণ করে এবং প্রচার করে এবং সামাজিক জীবনযাপনও ভুল। হিন্দু এবং হিন্দু ধর্মের সাথে আমার বিরোধ তাদের সামাজিক আচরণের ত্রুটিগুলির কারণে নয়, বরং এই বিরোধ মৌলিক নীতিগুলি নিয়ে, এটি আদর্শের জন্য।

১১. হিন্দু সমাজের একটি নৈতিক পুনর্জন্ম প্রয়োজন এবং এখন সেই পুনর্গঠন বিলম্বিত করা বিপজ্জনক হবে। প্রশ্ন হল: এই নৈতিক পুনরুজ্জীবন কে নির্ধারণ এবং নিয়ন্ত্রণ করতে পারে? এটা স্পষ্ট যে এই কাজটি কেবলমাত্র সেইসব ব্যক্তিরাই করতে পারেন যারা বৌদ্ধিক পুনর্গঠন বা বিকাশের মধ্য দিয়ে গিয়েছেন এবং যারা বৌদ্ধিক মুক্তি থেকে জন্ম নেওয়া বিশ্বাসগুলিকে ধরে রাখার ক্ষেত্রে যথেষ্ট সাহসী এবং সৎ।

আমার মতে, মহান নেতা হিসাবে গণ্য হওয়া যেকোনও হিন্দু এই কাজ করার জন্য একেবারেই অযোগ্য। যেহেতু এটা বলা সম্ভব নয় যে তারা তাদের প্রাথমিক বৌদ্ধিক বিকাশ সম্পন্ন করেছে, তাই তারা নিরক্ষর মানুষের মতো স্বাভাবিক উপায়ে নিজেদেরকে প্রতারিত করবে না, অথবা অন্যদের আদিম অজ্ঞতার অযৌক্তিক সুযোগ নেবে না। আমরা তাদের তাই করতে দেখছি। যদিও হিন্দু সমাজ বর্তমানে এক ভাঙনপ্রবণ অবস্থায় রয়েছে, তবুও এই অবস্থা সত্ত্বেও এই হিন্দু নেতারা বর্তমান সময়ের সাথে সম্পূর্ণ বিচ্ছিন্ন পুরাতন আদর্শ গ্রহণের আহ্বান জানাতে লজ্জা বোধ করেন না। এই আদর্শগুলি শুরুতে যতই কার্যকর হোক না কেন, বর্তমানের সাথে এখন এর কোনও প্রাসঙ্গিকতা নেই এবং পথপ্রদর্শকের পরিবর্তে সতর্কীকরণ হয়ে উঠেছে। এই নেতাদের এখনও পুরনো আদর্শের প্রতি এক রহস্যময় শ্রদ্ধা রয়েছে, যার কারণে তারা তাদের সমাজের ভিত্তি পরীক্ষা করতে আগ্রহী নন, এমনকি এই ধরনের পরীক্ষারও বিরোধী।

হিন্দুরা তাদের ধর্মীয় বিশ্বাস গঠনের ক্ষেত্রে এতটাই অসাবধান যে তাদের বিশ্বাস করা যায় না এবং হিন্দু নেতাদের অবস্থাও একই রকম। আরও খারাপ বিষয় হল, যখন কেউ এই হিন্দু নেতাদের তাদের ধর্মীয় বিশ্বাস থেকে সরে আসার পরামর্শ দেয়, তখন এই হিন্দু নেতাদের মনে তাদের ওই বিশ্বাসের পক্ষে অবৈধ আবেগে জেগে ওঠে। এমনকি মহাত্মাজীও এ থেকে রেহাই পাননি। মনে হচ্ছে মহাত্মা চিন্তাভাবনায় বিশ্বাস করেন না। তারা বিশ্বাস করে যে ঋষি ও সাধুদের উপদেশ অনুসরণ করাই ভালো। যেকোনও রক্ষণশীলের মতো, তার পুরনো পবিত্র ধারণার প্রতি গভীর শ্রদ্ধার সাথে, তিনি আশঙ্কা করেন যে যদি তিনি একবার এই নিয়ে ভাবতে শুরু করেন, তাহলে তিনি এখনও পর্যন্ত যে আদর্শ, বিশ্বাস এবং প্রতিষ্ঠানকে আঁকড়ে ধরে আছেন তার অনেকগুলি ধ্বংস হয়ে যাবে। আমরা তাদের প্রতি সহানুভূতিশীল কারণ স্বাধীন চিন্তাভাবনার প্রতিটি কাজ বাহ্যিকভাবে স্থিতিশীল বিশ্বের কিছু অংশকে হুমকির মুখে ফেলে। কিন্তু এটাও সমানভাবে সত্য যে, সাধু- সেন্ট ও সন্ন্যাসীদের উপর নির্ভর করে আমরা কখনই সত্য জানতে পারি না। সর্বোপরি, সাধুরাও মানুষ এবং লর্ড বাসফোর্থ যেমন বলেছিলেন, "মানুষের বুদ্ধিমত্তা, সত্য-স্বীকৃতির যন্ত্র হিসাবে, শূকরের নাকের চেয়ে ভালো নয়।" মহাত্মাজীর কথা বলতে গেলে, তিনি হিন্দুদের পুরাতন পচা সামাজিক কাঠামোর সমর্থনে যুক্তি খুঁজে বের করার জন্য তার দুর্নীতিগ্রস্ত এবং অধঃপতিত বুদ্ধিমত্তা (বুদ্ধিমত্তার ব্যভিচার) ব্যবহার করেন। তিনি এই জীর্ণ বর্ণ ব্যবস্থার সবচেয়ে প্রভাবশালী সমর্থক এবং তাই হিন্দুদের সবচেয়ে খারাপ শত্রু।

মহাত্মাজী ছাড়াও, এমন নেতাও আছেন যারা কেবল বিশ্বাস এবং অনুসরণ করেই সন্তুষ্ট নন। তাদের নিজেদ্রের আবেগ এবং চিন্তাভাবনা অনুসারে কাজ করার সাহস আছে। কিন্তু যখন মানুষকে পথ দেখানোর কথা আসে, দুর্ভাগ্যবশত তারা হয় সততা থেকে পালিয়ে যায় অথবা উদাসীন হয়ে পড়ে। প্রায় প্রতিটি ব্রাহ্মণই বর্ণের নিয়ম ভঙ্গ করেছেন। জুতা বিক্রিকারী ব্রাহ্মণের সংখ্যা পুরোহিতের পেশার তুলনায় অনেক বেশি। ব্রাহ্মণরা কেবল তাদের পূর্বপুরুষের পৌরহিত্যের পেশা ত্যাগ করেনি বরং এখন এমন পেশা গ্রহণ করেছে যা শাস্ত্র দ্বারা কঠোরভাবে নিষিদ্ধ। তবুও কতজন ব্রাহ্মণ আছেন যারা প্রতিদিন বর্ণের নিয়ম ভঙ্গ করেন এবং বর্ণ বা ধর্মগ্রন্থের বিরুদ্ধে কথা বলতে ইচ্ছুক? যদি একজন সৎ ব্রাহ্মণ, যিনি কোদালকে কোদাল বলেন, তিনি তার ব্যবহারিক প্রবৃত্তি এবং নৈতিক বিবেকের কারণে জাতি এবং ধর্মগ্রন্থের বিরুদ্ধে প্রচার করেন যে তিনি জাতি এবং ধর্মগ্রন্থে বিশ্বাস করেন না এবং তাদের বিরুদ্ধে কথা বলতে সাহস দেখাতে পারেন না, তাহলে লক্ষ লক্ষ ব্রাহ্মণ আছেন যারা প্রতিদিন জাতি ব্যবস্থা ভেঙে ফেলেন, ধর্মগ্রন্থগুলিকে পদদলিত করে। অথচ তারা জাতি নীতি এবং ধর্মগ্রন্থের পবিত্রতার সবচেয়ে গোঁড়া সমর্থক। কেন এই দ্বিচারিতা? তারা খুব ভালো করেই জানে যে, যদি মানুষ বর্ণপ্রথার জোয়াল (যে জোয়াল গরুর গাড়িতে ষাঁড়ের কাঁধে চাপানো হয়) ত্যাগ করে, তাহলে ব্রাহ্মণ শ্রেণীর ক্ষমতা এবং প্রতিপত্তি বিপদের মুখে পড়বে। ব্রাহ্মণ বুদ্ধিজীবীদের সবচেয়ে বড় অসততা হল তারা তাদের চিন্তাভাবনার ভালো ফলাফল সাধারণ মানুষকে দিতে অস্বীকার করে, এটি সবচেয়ে লজ্জাজনক বিষয়।

ম্যাথিউ আর্নল্ডের ভাষায়, "হিন্দুরা দুটি জগতের মধ্যে ঘুরে বেড়াচ্ছে, একটি মৃত্যুর জগত এবং অন্যটি যাদের জন্ম নেওয়ার ক্ষমতা নেই। তাদের কী করা উচিত? তারা হিন্দুরা কোন পথে চলবে তা জানার জন্য মহাত্মাজীর কাছে প্রার্থনা করে, গান্ধীজি চিন্তাভাবনায় বিশ্বাস করেন না এবং এমন নির্দেশ এবং শিক্ষা দিতে পারেন না যা অভিজ্ঞতার পরীক্ষায় উত্তীর্ণ বলা যেতে পারে। সাধারণ মানুষ যাদের কাছে পথ চলার নির্দেশ খুঁজছে তারা জনগণকে সঠিক পথে শিক্ষিত করার ক্ষেত্রে এতটাই অসৎ এবং উদাসীন। আমরা সত্যিই একটি বিরাট ট্র্যাজেডির মুখোমুখি হচ্ছি যার পরিণতি খুবই দুঃখজনক এবং এই ট্র্যাজেডির সময় বা ঘটনার মাঝে, একজন ব্যক্তি গর্জন, কান্নাকাটি এবং বিলাপ করা ছাড়া আর কিছুই করতে পারে না, "ওহো! হিন্দুরা, আপনাদের নেতারা এই রকমই।"

such be thy leaders, O! Hindus

ooo